谨以此书献给八十八师一·二八淞沪抗战的阵亡将士!

当代浙江学术文库
DANGDAI ZHEJIANG XUESHU WENKU

浙江省社科联省级社会科学学术著作出版资金资助出版（编号：2016CBQ01）

八十八师与一·二八淞沪抗战

徐　骏著

存長氣浩

浙江工商大學出版社
ZHEJIANG GONGSHANG UNIVERSITY PRESS

图书在版编目(CIP)数据

八十八师与一·二八淞沪抗战 / 徐骏著. —杭州：
浙江工商大学出版社，2017.11(2018.1重印)

ISBN 978-7-5178-2436-7

Ⅰ. ①八… Ⅱ. ①徐… Ⅲ. ①一·二八事变—史料
Ⅳ. ①K264.310.6

中国版本图书馆 CIP 数据核字(2017)第 273052 号

八十八师与一·二八淞沪抗战

徐　骏著

出 品 人	鲍观明
策划编辑	任晓燕
责任编辑	任晓燕
封面设计	林朦朦
责任校对	贺　然
责任印制	包建辉
出版发行	浙江工商大学出版社
	（杭州市教工路 198 号　邮政编码 310012）
	（E-mail：zjgsupress@163.com）
	（网址：http://www.zjgsupress.com）
	电话：0571-88904980,88831806（传真）
排　　版	杭州朝曦图文设计有限公司
印　　刷	杭州五象印务有限公司
开　　本	710mm×1000mm　1/16
印　　张	26
字　　数	450 千
版 印 次	2017 年 11 月第 1 版　2018 年 1 月第 2 次印刷
书　　号	ISBN 978-7-5178-2436-7
定　　价	68.00 元

铭记历史，铭记八十八师（序）

徐迅雷①

以此上溯七十周年，河山光复，中国胜利，人民胜利，正义胜利，和平胜利。

以此上溯七十八年，全民抗战，困厄空前，惨烈空前，悲壮空前，神圣空前。

以此上溯八十四年，日军侵华，"二战"开端，奴役开端，疯狂开端，残暴开端。

公元一九三一年九月十八日，随着柳条湖一声爆炸，日本帝国主义把吞噬中国的野心变成了行动。中华民族三千年以降，自此始遇最强最巨之外侮。

从一九三一年到一九四五年，十四年抗日持久战，中国人民书写下伟大的抗战精神，那就是：

天下兴亡、匹夫有责的爱国情怀；

视死如归、宁死不屈的民族气节；

不畏强暴、血战到底的英雄气概；

百折不挠、坚忍不拔的必胜信念。

二〇一五年九月三日，是中国人民抗日战争暨世界反法西斯战争胜利七十周年纪念日。这一天，中国的首都北京举行了胜利日大阅兵；这一天，中国向世界宣布将裁军三十万；这一天，中国清晰地告知全人类：纪念胜利，就是为了铭记历史，缅怀先烈，珍爱和平，开创未来。

摆在我们面前的这部著作，就是一部非常优秀的铭记历史、铭刻抗战精神之作。这部书，把我们带回"九一八事变"之后的第二年，带入一·二八淞沪抗战硝烟弥漫的战场，带进浴血奋战的中国军队——国民革命军陆军第八十八师的世界。

---

① 徐迅雷系《杭州日报》首席评论员、浙江省杂文学会副会长。

一

　　好多年之后，徐骏先生回想起这段"删繁就简三秋树"的生活，一定会心生暖意——他专心于做一件事，从而成就了一棵枝繁叶茂的大树，那就是这部关于八十八师的抗战之书。

　　这是迄今为止最为详尽的研究性著作，我对我的同姓人徐骏先生说，这本著作，胜过博士论文，完全可以凭它获得博士学位。这里的挖掘，已尽其详，仅图片就搜集了六百多张。透过这本书，我们看到作者真当是有意志、能坚持，能静心、得成果。

　　八十八师当年驻防杭州，俞济时是师长，一·二八淞沪抗战爆发后，他率领八十八师驰援上海，投入惨烈的战斗。不久前，我曾从档案出发，写过一篇关于俞济时的文章，简要提到这位后来长期担任蒋介石贴身侍卫长的将军：在一·二八淞沪抗战中，腹部中弹，受了重伤；一九三七年全面抗战爆发后，他担任七十四军首任军长，又率部参加"八一三"淞沪会战……一·二八淞沪抗战之后，杭州西湖边，立起了国民革命军陆军第八十八师一·二八淞沪抗战阵亡将士纪念塔；杭州的松木场，立起了阵亡将士纪念坊。前者是中国第一座抗战题材的纪念雕塑，塔身正面由俞济时题刻塔名——"一·二八陆军第八十八师淞沪战役阵亡将士纪念塔"；后者也镌刻着俞济时书撰的著名联句："华表接青霄一角湖山归战骨，墓门萋碧草十年汗马念前功。"

　　徐骏是杭州人，小时候住在松木场铁路新村，那高大的牌坊，就立在他童年玩耍的地方；后来，他知道那是八十八师阵亡将士纪念坊，于是，他有了一个心愿：要去仔细了解这支部队，了解淞沪抗战，了解这些抗战烈士。终于，徐骏成了一位最忠实的历史"搬运工"，将各方资料汇集、整理，尽最大可能完整地还原事件、人物、史实，他说，那是"为了一份不能忘却的敬意"。

　　在这里，作者帮助我们解开牌坊之谜、墓园之谜，探索"万宝山事件""日僧事件"等等风起云涌的历史大背景，了解那时日本的意图、国民政府的对策。

　　在这里，我们看到开战后的首战、再战，那是如何的风云激荡：从闸北的还击，到商务印书馆被炸；从日本陆军参战，到日军的一次次换帅；从两翼作战，到"中央突破"；从血战庙行，到撤至第二防线……

　　在这里，作者不仅描述了日军的暴行、民众的抗战、战后的祭奠，更是最为详尽地考证了先烈的情况，从阵亡人数到烈士英名，从烈士英容到烈士简历等等,都在纸上一一呈现。

我是浙江青田人,在书中,我首次见到了我的三位同乡先烈:陈绍笙,青田北山人,出身于当地望族,时任步兵五二三团十二连上尉连长,在江湾之役中身先士卒,牺牲时年仅二十九岁;陈镇南,第五二四团一营三连准尉、代排长,在庙行激战中牺牲;张展,第五二七团一营一连中尉、排长,牺牲于麦家宅前。

记住先烈,就是对先烈最好的缅怀。

作者如果没有下真功夫、苦功夫、笨功夫,那是做不到这般详尽翔实、完整完全呈现历史的。

还原历史,我们清晰地看到浩气长存!

铭记历史,今人务必更加珍爱和平!

二

都说"知己知彼,百战不殆",此刻我最想说的是:"知己知彼,和平可期!"

忘记历史,错认历史,误解历史,说明"不知己"的情况之严重与可怕。今天知道八十八师的人有几个?能分清"九一八事变"和"七七事变"后两次淞沪抗战的人似乎也不多。正如徐骏所说的:"对历史的遗忘和无知,是一个民族的致命伤。"通过这部著作,徐骏力助我们"知己""知史",其功其德,确实无量。

而我们"知彼"——知道日本的历史和今天,同样是一门比较疏略的功课。徐骏在书中,以"知彼"之精神,用整个第二章"风起云涌",详解当年日本侵华的原因、背景和"准备动作",以助读者从历史的视角知晓彼时的对手日本是怎么样的。

从历史到今日,"二战"之后的日本,一个重要的"知彼"视角是:七十年过去,与德国相比,同为战败国的日本,为何其战争罪责观如此之不同?这值得深入研究与剖析。

"欲问大和魂,朝阳底下看山樱。"这是日本江户时期著名诗人本居宣长的和歌。活如樱花绚烂短暂,死似樱花离去果断,樱花成了日本大和民族的精神象征。"大和"对外却"大不和",从"九一八事变"到"七七事变",日本侵华从局部战争发展到全面战争;七十年来,日本依然在回避、躲避、规避罪责,一直抱着不可救药的战争罪责观,在里头纠结沉湎、无法自拔。

日本首相安倍晋三发表战后七十周年讲话,态度和内容更为纠结:承认侵略不好,不承认侵略也不好;担负战争罪责不好,不担负战争罪责也不好;为历史道歉不好,不为历史道歉也不好。费尽心机之后,来了个第三者视角的叙述,以回顾历届内阁历史认识的方式,间接带出"反省""道歉"之语词。难怪日本前首相村山富市不客气地批评"安倍谈话"华而不实:"他用了很多美丽的词句侃侃而谈,但是我不清楚他在为什么而道歉。"

战后七十年,在美国的钳制下,日本的防卫力量没有"开过一枪";但是,七十年来,日本的战争罪责观也没有"进过一步"。日本不能快刀斩乱麻,与罪恶的战争历史"一刀两断",这与德国反思"二战"罪责的情形形成鲜明的对比。"德国的罪责观,其实也经历了漫长的转变过程;但日本的罪责观仍远远落后于德国,深陷于政治实用主义。"德国历史学家曼弗雷德·基特尔说,"日本右翼与第二次世界大战的关系,整体上类似于魏玛共和国时期德国右翼与第一次世界大战——即以充满闪烁的言论来否认'侵略'与'战败'的事实,进而用蛊惑人心的'认同需求',来刺激所谓的'民族自豪感'。"没错,今天的日本右翼,与百年前的德国右翼处在同一个水平线上。

长期以来,总体而言,日本主流的战争罪责观就是轻罪化、去罪化、免罪化、非罪化,这从无奈地宣告接受"无条件投降"那一刻就开始形成了。而到了日本右翼那里,更是煮烂的鸭子——嘴硬:不说侵略,只说进入;不说战败,只说终战;不说殖民,只说共荣。德国早已通过立法来遏止新纳粹,日本却还是那个不肯自拔、不愿自拔、不会自拔的模样,依然怀着岛国心理、小国心态、弱国心机,与世界周旋。

曾获联合国和平奖的日本著名学者池田大作说:"在激进主义的潮流背后,是无数的牺牲者,为此付出血与苦的沉重代价。"无论是浩浩荡荡地走向"二战",还是战后畏畏缩缩不肯清算历史,"血与苦"的背后,紧密相连的是日本民族的精神特性。"集体本位主义"构成了日本的"民族魂",它带来了奇特的极端情形:喜新又好旧,服从又不驯,温和又残酷,循规又反常,蹈矩又变态,清晰又暧昧……菊与刀,绽放与陨落,优柔敏感与血腥暴力,故步自封与谦虚好学,无条件的敬重与无原则的颠覆,全然交织在一起。基辛格博士曾说:日本人自觉"与众不同"的意识,变成了近乎宗教般的狂热。安倍晋三今日的执着,正是日本民族精神特性的投射与缩影;他的战争史观,没有也不可能跳出大历史。

战争罪责观是战争史观中的重要一页。在今天,我们需要更加认真地研究日本的战争罪责观,要做出正确研判,要避免误读误判。和平无比珍贵,在和平时期"知己知彼"依然极为重要——知己知彼,不是为了"百战百胜";知己知彼,只是为了"避免战争"。

三

战前的日本,对中国觊觎已久;他们当年为了"知彼",研究中国之细致,确非一般人所能比。譬如杭州的近邻、莫干山下的湖州武康县,日前展示的一幅地图,相当之详之细,由日本"支那派遣军参谋部"印制,测绘时间是中华民国十年,即一九二一年。而在一九三七年,一份日军调查队编就的调查资料,光是目录就有五百二十六页。徐骏在本书中也提到,一份来自日本关东军的秘密报告称:"中国军队与帝国皇军的差距……当在三十年以上。"这个研判的背后,是想而能知的竭力研究。

以这几个细节之例,可见那时日本对中国研究之透彻,知己知彼、觊觎中国的相关准备工作,已做得此般深入、细致、到位。从日军一八七二年派员来华偷偷"做研究",到一九三七年"七七事变",其间他们时时刻刻都在收集、研究各类情报,难怪蒋介石在全面抗战爆发之时曾感叹:"我们所见到的日本人,没有一个不是侦探,没有一个不是便衣!"

暂时抛开军事,我们单纯从"研究"的角度看,日本人那种认真的劲头和细致的做法,是值得我们取彼之长的。我们的学术界的实际情况往往是反着来的,浮躁粗糙甚至简单粗暴屡见不鲜,比如有清华大学的教授在书中将韦氏拼音的蒋介石翻译为"常凯申",成了著名的笑话。杭州两位教授合著了一本关于中国战区抗战时期最高统帅——蒋介石的书,序言提及八十八师阵亡将士纪念坊的联语,错了多处:把俞济时所题的,写成"墓门萎碧草十年汗马念前功,华表接青霄一角湖山归战骨",这里不仅将"萋碧草"错写成"萎碧草",而且上下联也弄反了;把黄绍竑所题的,写成"浩气壮湖山魂来怒卷江湖白,英名缅袍泽劫后新滋茎草青",将"江潮白"错写成了"江湖白",把"墓草青"错写成了"茎草青"。"江潮白"描摹的是钱塘江大潮,可是"江湖白"不仅与前面的"壮湖山"两个"湖"字重复,而且"湖"也"白"不起来。如此这般,还真是对不起先贤先烈啊!

徐骏先生撰写此书,则是用心钻研、穷尽所思,脑力与心力并举,认真和顶真齐飞,我看这已是值得日本人学习了。徐骏当年是浙江大学新闻学硕士毕业,著书时得到他的老师、研究新闻史的何扬鸣教授的悉心指导,真正秉承了老师独立思考、严谨求证、理性判断、周全细致的治学理念,而且一一体现在书中,这极为可贵。

史料考证,必须是"板凳要坐十年冷"的"硬工夫"和"硬功夫"。在这个过程中,徐骏一次次穿梭于浙江省档案馆、杭州市档案馆、浙江省图书馆古籍部、浙江省政协文史资料委员会、杭州市文物保护管理所、杭州师范大学民国史研究中心、杭州市园文局考古所、浙江省黄埔军校同学会等地方,孜孜矻矻,勤勤恳恳,从故纸堆里找新意,在被遗忘处挖真相,这样的治学精神和治史作风,殊为难得。若非如此,国民革命军陆军第八十八师的抗战精神、英烈风采,就难以如此详细完整地得以还原与呈现。

四

"破碎山河谁料得,艰难兄弟自相亲。"一九一一辛亥年,梁启超先生在途经日据下的台湾时,写诗感怀,沧桑悲怆,跃然纸上。甲午之败,日据台湾,台湾人民更早进行了抗日斗争,同样可歌可泣。我写这一序言之时,恰逢九三胜利日,我在台湾自由行;满怀尊敬之心,我特地去瞻仰了台北的忠烈祠,在这里见到了最为完全完整的抗日烈士的牌位,为国捐躯的将军们的雕像。

一部抗战史,也是一部精神史、心灵史,一部民族觉醒史、成长史。"九一八事变"之后不久,有识之士就发出了"中华民族到了最危险的时候"的呐喊声。"七七事变"发生后,"如果战端一开,那就是地无分南北,年无分老幼,无论何人,皆有守土抗战之责,皆抱定牺牲一切之决心",成为共识。"我们生长在这里,每一寸土地都是我们自己的,无论谁要强占去,我们就和他拼到底!"中国人民万众一心,同仇敌忾,守土抗战,视死如归,投入到伟大的抗日战争,开辟了波澜壮阔的世界反法西斯战争的东方主战场。在整个"二战"中,中国人民的抗日战争,开始最早、结束最迟、持续时间最长。中华民族以三千五百多万军民伤亡的惨重代价,赢得了抗击外敌入侵的最伟大、最完全的胜利。

抗战是宣言书,抗战是宣传队,抗战是播种机。抗战是以我们胜利、日本法西斯的失败而告终的!

抗战期间,浙江和杭州是受日军侵略时间最长、战争灾难最为深重的省、市之一,同时也是最为坚韧不拔、苦难辉煌的抗战地区。"为国家牺牲"的国民革命军陆军第八十八师,为杭州树立了无声更无畏的榜样。杭州笕桥"八一四"空战,高志航率领中国空军首次一举击落六架日军飞机,气冲霄汉;富阳东洲保卫战,地方自卫团浴血奋战击败装备精良的日军,可歌可泣;浙江大学在校长竺可桢率领下举校西迁,谱写了"文军长征"的奇迹,自强不息;从杭州富阳走出的抗日爱国作家郁达夫,"血祭神州头作樽",牺牲于异国他乡,浩气长存……

毫无疑问,面对这样前仆后继、共御外敌的中国人,日本军国主义必然会迎来它的"落日"。

这是中国人民抗日战争暨世界反法西斯战争胜利七十周年的纪念日,让我们再一次共享胜利! 在胜利日大阅兵前一天,在杭州富阳受降镇"侵浙日军受降仪式旧址"前,也隆重集会,举行纪念活动,共同铭记先辈的伟大功勋,传承弘扬伟大的抗战精神。

伟大的胜利,山河不会忘记;英勇的先烈,祖国不会忘记。抗战胜利由我们的先辈所赢取,后人请予尊敬。与八十八师的志士一样,后来杭州涌现了一大批铁骨铮铮的"杭铁头";在今天,他们有一个共同的名字,叫作"抗战老兵"。在这次阅兵式上,国共抗战老兵首次共同参与阅兵,他们平均已经年届九旬,最年长者已有一百零二岁。老兵永不死,只是渐凋零;时光虽无情,精神必永存! 此时此刻,让我们共同举起手来,向所有的抗战英雄们,致敬!

"今天,和平与发展已成为时代主题,但世界仍很不太平,战争的达摩克利斯之剑依然悬在人类头上。"太平需要赢取,和平需要捍卫。唯有真正热爱和平的人,才能真正开创美好的未来。从"战争的世纪"过渡到"和平的世纪",能够杜绝战争、永续和平,才是人类最大的进步。当年经历过战争苦难的日本人,到如今确实已经为数不多了;时光会淡化战争的痛苦体验,但珍爱和平就必须铭记历史。早在二十多年前,日本的年轻一代,就有组织地认真收集整理了诸多战争亲历者的证言,出版了多达八十卷的反战书籍,向今人讲述战争的悲惨与残酷,重现那些活生生的苦难史实,以记忆引发反思。年轻的一代、未来的一代代做对了,才能和平可期、安宁有望,才能铭记历史、开创未来。

共享胜利,荣耀梦想。我们今天的梦想就是民族复兴,就是世界和平。以史为鉴,光明前进一分,黑暗便后退一步。今天的日本更应明白:所有的宽容都有底线,干戈杀伐,绝无出路;和平无价,更应珍惜。

伟大的抗战,永载中华民族史册;伟大的胜利,永载人类和平史册! 这,也是我们今天铭记历史、铭记八十八师的意义之所在!

二〇一五年九月三日于台北

前　言

　　对历史的遗忘和无知，是一个民族的致命伤。

　　曾经在上海街头，一名市民被问及可知这里曾发生过两次抗日战役时，大睁着眼睛说："上海还曾打过那么大的仗？我怎么看不出来，也没听说过？"

　　一个饭店老板因在店外悬挂日本军旗，要求全体服务员工穿日本军装、行日本礼而被媒体曝光，面对记者和执法者的质问，老板一脸无辜地说："我只不过想搞点花样赚点钱，哪想那么多？"

　　一个优秀的民族不仅要有对未来的梦想，也要有对历史的尊重与铭记。从耶路撒冷的哭墙到波兰的大屠杀纪念碑，从响彻俄罗斯全境的纪念卫国战争警报，到珍珠港亚利桑那号残骸上的纪念馆，都在展示着历史，诉说着创伤和教训。

　　在杭州，有很多人不知道西湖边有中国第一座抗战题材的纪念塔，西溪路上还有一座八十八师一·二八淞沪抗战阵亡将士的纪念牌坊。日本人每次隆重参拜靖国神社，我们都愤起谴责，可我们自己对抗战先烈又关注过多少？对那些为国捐躯的英魂，我们可曾恭恭敬敬地祭奠一回？

　　对于抗战早期的淞沪抗战，现在著作比较多，宣传得比较多的是1937年的"八一三"淞沪会战，其中最有名的就是八十八师谢晋元团的四行仓库保卫战。但对五年前规模相对较小，却是中日双方第一次出动正规军正面交锋的一·二八淞沪抗战，著作和宣传都较少，资料也不多。

　　1937年至1945年的"八年抗战"提法，我认为是不准确的。难道1937年之前就没有抗战吗？从1931年"九一八"事变之后，东北就有好几支抗日义勇军不屈地奋战在黑土地上。到1932年1月28日更是爆发了轰动国际的淞沪抗战，中日双方共有十多万正规军参战，中国军队为了抵抗侵略、保卫家园，共有14000多名官兵伤亡。这些，"八年抗战"都未将其包括在内。因此，更准确的说法应是"十四年抗战"（1931年至1945年），而"八年抗战"应改为成立抗日统一战线后的"八年全面抗战"。

　　我是杭州人,小时候住在松木场铁路新村,记得童年玩耍的地方有一高大的牌坊,那时不知道这个牌坊是做什么用的,经常在它周围玩耍嬉戏,多年以后才知道那被称为国民革命军陆军第八十八师一·二八淞沪抗战阵亡将士纪念坊。于是,我就有个心愿,想要了解八十八师是一支什么样的部队,一·二八淞沪抗战到底是怎么回事,这些抗战烈士又都是些什么人。

　　由于相隔年代较远及历史因素,现有的一·二八淞沪抗战史料以宣传十九路军战绩为主,而作为增援部队中途进入战场的八十八师被纳入十九路军指挥系统,属于"非主流",所以其史料相对难找,但我还是做了一回历史的"搬运工",将各方面收集的资料汇集、整理,并尽可能完整地按原貌将这些事件和人物一一还原、展示出来,目的就是为了一份不能忘却的敬意。

目　　录

第一章　松木场

　　松木场是杭州市西湖区的一个地名,位于西湖及宝石山之北,属于杭城的"西北偏北"。

　　我从小生长在松木场的外婆家,小时候(上世纪七十年代初)的松木场,印象中是个很神奇的地方,这里有河,有桥,有山,有洞,有树林,有荒坡,还有一些奇怪的建筑物。

　　我住在松木场铁路新村。由杭州铁路分局始建于上世纪 50 年代末的铁路新村,那时只有六幢三层高的房子,故被称为"老六幢"。"老六幢"每幢都是人字顶,两个单元,每层三户,每户都有红漆木地板和抽水马桶,这在那个年代绝对属于"豪华配备"了,里面住的都是铁路系统的高级职员,我外公就是分局工务段的高工。看来,"铁老大"的实力一直都是比较强的。

图 1-1　松木场铁路新村"老六幢"至今还在

　　在铁路新村的西北面，与其相邻有两幢半掩在绿树丛中来头更大的，明黄色的宿舍楼，分别是四层楼的省委宿舍和三层楼的人委（人民委员会）宿舍。这两幢楼，同样建于上世纪50年代，开始是办公用的，后被改作省委、省政府工作人员的宿舍。省委宿舍的再西北面，跨过西溪路，就是老杭大宿舍，里面住的是原杭州大学的教师。

　　松木场西段的主要建筑物，那时除了以上三处宿舍楼，另外还有一个省军区的汽车连的驻扎地，时而有军用卡车进出，而其他地方都是小树林和荒草坡，显得有些冷僻。

　　松木场的东段却是个闹市区，有菜场和各种店铺，还有小桥流水人家。记得我小时候到保俶塔小学上学，要走过一座跨在松木场河上的小桥，小桥两边是水上人家的破旧平房。桥边有零食店、杂货店和剃头店，剃头店里有一位红脸膛的理发师，名叫"关羽"（音），嗓门很大，手艺很好，只是手里拿的是剃头刀而不是青龙偃月刀。每次路过这里，都有我最喜欢闻的芝麻团子和烧饼油条的香味。可惜如今松木场河已被填成马路，小桥也没了踪影，一点也没有江南水乡的意思了。

图 1-2　当年松木场河上的桥

　　住在省委宿舍楼里的人上下班，往往会就近穿过铁路新村，因此两个单位的人都很熟络，各自的小孩们也时常玩在一起。

　　那时候的小孩都是看着《地雷战》《地道战》《小兵张嘎》等"抗战大片"长大的，都有一颗"战斗的心"。平时除了人少时玩玩"打玻璃弹子""拍洋片"等"小儿科"游戏外，每到假期，小孩一多，就会由几个孩子头组织玩"高大上"的"打仗"游戏。"战斗部队"依据"驻地"分成两方——"省军"和"铁军"。

"战士们"的"武器"是自制的"皮枪",这是一种现在孩子见都没见过的高级玩意儿,纯手工制造,是智慧与手艺的完美结合。它用单根8号铁丝拗成枪型,质地硬朗,转角圆润,枪头呈羊角状,有两眼,眼上镶牛皮筋,带有扳机,后端有一子弹卡槽,利用杠杆原理,肉眼瞄准,单手击发。使用纸头叠成的子弹,借牛皮筋的弹力发射,一般射程为20米左右,加强型的可达25米。考究点的还要在铁丝上绕一层红色或绿色的玻璃丝,外观和手感均堪称一流。我见过最叹为观止的一把皮枪,是我们"铁军"小头目"癞痢头阿二"的那把拗成冲锋枪型的,可双手把握、加长皮筋、射程远、子弹三连发的"AK47皮枪"。阿二自豪地声称,这是他老爸为他量身定制的,他老爸是八级钳工。

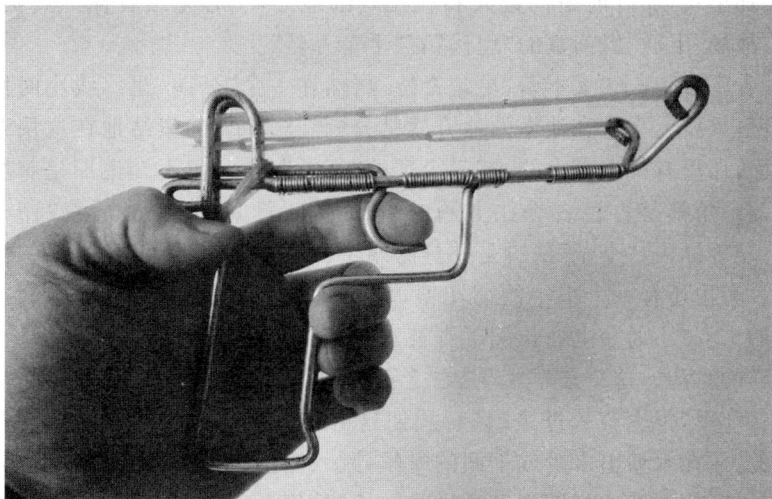

图1-3 "简易袖珍版"皮枪

"武器"中当然还有用自行车链条做的"火药枪",子弹是火柴,这种枪虽看着吓人,但"雷声大雨点小"(射程太近),还往往会炸得"一手黑",不太受欢迎。至于弹弓,因技术含量低,弹药混乱,杀伤力过大,一般都用来打麻雀。

皮枪是绝对不能带到学校去的,在老师眼里,那是"杀伤性武器",见到就立刻没收。有几个同学为了炫耀自己做的"好枪",带到学校一亮相,便被老师没收,入了教导处的"武器库"。好多心血都白费了,心痛得不行,于是,就在附近开辟了几个"战场",各种"武器"有了"用武之地"。

"战场"一般有三处,一处是铁路新村南面的铁路林场,那里有一排排高大笔直的水杉树,攻防皆宜;一处是西南面的桃花山(宝石山支脉)和黄龙洞,适合"山地作战";而最神秘的一处"战场"就是西北面的那一大片荒草地。

我们的"战斗",一般以"分散包抄"或"密集队形冲锋"的形式占领对方阵地,活捉并逼迫对方"首领"投降为胜。由于人多,且"武器"精良,"铁军"经常战胜"省军"。但奇怪的是,在那片荒草地上"作战","铁军"的"战术"往往会失败,这是因为这块地方几乎没有一棵大树,视野开阔,而且有很多起伏不平的小土包和纵横交错的小沟渠。"我军"无论是"隐蔽包抄"还是"正面进攻",只要一冒头,"敌军"就会发觉,"突袭计划"便完全失效,形成"拉锯战"。因此,"省军"更喜欢选择这片靠近他们"驻地"的"战场"。而奇怪的是,每当大人知道我们在这片荒地玩耍,总会半认真半玩笑地吓唬道:"少去那里玩,那以前是枪毙人和埋死人的地方,小心鬼跟着你!"其实,在这个"战场"下面,以前真的"埋伏"着"千军万马"。

"省军"还有个"大本营"更是奇特,居然在一个"公园"里。我小时候的印象里,只要有亭子和池塘的地方就是公园。"省军"的集结地在这块荒地的北面,那里有一个高大的、有三个顶的"亭子"(小时候不知道那是牌坊),顶的四个角都是古色古香往上翘的,正面涂了泛黄的石灰,写着"伟大领袖……"等标语,"亭子"的脚是并排的四个巨大的水泥柱子,显得又古怪又森严。旁边还有一个小小的荷花塘,夏天塘里开满了荷花,水塘中间有个圆圆的水泥"小岛",上面长满了青苔。在"亭子"和水塘的周围有几条像战壕一样的壕沟。这个杂草丛生、古老而神秘的无名"公园",平时都是静静地待在那里,很少有人进去,只有我们这群小孩偶尔去喧闹一番。有几个胆大的,还在水塘里水少或干涸的时候,跳入塘里,再爬上那圆圆的"小岛"练"攀岩",或在旁边的壕沟上跳进跳出练"冲锋"。玩累了,就坐在沟沿上,或靠在水泥柱上好奇地想这些东西是谁造的,造来干吗用的。这些建筑当初造的时候一定花了不少工夫吧,为什么现在废弃了呢?回去问大人,他们只知道这个地方很早以前有一大片坟墓,至于这些"亭子"和水塘等,他们也说不出个所以然来。

这些问题的答案,直到三十多年后,我才基本弄明白。

在我早已搬离松木场后的一天,从西溪路偶然经过这个童年玩耍的地方,忽然发觉这里变得既熟悉又陌生。走近一看,这里已经整修过了,地面铺上了石板,两边砌起了围墙,墙上立起了说明石碑,说明这里是"国民革命军陆军第八十八师淞沪抗日阵亡将士纪念坊",而且已被浙江省和杭州市人民政府列为省级文物保护单位。当初以为是"亭子"的那座高大的牌坊,已被刮去石灰,露出上面原有的刻字,尤其是中间四个大大的白底黑字"浩气长存"异常醒目。牌坊后面还新立了一堵长长的黑色大理石墙,上面密密麻麻刻着阵亡将士的名字,显得庄严肃穆。可是原来的荷花塘、"小岛"和壕沟,以及那片荒草地,全已被一幢幢的住宅替代了。再仔细看左面围墙上的一块说明牌,原来这是1932年一·二八淞沪抗战,驻杭八十八师赴沪参战的一千多位阵亡将士的纪念牌坊。儿时的那个神秘的无名"公园",竟是一座烈士陵园。

图 1-4　说明石碑 1

图 1-5　说明石碑 2

图 1-6　纪念牌坊

我们这群小孩当年在这里玩"打仗",而真正的战士就在我们身边。八十八师是一支什么样的部队? 一·二八淞沪抗战到底是怎么回事? 这些阵亡将士是怎么死的? 当年的荷花塘和神秘"小岛"是什么? 那些壕沟又是干吗用的呢? 带着这些问题,还有儿时的好奇,我开始寻找八十多年前那场战役中八十八师的身影。

首先,我找到了另一处与八十八师密切相关,更瞩目、名气更大的建筑物——一·二八淞沪战役第八十八师阵亡将士纪念塔。

一、纪念塔

中国第一座抗战题材的纪念雕塑在哪里? 很多人可能不知道,它就是耸立在杭州西湖之滨的抗战纪念塔。该塔面朝上海方向,塔身正面刻有由前八十八师师长俞济时书写的塔名——"一·二八陆军第八十八师淞沪战役阵亡将士纪念塔"。现在将其称为"纪念碑",从形象上说,没有原来的"纪念塔"贴切。

图 1-7　20世纪30年代的纪念塔(1964年拆除)

纪念塔塔顶有两位将士的站立铜像,其中的军官佩戴指挥刀,左手握望远镜,右手指向前方,一旁的士兵双手握着带刺刀的步枪做冲锋状,两人表情坚毅,周围是四颗落地的重磅炸弹。底下台座的四边还分别镶嵌四块浮雕:"纪念"(塔正面)、"冲锋"(塔右侧)、"抵抗"(塔左侧)、"继续杀敌"(塔背面)。纪念塔的四个角上,每个角都种着两棵柏树,合起来一共是八棵柏树，"八柏"象征着"八十八师"。

图 1-8　纪念塔上军官雕塑

图 1-9　纪念塔上士兵雕塑

图 1-10　官兵雕塑

图 1-11　纪念(纪念塔底座正面浮雕)

图 1-12　冲锋(纪念塔底座右面浮雕)

图 1-13　抵抗(纪念塔底座左面浮雕)

图 1-14　继续杀敌（纪念塔底座背面浮雕）

　　该纪念塔是著名雕塑家刘开渠先生的成名作,开渠先生后来还担任过人民英雄纪念碑的主要设计者和雕刻者。2003年重建的说明牌上称其"由周天初先生筹建"的说法,并不准确。周先生当时是国立杭州艺专的一名色彩教员,他的主要功劳是推荐刘开渠先生来创作。1934年11月19日的《申报》第三版有一篇题为《八十八师阵亡将士纪念塔奠基礼》的报道:

　　(杭州)八十八师淞沪战役阵亡将士纪念塔,十八日晨十时举行奠基典礼。塔址在西湖滨第四、第五公园之间。是晨塔前设一典礼台,布置隆重严肃。时适天雨,而各界来宾曾剑英等及军警到者多至千余人,由该师前师长俞济时任主席,行礼如仪,并向该师阵亡将士全体默念致哀后,由俞报告该塔建筑缘起及意义,略谓八十八师淞沪战役之阵亡将士,计官佐六百余人,士兵一千六百余人,合共二千二百余人,大多为两浙英勇健儿,故特于此,永留千古,并励后死者复仇雪耻。语极悲痛。次筹备主任马君彦报告筹备经过,略谓该塔由今年八月起兴建,今日系补行奠基,预计筑成需费三万六千元,现由省府拨助五千元,余由俞前师长本人捐募,以及沪闻人杜月笙等之捐募,共筹得二万数千元,尚少万余元,还望各方继续同情捐助。又该塔由严夷初设计图案,顾恒君任建筑师,刘开渠任雕刻师,工程完美。继省党部委员王廷扬,方青儒,及现任八十八师师长孙元良代表顾景清等演说,语多愤激动人,末由俞济时亲自奠基,礼毕。据俞语记者,此塔定明年一·二八或二月二日举行落成揭幕礼,因二月二日为该师大部将士为

国牺牲之日。（十八日中央社电）

由此可见,这座纪念塔的筹款事宜是由俞济时自己操办,杜月笙等人协办的。第二年纪念塔建成后,俞济时还在 1935 年 3 月 1 日的《申报》第二版上刊登了一个《启事》,报告塔已建成,感谢每位慷慨捐助的仁人义士,并将三十位捐款者的名字和捐款数额一一刊登上。其中,除浙江省政府捐洋五千元外,捐款最多的是杜月笙,捐洋三千元。

1935 年 2 月 22 日上午,杭州湖滨公园举行了八十八师一·二八淞沪抗战阵亡将士纪念塔落成典礼。就在三年前的这一天,八十八师将士在上海庙行阵地浴血奋战,伤亡惨重。1935 年 2 月 23 日《申报》第三版报道:

> （杭州）西湖滨之八十八师淞沪战役阵亡将士纪念塔,二十二日晨九时在阴云惨淡中举行壮烈之落成典礼。塔前设一典礼台,横额为气壮河山四字,两旁为军乐台。到党政各界来宾及军警约千人,由前师长俞济时主席,鸣炮行礼如仪,后黄绍雄（竑）揭幕,而矗立塔顶英武之官兵铜像,乃巍然出现。次黄、俞分别献花圈,全体向塔像静默致敬。次俞济时报告,略称纪念塔所以定二十二日揭幕者,因八十八师当年此日适担任江湾庙行一带最前线,与敌人肉搏,为战斗最烈牺牲最大之一役,回想往事,倍觉悲痛。次省府黄主席致辞,谓八十八师战役死难将士,实与黄花岗七十二烈士同垂千古。次省党部代表王廷扬、八十八师副师长冯圣法及该师特党部代表陈志澄相继代表全师官兵致辞。又次来宾蒋坚忍、宣铁吾等演说。十一时摄影礼成。（二十二日中央社电）

图 1-15　纪念塔落成典礼上黄绍竑（左二）、俞济时（左三）等浙江省党政各界人士

蒋介石也专门为该纪念塔撰写了碑文(见俞济时《八十虚度追忆》):

民国廿一年一·二八上海战役,我军将士忠勇奋发,坚苦支持至三十余日,其间肝脑涂地,舍身成仁者,良不可胜数,英风壮烈,民族精神,实丕焕焉。是夜难作后,日军初犯闸北,屈于巷战,攻吴淞又厄于蕴藻滨,累日不获逞,继乃改调其陆军,并厚挟飞机重炮坦克车等,大举来援,兵多械精,利于野战,江湾庙行一带,遂为其攻击之正面,而战事亦由是益趋凶剧矣。先是我八十七、八十八两师合组为第五军,于一月三十一日奉命出御,比敌大援将至,八十七师则扼胡家宅沿蕴藻滨而守,掩护吴淞炮台,八十八师则接江湾(不含)至庙行之防,布阵线,筑工事,仓卒应战。自二月二十日起,敌军即向八十八师阵地昼夜进袭,上空下陆,弹雨炮火,皆集中于此方,而该师将士上下一心,效死勿渝,天崩地塌不为动,血肉横飞不之顾,每当临敌则振臂一呼,莫不跃壕而出,白刃争先,前仆后继,再接再厉,当战斗最烈之二十二日,敌我相间,层叠包围,至于四匝,反复肉搏,阅二十四时。是役也,该师独当正面,恶战旬余,进退悉秉军令,未曾或弃其阵地,疆场之间,膏血狼藉,伏尸遍野,敌我死伤相埒,该师官兵阵亡负伤者,盖三千二百余员名,且始终视赴义卫国为军人之职责,危险勿避,生死罔计,一唯埋头壕堑,慷慨捐躯,绝不稍自矜伐,非所谓明义知耻,而正气磅礴者欤,呜呼烈矣。越二年,当时领兵师长俞济时建阵亡将士纪念碑于杭州西湖之滨,湖山秀美,甲于全国,昔为勾践卧薪尝胆兴越之地,岳武穆坟亦在焉,忠魂有托,尤克互为彪炳,安诸将士之灵于此,信为得所,足以长垂不朽,后之览者亦将怆然兴感,而知所惕励乎。

蒋中正撰
中华民国二十三年十二月□日

省主席黄绍竑在纪念塔落成典礼上致辞:

今天是陆军第八十八师淞沪战役阵亡将士纪念塔揭幕典礼,刚才听到俞处长报告当时壮烈的牺牲,使我们武装同志与非武装同志都一致感到非常钦佩,觉得无限光荣,我们中国几十年来受尽外患的侵凌,从来没有见过比一二八淞沪战役更伟大的民族自卫的表示，就是看到，也就是这一次。尤其是这一次八十八师在庙行一战的壮烈的战斗，与伟大的牺牲，这是值我们永远纪念的。现在纪念塔已落成，不过，纪念塔是眼睛得见的，可贵的，乃是看不见的先烈精神和热血，他们永远是那样伟大，鲜红，永远在人间辉煌沸腾，启示我们未死者，要踏上他们英勇伟大的血路，为振兴国家，复兴民族，完成他们未竟的事业。过去我们推翻清朝，建立民国，完成革命，都可以说是黄花岗七十二殉难烈士的功勋，假使没有黄花岗七十二烈士的牺牲，就不会有武昌起义，没有武昌起义，革命也不能成功，所以我们今天参加八十八师淞沪战役阵亡将士纪念塔的揭幕典礼，就要把八十八师的阵亡将士视同黄花岗七十二烈士，具有一样的价值。今天来参加典礼的同志，都是对于地方国家负有重大的责任的，希望各位以后都能一本过去先烈的伟大牺牲精神，向本身职务上各种事业努力去，将来国家民族的复兴，那就一定可以期待的了，同时也可使八十八师阵亡将士欣慰于地下了。（民国浙江省政府公报第 2293 期）

这是当时《申报》的特别报道图片：

图 1-16　《申报》报道纪念塔落成典礼

这座抗战纪念塔的命运随着历史的风云变幻，也是命途多舛。在日军占领杭州期间，它被推至西湖中，日军在原塔基上建了一个不伦不类的"兴亚之钟"，表示要"振兴亚洲"，建设"大东亚共荣圈"，结果却敲响了自己的丧钟。

图 1-17　杭州沦陷期间的"兴亚之钟"

抗战胜利后，国民政府又按原样重新修整和恢复了"一·二八陆军第八十八师淞沪战役阵亡将士纪念塔"。到了 1964 年，与西湖周边许多墓葬、牌坊、庙观一起，这座纪念塔再一次被拆除。一直到 2003 年，杭州市政府为结合湖滨新景区建设，由中国美术学院沈文强教授负责设计重建纪念塔。

二、墓园之谜

西湖边抗战纪念塔的奠基与落成都曾隆重地举行过典礼，有军政官员参加，有"最高领导"撰写碑文，有新闻媒体报道，有官方正式记录。那么，我小时候的玩耍之地——松木场的八十八师一·二八淞沪抗战阵亡将士的埋葬之地，当时一定会有记载吧，因为根据那块大理石碑上的名字，这里埋葬了一千一百多位抗战烈士啊！

图 1-18　2003 年重建的杭州湖滨五公园八十八师淞沪抗战阵亡将士纪念塔

　　这一大批烈士的遗骸是由谁组织埋葬在这里的？墓园是何时建的？遗骸是什么时候入葬的？有无举行公祭仪式？本以为，这么大一件事，应和纪念塔一样，很容易就可找到当年的记录，可是没有。图书馆、档案馆、文物管理单位、园文局和网上的相关数据库等地方，按一·二八淞沪抗战的时间，即 1932 年至 1949 年寻找，均没有以上几个问题的原始记录。这个墓园，成了一个谜。

　　这个墓园真的存在吗？我认为答案是肯定的。因为我小时候亲眼见过这个墓园的一些遗迹（水塘、"小岛"、壕沟等），这是 20 世纪 70 年代的景象，那么更早时候，墓园的遗迹是否更完整些呢？为此，我走访了住在墓园附近老杭大宿舍的张鹏程老先生。张老先生生于 20 世纪 50 年代初就住在墓园北面的老杭大宿舍了，如今年近八十的张先生精神很好，他能详细地回忆出 20 世纪 50 年代末这个墓园的整体样子和一些细节。他记得当时墓园里还有一排排的墓碑,按照营、连、排、班的序列排列,每块约 40 厘米高,30 厘米宽。抹去墓碑表面上的青苔,上面刻着"某连某排某班上等兵或一等兵某某某"字样。在墓园的前部,那个高大的牌坊后面还有一座独立的圆形大墓,其底部由花岗岩砌成,上部是水泥,建得相当牢固,估计是军官的墓,其周围是一圈很深的排水沟,常常积满了水。这就是我小时候所见的水塘和"小岛",至于那一条条壕沟,也许是当年墓园围墙留下的痕迹或排水沟。张先生还提供了一张墓园分布图:

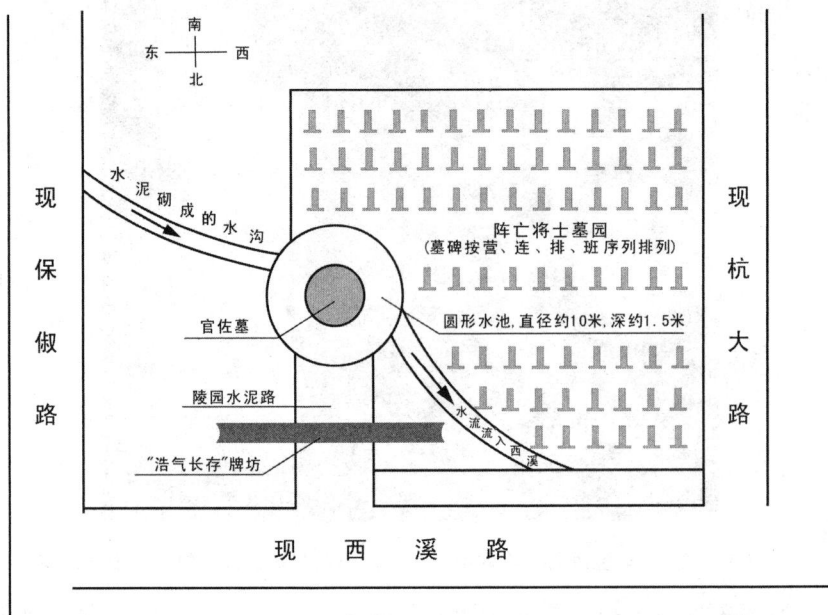

图 1-19　墓园平面图(原图由张鹏程先生手绘,现图为笔者用电脑重绘)

　　墓园确实存在过,为什么就找不到埋葬八十八师抗战阵亡将士的原始记录呢?这也许是个历史之谜。不过,在寻找资料的过程中,还是有收获的,即在松木场这块地方,至少有过五个阵亡军人公墓。

　　第一个军人公墓是建于清咸丰十年(1860)的"法军阵亡将士公墓"。

　　1935 年 12 月 2 日《申报》副刊图片版有一则题为《法侨纪念阵亡将士》的图片新闻报道,其文字说明是:

　　　　洪杨之役,法国侨民组织义勇军协助清政府于苏杭一带之太平军作战,死者三百余人,事定后收集遗骸,建公墓于杭州松木场,并由清廷立坊纪念。今年为该墓落成七十五周年,法远东海军总司令爱斯德华率同法总领事博德斯、驻沪司令回且品、沪法工部局总董回耳及海军兵官、侨民等三十余人至杭举行纪念。此为全体在公墓牌坊前献花之影。

图 1-20　松木场法军公墓

在王兴福先生著的《浙江太平天国史论考》一书中也提到:清政府在杭州松木场道古桥,为"纪念"被太平军打死的法国洋枪队官兵而建造了石牌楼。当时法军头目德克碑率领"常捷军"洋枪队,配合左宗棠的清军与太平军在这一带激战,结果法军被打死好几百人。从两张老照片看,应该是同一座石牌楼。

图 1-21　《浙江太平天国史论考》中的松木场法军石牌楼

　　松木场第二个军人公墓是"援闽（粤）浙军阵亡将士公墓"。下面三张
20世纪三四十年代的老杭州地图上均有标注。

　　1.20世纪30年代杭州西湖中山书店发行的《最新实测杭州市街图》
中，松木场西南侧一个不规则线框内标有"陆军墓"字样且有坟墓标志。

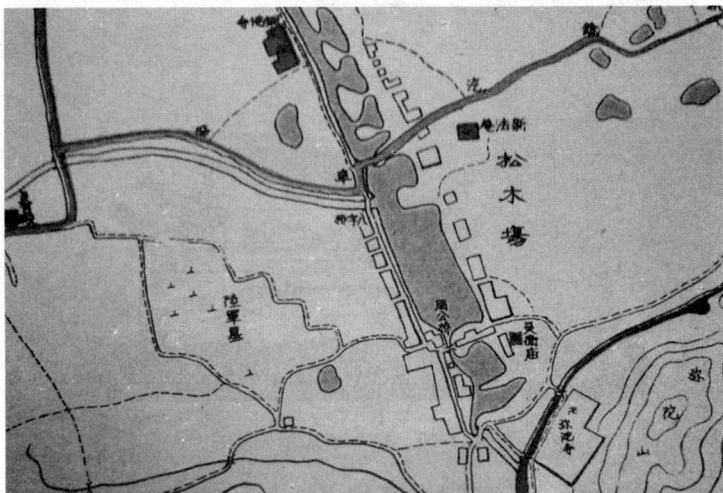

图1-22　20世纪30年代《最新实测杭州市街图》（松木场部分）

　　2.民国三十五年（1946）四月出版的《最新杭州市地图西湖全图》中，线
框内除标有"陆军墓地"外，还多了一个房屋标志。

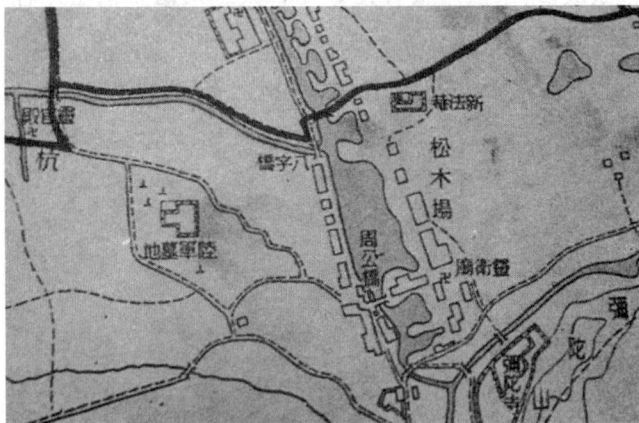

图1-23　1946年《最新杭州市地图西湖全图》（松木场部分）

　　3.1949年出版的《杭州西湖详图》中，该墓地名称为"援闽死亡
兵士墓"。

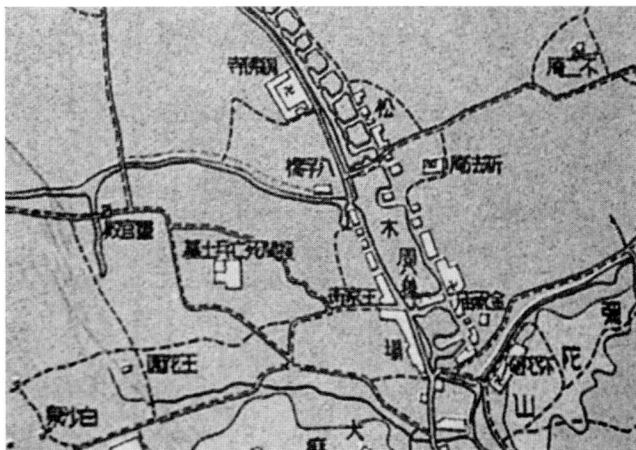

图 1-24 1949 年《杭州西湖详图》（松木场部分）

"援闽浙军"指的是 1918 年孙中山发起的第一次"护法战争"期间，"护法军"（粤军）进攻福建，福建督军李厚基反击，时任浙江陆军第一师师长的童保暄奉调为"闽浙援粤军副司令"，率浙军开赴福建援助李厚基抗击粤军，双方在福建与广东之间发生了一场局部的南北战争，也称"援粤浙军"。

值得一提的是童保暄这个人物，他在辛亥革命时，绝对是浙江的牛人，人称"浙江之蔡锷"，是辛亥革命浙江起义的发起人，浙江光复后，曾任临时都督。童保暄去世后，于 1923 年葬在西湖边的宝石山下，此处随之建造了童公祠。光复会创始人章太炎先生亲自撰写《童师长祠堂记》："少以干翮闻于军中，初举大义实为干魁，其后拒袁氏帝制……功亦第一。"

2005 年，杭州的丁云川先生捐献给杭州市西湖博物馆一批历史资料，其中有一本民国时期的小册子，名为《西湖导游录》，由杭州正中书局发行，民国二十六年（1937）四月增订再版。该书中有几张关于松木场墓地的珍贵照片。

图 1-25 《西湖导游录》

《西湖导游录》中当年松木场"援粤浙军"阵亡将士公墓的照片：

图 1-26 "援粤浙军"公墓

松木场第三个军人公墓是"国军第六师(二十六军)阵亡将士公墓"。

国民党军队的番号由于战事频繁,经常整编和变更,非常复杂。这个第六师的前身是参加过北伐的国民革命军第二十六军,军长周凤歧。1928年8月,根据国民革命军"军事整理案"的要求,该军撤销军的番号,改编为国民革命军第六师,师长陈焯,赵观涛任其中一旅旅长。1929年10月蒋冯战争爆发,第六师又归属第二军,赵观涛升任师长。

1932年5月20日的《大公报》第五版上有一篇题为《西子湖边公祭阵亡将士并建烈士公墓及祠堂》的报道:

> (杭州通信)国第六师,自前二十六军参加北伐,累年转战,迭摧强敌,而牺牲之大,殉难之多,殊堪哀悼。该师师长兼第八军军长赵观涛,为追怀先烈计,特在杭市西湖松木场附近开地数十亩,营建阵亡烈士公墓及祠堂,所有第六师暨前浙军第一师、第二十二军、第十八军、第十九军各阵亡将士均列主刊碑,以垂纪念。此次赵军长来杭特发起阵亡将士公祭典礼,由该师特别党部及副官处筹备,于昨日在松木场墓地举行公祭。到有前二十六军第二师师长斯烈等营长以上军官三百余人,各连官兵代表八百余人,由军长赵观涛主祭,仪式极为隆重,先由主祭者致追悼词,后与祭代表相继演说,悲壮热烈,盛极一时。祭堂布置亦殊严肃,四壁悬挂挽联甚多,琳琅满目。(十四日)

民国二十六年(1937)的《西湖导游录》一书中有松木场"第二十六军阵亡将士公墓"的照片。

松木场第四个军人公墓是"浙江保安团队抗战'剿匪'阵亡将士公墓"。

从《西湖导游录》(1937年)中松木场浙江保安处公墓的照片上可以看出,当年这个墓园还是建得相当"豪华"的。

关于保安队公墓,还有一份由浙江省档案馆提供的,1946年4月3日浙江省保安处关于修建"浙省保安团队阵亡将士公墓"的拨款申请,该申请是呈给省主席兼保安司令黄(黄绍竑这时应还未调离浙江)的,署名王云沛(浙江省保安司令部警保处处长)。

申请中称修建公墓需一千万元,黄绍竑批复了两次,第一次是4月3日当天批"由省款拨叁(万?百?)万元",叁后面是"万"还是"百",不是很清楚,按常规推断应该是"百",否则你要求一千万,我给你三万万,多三十倍,亲爹都没那么大方。第二次是4月5日批"改在省预备费开支",估计是超预算了。

图 1-27 二十六军公墓

图 1-28 保安团队公墓

这里的"一千万元"有点吓人,这公墓也造得太豪华了吧。其实,那时用的是法币,按当时的汇率,1 美元等于 3000 法币,100 法币只能买个鸡蛋。

4 个月后,1946 年 8 月 9 日的《东南日报》第四版上有一则题为《胜地埋忠骸 阵亡将士墓将落成》的消息:

(本市讯)浙省保安司令部在本市松木场修建抗战□□阵亡

将士公墓一座,已前报。现是项公墓,除零星工程正加紧赶修外,
大部业已竣工,落成后即将举行公祭典礼。司令部已分饬全省各
保安团队迅将各地将士忠枢及忠骨运杭归葬。

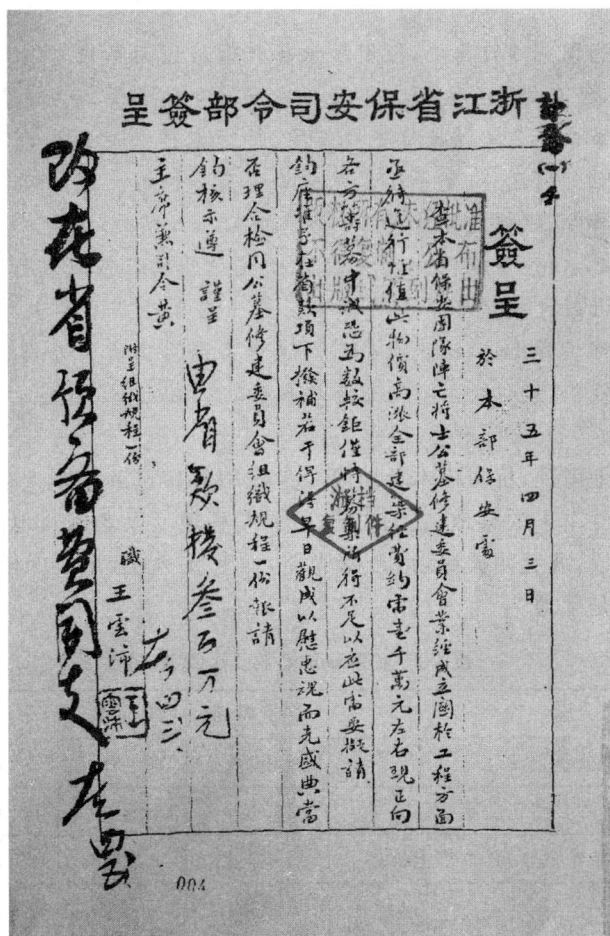

图 1-29 浙省保安处建公墓拨款申请

该消息上所说的"公祭典礼",在后面的《东南日报》上未能查到。

结合前面 1945 年 5 月《浙江省通志馆馆期刊》上俞济时的那篇《浙江保
安团队阵亡将士公墓记》,可以推断,浙江省保安团队阵亡将士公墓至少在
松木场修建过两次,一次是 1935 年前后,一次是 1946 年。

松木场第五个军人公墓是 1949 年至 1950 年建的"革命军人墓地"。

杭州市档案馆存有一份1954年12月7日杭州市人民政府房地产管理处的公函。公函事由是"为征用松木场革命军人墓地请来研究处理由",主送机关:卫生局、民政局、西湖区金沙港乡政府、军区政治部秘书处、省府行政处、都市建设委员会。公函正文如下:

> 兹因国家建设需要,征用松木场杭徽路以南革命军人坟墓壹百多穴,经查约为一九四九年及一九五○年间营葬。为慎重处理及以后革命军人家属来杭查考方便,特定本月十一日下午二时在本处讨论如何迁移,是否迁葬龙驹坞公墓等问题。届时请各派负责同志参加,以便研究处理。
>
> 会后结论:会议研究结果坟墓迁往龙驹坞。按每坟迁移,自本月十五日开始迁移至廿日结束。烈士名册由省府行政处及军区政治部负责编造(按现有材料),造好名册后由省府办公室抄至一份给我们,以供今后烈士墓迁移参考。

通过以上考证,杭州松木场地段至少先后存在过五个军人墓地,其中,不仅有国民党军人的墓地,还有共产党军人墓地。以老杭州地图判断,现在松木场地段,北起西溪路,南至曙光路,西起杭大路,东至保俶路的这块区域应该全是墓地。

表 1-1　松木场阵亡将士公墓表

名　　称	建造时间	埋葬数	建造者
法军阵亡将士公墓	1860 年	300 余穴	清政府
援闽(粤)浙军阵亡将士公墓	1921 年	不明	卢永祥
国军第六师(二十六军)阵亡将士公墓	1932 年	不明	赵观涛
浙江保安团队抗战"剿匪"阵亡将士公墓	1935 年至 1946 年	不明	俞济时、宣铁吾、浙江省保安处
革命军人墓地	1949 年至 1950 年	100 余穴	不明

我小时候住松木场铁路新村时,有人在房前空地上搭建鸡窝,鸡扒地扒出了一个骷髅头,把养鸡的吓得够呛,赶紧报告派出所,经公安鉴定,这骷髅头的主人至少已死了三四十年。听说以前松木场一带还曾是枪毙人的刑场,不知这骷髅是被枪毙的犯人还是埋在此地的军人。

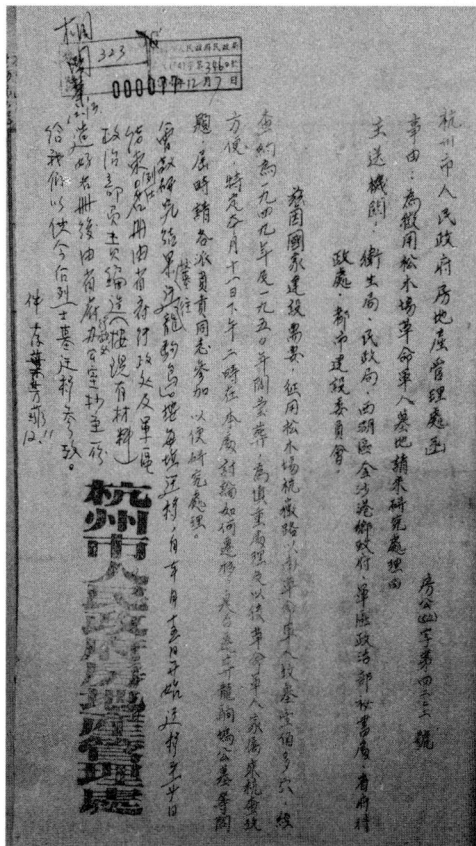

图 1-30　1954 年房产处公函

根据黄绍竑《五十回忆》里记载，当时浙江的老百姓对公墓这种安葬形式还是比较抗拒的，死后一般都埋在私人或家族墓地，所以当时只有军人建公墓。

在松木场这块地方，可以考证出这么多军人墓地，可偏偏没有找到"八十八师'一·二八'淞沪抗战阵亡将士公墓"的原始记载，这依然是个谜。那么，八十八师墓地的说法起源于何处呢？杭州市档案馆有三份 1951 年、1952 年的政府报告及批复，从中可以看出点端倪。

1951 年 10 月 18 日，杭州市建设局给市政府递交了文号为〔1951〕建密字 2300 号的请示，标题为"为拟拆除松木场反动军队阵亡纪念塔及七星坟竺氏墓道牌坊报请核示由"。

接本局园林管理处本年十月十五日林管字第二〇三一号报告为："松木场花圃后面有反动统治时期所建之反动军队八十八师阵亡纪念牌坊两座（一座系石头的一座系砖头的），另孤山路七星坟有竺氏墓道牌坊计三座，拟予拆除并将材料作为修建风景点用"等语。上项牌坊，是否可予拆除，拆下材料是否可用为修建风景，报请核示以凭办理。

报告

杭州市人民政府

建设局局长　余森文

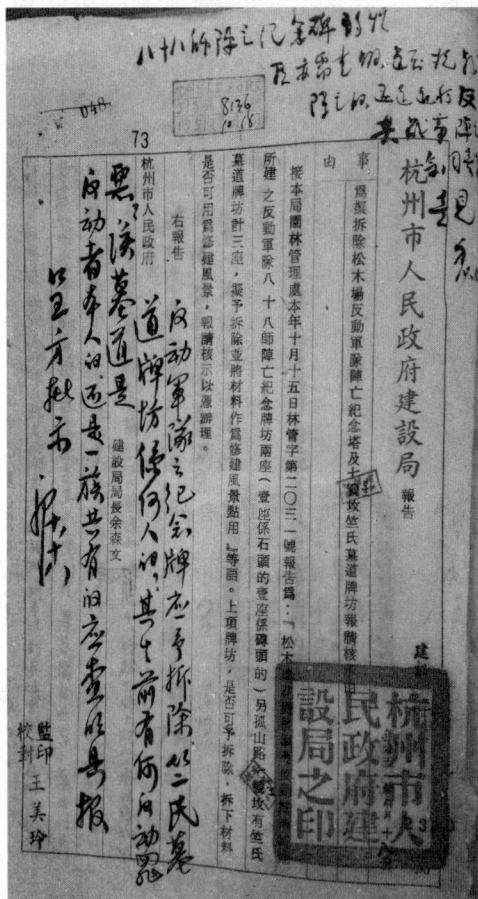

图 1-31　1951 年杭州市建设局报告

这是目前查到的最早提到"八十八师阵亡纪念牌坊"说法的资料，但里面没有提到公墓。在这份杭州市建设局园林管理处的请示上,这位老兄不仅"疾恶如仇",还很有节约意识,建议把"反动军队八十八师"的纪念牌坊拆了,将其材料用来修建风景点。

杭州市政府的批复正文:

> 你局十月十八日建密字第2300号报告,请示拆除松木场反动军队阵亡将士纪念塔及竺氏墓道,并将所得材料修建风景点。兹分别核示如下:(一)八十八师阵亡将士纪念塔性质如何?是抗日战争阵亡的呢,还是进行反共反人民战争阵亡的?(二)竺氏墓道是何人的?其先前事迹如何?有无反动恶绩?墓道是其本人独有呢,还是合族共有?(三)以上两点希查明具报后再核。

市领导的意思很明确,就是做事不要草率,先弄清楚性质再说,而且一人做事一人当,不株连九族。

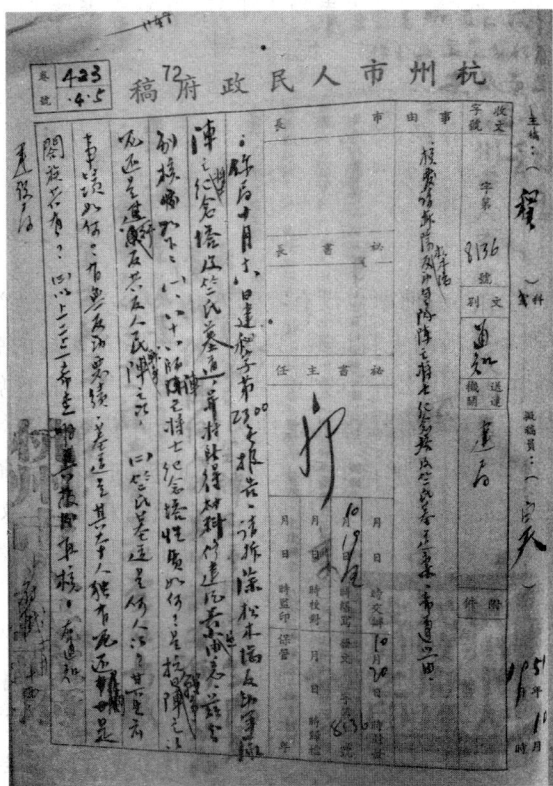

图1-32 杭州市政府领导的批复

1952年6月9日,杭州市建设局经过大半年的"调查",对以上问题终于有了答复:

经与西湖博物馆及西湖图书馆询明,均未得到具体史料,旋在松木场反动军坟前牌楼上面,抄录遗留的字迹,题为《援粤浙军阵亡士兵塋记》:"民国七年,浙军奉入会闽军援粤。童君保暄将之赵滨道达闽。由平和转战而南入饶平薄潮阳,士卒用命先后战皆捷,然以奋勇先登殒命阵前与创伤后归遂以不治者众矣。又师行方盛暑踰重岭,涉深谷,暴烈日,沐霾雨,闽粤故多瘴,加以大疫,军中死亡相继,当事之殷,随在现瘗,嗟我国殇,委骨远地,不其悲哉,明年童君殉于军国網洼,承其乏首建撤防之议继语:督军卢公发白金三万,有奇归际亡病殉者之柩营葬于杭。又明年既得语班师乃募舟舰载诸灵柩以还。六阅月毕,远达城西松木场社稷坛故址为塋地,其家属乞领归者听既封既树缭以垣墉与金陵阵亡将士墓道相望也,爰叙其本末勒之于石,以表我浙健儿之忠勇,且浴来着。永嘉潘国纲撰书 民国十年二月吉日"其中既有"语与督军卢公"(卢永祥)可证明其是反人民战争阵营的。又竺氏墓道查明葬的人是竺绍康,嵊县人,是参加辛亥革命与七星坟历史相同,惟其坟墓系反动派竺鸣涛所建的,并非合族所建。遵将查明事定,报请核示。

看来,当年建设局的前辈也没有找到八十八师一·二八淞沪抗战阵亡将士埋葬在松木场墓地的史料记载,只在松木场军人墓地的牌楼上抄了篇《援闽(粤)浙军阵亡将士公墓》的"说明书"回来交差。而且凭"说明书"中的"卢永祥"这个名字,就直接将其定性为"反动阵营"了,不过总算把这篇具有历史价值的"说明书"记录下来了。那里面提到了童保暄;提到了松木场以前还有个社稷坛;提到了与金陵阵亡将士墓道相望,可这一望有点远,目光要越过宝石山,因为金陵阵亡将士墓在孤山,也就是报告中后面提到的"七星坟"。

关于那个竺氏墓道,这位前辈倒是调查清楚了。埋着的竺绍康参加过辛亥革命,是革命者,造墓的竺鸣涛则是个反动派,但造墓属于个人行为,领导您看着办吧。这个竺鸣涛也是浙江保安团队的一位重要人物,他从1943年起任浙江保安处长。为什么要提他?因为我后面将要讲到的"浩气长存"牌坊上有他的题字。

对于建设局的第二份报告,杭州市当时分管建设的方副市长批示:八十八师纪念塔可以拆除,竺氏墓道还需与竺姓协商,征其同意后再定。

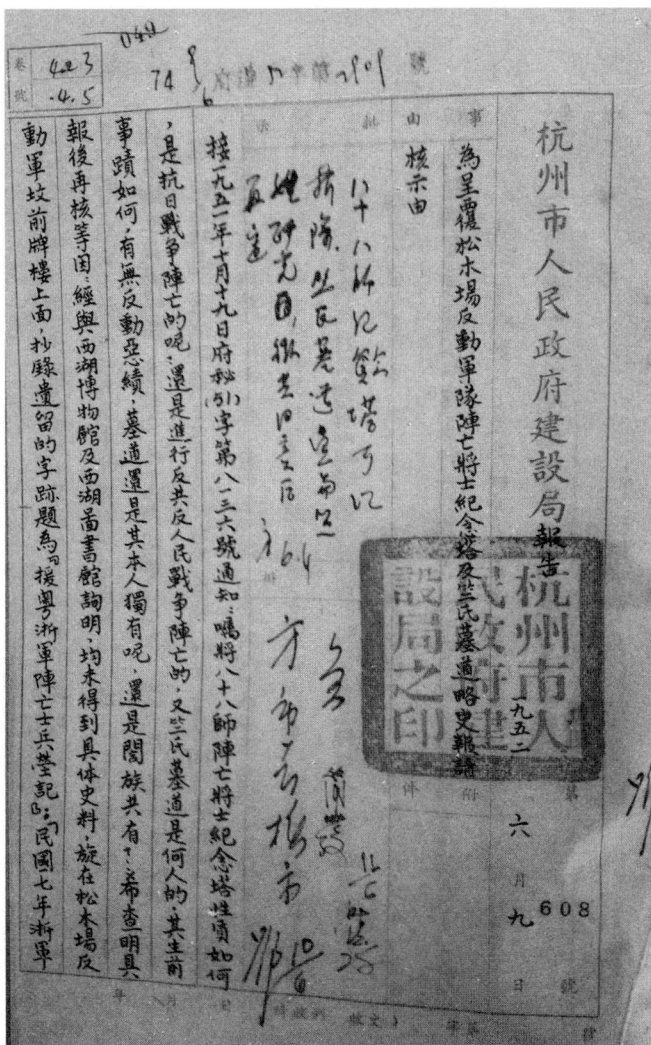

图 1-33　1952 年建设局报告 1

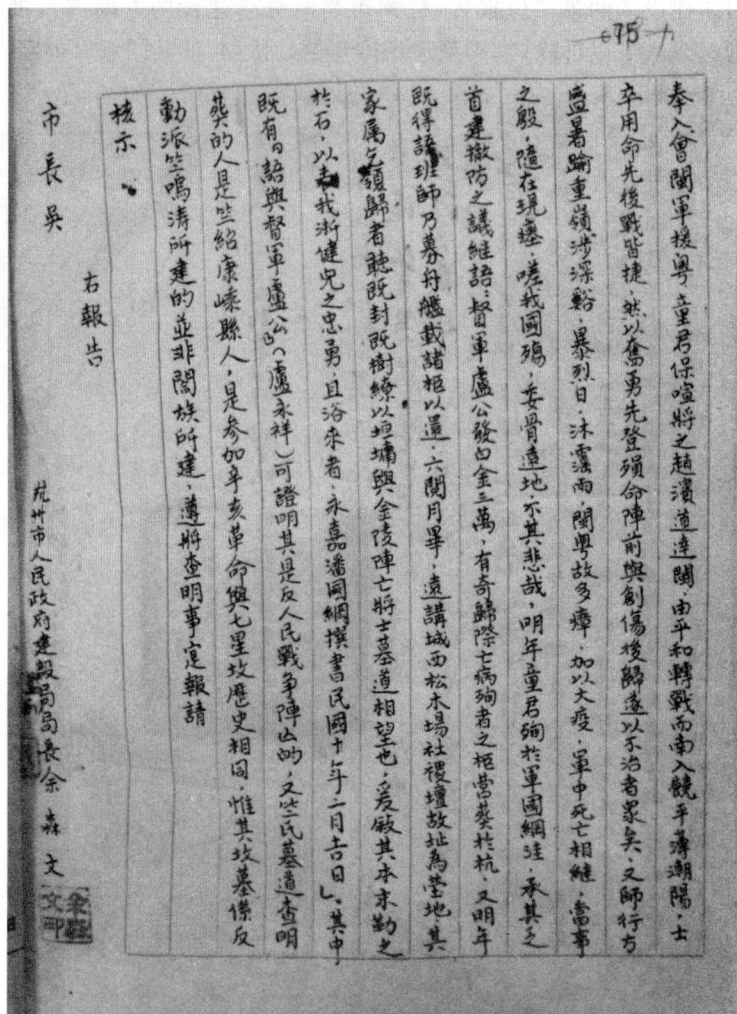

图 1-34 1952 年建设局报告 2

幸运的是，最后两座纪念碑塔只拆除了一座。估计石头这座造得太结实，石头硬敲碎了也没多大用处，而砖头那座拆除了，拆下的砖头还可以用在风景点铺几层台阶。

1947 年 4 月 15 日《申报》第二版有一则题为《离杭前泛舟西湖并祭八十八师阵亡将士》的消息，其中写到了蒋介石在杭州致祭八十八师阵亡将士的情节：

（本报杭州十二日电）蒋主席十二日晨八时三十分至湖滨第四公园，祭八十八师阵亡将士纪念塔，并献花圈，九时半到松木场，祭保安团队阵亡将士公墓，嗣泛舟湖上，游三潭印月、钱王祠、柳浪闻莺等名胜。下午一时返官邸休息，三时半到笕桥航校，对官生训话，旋即搭机飞离。

图 1-35　1947 年蒋介石在杭致祭八十八师阵亡将士

消息中提到蒋介石既去了湖滨的八十八师阵亡将士纪念塔，又到松木场祭了保安团队阵亡将士公墓，但是为何一点也未提及就在松木场的八十八师阵亡将士公墓呢？

八十八师一·二八淞沪抗战阵亡将士究竟埋葬何处？当时战后国民政府是如何处理阵亡将士遗骸的呢？1932 年 5 月 18 日《大公报》第四版有篇题为《表彰抗日阵亡将士　组织营葬委员会收集遗骸》的报道：

（南京通信）此次淞沪之役，抗战累月，为国捐躯之忠勇将士，非善为表彰，不足以慰忠魂烈魄。中央党部及军事委员会有鉴于此，特集合党政军各机关及有关系之部队等，组建淞沪抗日阵亡将士营葬委员会，以便调查姓氏、收集遗骸、建墓勒石、永垂不朽，兹录该会组织章程如次。淞沪抗日阵亡将士营葬委员会组织章程：（一）为筹备营葬此次淞沪一带抗日作战之阵亡将士，以表扬忠烈起见，特设立淞沪抗日阵亡将士营葬委员会办理之。（二）本委员会以后记之机关代表组织之，中央党部代表一人，军事委员会代表一人，军政部代表一人，军医司代表一人，第十九路军（合宪兵第六团)代表一人，第六十师代表一人，第六十一师代表一人，第七十八师代表一人，第五军代表一人，第八十七师代表一人，第八十八师代表一人，吴淞要塞代表一人，税警旅代表一人，阵亡将士公墓筹备处代表二人，中山陵园傅焕光同志。(三)本委员会以中央党部代表为主席。(四)委员会应办理之主要事务：一、阵亡将士之调查登记；二、阵亡将士遗骸之搜寻；三、迁运及营葬；四、公墓之建筑；五、纪念堂及纪念碑之建立；六、追悼及祭奠。(五)委员会应受军事委员会之指导，关于经费、交通、营葬等各项事务之进行，应由阵亡将士公墓筹备会商承与军政部办理之。(六)委员会之业务区分及办事规则，由会拟成，呈候核定施行。

淞沪抗日阵亡将士营葬委员会对烈士遗骸的安排，从目前查到的资料看，有三个去处。

一、在南京总理陵园附近的灵谷寺前，国民革命军阵亡将士公墓的中央，安葬了一·二八淞沪抗战阵亡烈士遗骸128具，隐示一·二八。其中第十九路军遗骸70具，第五军及宪兵团遗骸58具。如八十八师五二八团三营十一连上尉连长骆健郎遗骸就埋葬于此，杭州松木场八十八师一·二八淞沪抗战阵亡将士纪念牌坊后的石碑上也刻有他的名字。

另外，第十九路军和第五军也各有一个抗日阵亡将士纪念碑。

这个墓园在1937年南京失陷后被日军毁坏了。

革命陣亡將士公墓

→松林道上之牌坊
↑墓前大門
←進大門後所經之松林道

→牌坊後爲幽雅園林而
至無樑殿全部以磚砌
成于院長題爲正氣堂。

图 1-36 《良友》画报上南京革命阵亡将士公墓 1

↓正氣室後面森林叢密，遠望即第一公墓正面。

↑第一公墓前陣亡將士埋骨處石碑林立。

←國民革命軍陣亡將士紀念塔，在墓之最後。
↓第一公墓後之革命紀念館

國民革命軍陣亡將士公墓於二十年六月擇基後即開工建築迄今四年餘始告落成典禮亦於本月二十日舉行落成典禮在總理陵園之東距靈谷寺古地數千畝陣亡將士牌位一安葬於此其地有林木之勝風景畫麗加以宮殿式之建築容形壯麗從此英魂有寄後人低徊是間當能時時憶念先烈英勇鬥爭之精神也

图 1-37 《良友》画报上南京革命阵亡将士公墓 2

图 1-38　第五军阵亡将士纪念碑

二、上海各界认为在战斗中第五军八十八师所担任的庙行阵地激战情况最为惨烈,伤亡最多,决定在庙行镇东南隅造一阵亡将士墓,名为"无名英雄之墓"。墓志铭中有这样恳挚的一段:

> ……夫无名英雄者,有名英雄之所赖以成就也。欲中国之兴,必先自全国国民尽愿为无名英雄始。同人等愧未能亲执干戈为国民倡,然对此抱大无畏精神,示大牺牲决心,为民族争光,为国家吐气,悲壮惨烈,民国以来所绝无仅有之多数无名英雄,万不能坐视其久而湮没不闻也。爰于抵抗最久,炮火最烈,伤亡最多之庙行镇东南隅,度地营圹,表曰:"无名英雄之墓。"

这个无名的英雄墓,也在 1937 年上海失陷后被日军毁坏了。

图 1-39　战时阵亡将士暂埋于庙行一带旷野

图 1-40　庙行镇无名英雄墓

三、由烈士家属将遗骸运回原籍安葬。如第八十八师第五二四团第一营少校营附卢志豪烈士的遗骸，被其兄从上海领回温州老家，埋葬在永嘉县岩头镇溪南村溪南切。当时国民政府为其妻金氏发放一次性抚恤金800元，年发放抚恤金360元。

图 1-41　卢志豪墓

据卢志豪烈士的侄子卢文奎回忆："叔父牺牲后，是我父亲卢学吉把他的遗体从上海运回永嘉的，当时的永嘉县政府派人到码头来接，我们家人和很多乡亲都来了，码头上哭声一片。"

卢志豪烈士的名字同样也刻在杭州松木场八十八师一·二八淞沪抗战阵亡将士纪念牌坊后的石碑上。

三、牌坊之谜

至今屹立在杭州松木场（确切地址是西溪路73至75号之间）的八十八师一·二八淞沪抗战阵亡将士纪念牌坊，历经风雨沧桑，依然庄严肃穆。"浩气长存"四个大字异常醒目。虽然有被周围宿舍楼包围之势，但仍鹤立鸡群，气势逼人。

这是此地唯一留存的民国时期纪念物，幸亏当年那份杭州市建设局的"请拆报告"没有彻底的落实。从"整旧如旧"角度上看，这也是做得非常好的一座建筑物,杭州市政府分别在 1987 年、1998 年和 2000 年对这座牌坊进行了环境整治,并于 2005 年将其定为省级文物保护单位。

对于这座牌坊,它既是一部活生生的历史,也是我小时候的"玩伴",我有一种强烈的接近它、了解它的欲望。它"有名有姓",想要弄清它的来龙去脉应该不是件难事。但没想到的是,现在的介绍上说这座牌坊建于 1946 年,可我翻遍了 1946 年及之后的民国旧报、书刊、方志、官方文件等史料,甚至到将其定为省级文物保护单位的文管所查证,这座神秘的牌坊也与松木场八十八师公墓一样,没有任何原始的记载。

唯一一个线索还是在那本民国的《西湖导游录》中,里面有一张说明文字为"保安处公墓前牌坊(在松木场)"的老照片,照片上这座牌坊酷似现在留存的松木场纪念牌坊,其上方"浩气长存"四个大字隐约可见,且构造也与现存牌坊几乎一模一样。

图 1-42　保安团队公墓前牌坊

图 1-43　现存松木场牌坊

如果按照 1937 年出版的这本《西湖导游录》及上文所提的《松木场阵亡将士公墓表》,这座牌坊应建于 1935 年至 1937 年间,是为"浙江保安团队阵亡将士公墓"而建。如果这是同一座牌坊的话,即有一个疑问,就是牌坊上的题字落款时间。现存牌坊上落款时间最迟的是民国三十五年(1946)八月(俞济时题),按常理推断,此牌坊应是这个时间之后建的,因此不是同一座牌坊。那会不会存在先有鲁涤平(1934 年题)、黄绍竑(1935、1936 年题)的题字,牌坊建成十年后又补刻上俞济时等人题字的可能性呢? 这些疑问有待于进一步研究。

　　1946年至今也不算太遥远，为何偏偏没有清晰的原始记录可以说明现存的"浩气长存"牌坊系何人所建？何时建的？为何而建？哪怕是一篇"落成典礼"的新闻报道也找不到。距此十多年前，八十八师阵亡将士纪念塔在湖滨落成时，典礼相当隆重，媒体争相报道，而这座纪念牌坊却悄无声息，这真是一个谜。

　　"行有不得，反求诸己"，既然没找到确凿的旁证材料，就从牌坊自身来考证一下吧。好在这座牌坊上的字迹都保存完好、清晰明了，可以从题字人的身份、题的内容、落款的时间进行探寻。

图1-44　牌坊北面

图 1-45　牌坊南面

表 1-2　整座牌坊南北两面五个人题字表

题字位置	题写人	内　容	落款时间	题字时职务	在浙江曾任职务
北面上方	鲁涤平	浩气长存	民国二十三年（1934）冬	浙江省主席兼保安司令	浙江省主席兼保安司令
北面中柱	黄绍竑	浩气壮湖山魂来怒卷江潮白 英名缅袍泽劫后新滋墓草青	民国二十五年（1936）四月	浙江省主席兼保安司令	浙江省主席兼保安司令
北面边柱	俞济时	华表接青霄一角湖山归战骨 墓门萋碧草十年汗马念前功	民国三十五（1946）年八月	蒋介石侍卫长兼军务局局长	八十八师师长、浙江省保安处长
南面上方	黄绍竑	气壮湖山	民国二十四年（1935）十月	浙江省主席兼保安司令	浙江省主席兼保安司令

题字位置	题写人	内　　容	落款时间	题字时职务	在浙江曾任职务
南面中柱	竺鸣涛	埋骨傍湖山飘萧旧梦三生石 临风怀壮烈惆怅当年百战功	民国三十五年(1946)夏	第三十二集团军副总司令	浙江省保安处长
南面边柱	宣铁吾	湖曲聚忠魂归骨尚余干净土 旂常炳遗烈表墓刚逢胜利年	民国三十五年(1946)七月	上海市警察局长兼淞沪警备司令	八十八师参谋长、浙江省保安处长

　　牌坊上题字的分布，是按照职级高低及资格大小的规矩来的。北面题字人物的资格要比南面的老，每面的正上方为大，依次是中柱和边柱。

　　在一·二八淞沪抗战期间，题字的五人中，鲁涤平时任浙江省主席，俞济时、宣铁吾分别是八十八师师长和参谋长，黄绍竑时任内政部部长，竺鸣涛时任浙江保安队第五团团长。

　　因为战前，八十八师驻扎浙江，所以鲁涤平、俞济时和宣铁吾与八十八师一·二八淞沪抗战是有直接关系的。黄绍竑虽然在浙江主政时间较长，但并不是在一·二八期间，他1935年、1936年的两次题字是在其首次主政浙江的任期内。而竺鸣涛当时只是浙江保安队的一个团长，按道理是没有资格在上面题字的。

　　其实除鲁、俞、宣外，更有资格在这座牌坊上题字的是另一人，那就是孙元良。虽然孙元良在一·二八淞沪抗战中，任与八十八师同属第五军的八十七师二五九旅旅长，但在最激烈，也是阵亡人数最多的庙行战役中，他亲率二五九旅奔赴八十八师庙行阵地，给兄弟部队以强有力的增援，这是这场血战后来获胜的主要因素之一。更重要的是孙元良在一·二八战后接替俞济时，任八十八师第二任师长，并率这支部队参加了之后的"八·一三"淞沪会战及南京保卫战，经过这两次残酷的战役后，八十八师主力基本消耗殆尽。因此，在抗战胜利周年之际，孙元良是绝对有资格在这座纪念牌坊上题字的。

　　从这五人在浙江曾担任过的主要职务来看，鲁、黄是省主席兼保安司令，俞、竺、宣都担任过保安处长，而且竺鸣涛的题字(南中柱)排在了宣铁吾的(南边柱)前面，别看这位置只是有小小的不同，在官位等级森严的时代，是很有讲究的。从这两位题字年份(1946年7、8月份)上看，竺时任第三十二集团军副总司令,宣时任上海市警察局长兼淞沪警备司令,两人都是中将军衔,官阶差不多大小,为何竺鸣涛要排在当过八十八师参谋长的宣铁吾前面呢?这是个奇怪的细节。这之后,1947年竺鸣涛又调任浙江警保处长,难怪前面提到的那份1952年杭州市建设局的报告中将竺定为"反动派"。

从五人题字的内容上分析,都是怀念、颂扬阵亡将士的意思,没有出现与八十八师一·二八淞沪抗战相关的字眼。从俞济时的"墓门萋碧草十年汗马念前功"中,大致可以判断,十年前修建的墓旁已长满了青草,并以这十年汗马之功来追念之前所立下的功劳。十年前,也就是1936年左右,在松木场修建阵亡将士公墓的,参考上文《松木场阵亡将士公墓表》,是浙江省保安团队。而"华表接青霄一角湖山归战骨"中的"华表接青霄"显然是描写已存在的景物,有后题的可能性。不过,这些只能说是模糊的判断,没有铁定的直接证据。

因此,对于杭州松木场这座"浩气长存"纪念牌坊,其最初是否是为纪念八十八师一·二八淞沪抗战阵亡将士而建,我是存疑的,因为迄今为止找不到任何原始证据可以证明它是八十八师的纪念牌坊。

当然,如今将其定位为八十八师抗战纪念牌坊,使后人有一处祭奠抗战阵亡将士的场所,这也是很有必要的。但我认为,历史不仅仅是激情澎湃,也不是道听途说或人云亦云,更不是"复制加粘贴",历史需要独立而冷静的思考、理性的判断和原始的依据。

对我来说,这座牌坊依然像童年时一样,从复杂的历史变幻中留存下来,静静地耸立在那里,像一个谜。

四、八十八师

八十八师阵亡将士的英魂无论安息在何处,都无法抹去他们在一·二八淞沪抗战中的英勇战绩。这支国军精锐、"德械之师"从何而来呢?

八十八师成立前的沿革与俞济时个人的从军经历基本是同步的。从黄埔军校一期毕业后,俞济时就跟随蒋介石两次东征、北伐,以军校教导团的见习排长为起点,到北伐时期任蒋介石的警卫团营长,北伐胜利后又任国民政府警卫团团长;警卫团扩编为警卫旅后又任旅长,再扩编成警卫师后任副师长(师长冯轶裴),直到扩编成警卫军,冯轶裴任军长兼第一师师长,俞济时任第二师师长;冯轶裴当了两个月军长就患盲肠炎死了,改由顾祝同任警卫军军长兼第一师师长。

1931 年,宁粤战争爆发,警卫军第二师奉调岳阳等地集结待命,准备阻击桂系军队对湖南的进攻,不久政治和解,回防南京,7 月又调杭州集训。后蒋介石第二次下野,由林森任国民政府主席,警卫军作为蒋的"御林军",失去了存在的理由,遂被撤去番号,警卫第一师改为第八十七师,警卫第二师改为第八十八师,俞济时任八十八师的首任师长,驻防杭州。其实这次改动是"换汤不换药",八十八师就是原警卫第二师两旅四团制的原班人马。

民廿年秋改为陆军第八十八师摄於杭州梅东高桥花园

图 1-46　警卫第二师改八十八师时主要官长在杭州梅东高桥合影

后来增援十九路军参加一·二八淞沪抗战的新编之第五军,其主力就是原来的警卫军,只不过八十七师和八十八师各增加了一个独立旅。

由此可见,八十八师的前身一直是蒋介石的"亲兵护卫队",所谓嫡系中的嫡系。老蒋对这支部队的打造也是以国军一流模范部队的标准进行的。那时国军的战斗水平,就如一份来自日本关东军的秘密报告所称:"中国军队与帝国皇军的差距……当在三十年以上。"而西方军事家估计,如果加上社会制度、民族文明素质、受教育程度、经济发展及科技等因素,这个差距还会进一步拉大。

蒋介石其实也早就明白这点,于是决心先大力打造这支嫡系部队,全面提升其战斗力,使其形成模范效应,以期缩小全军同西方列强和日本军队的差距。

怎么打造?就是向当时世界军事强国学习,引进其先进的军事理论及武器装备。抗战期间,国民党军队先后共产生过三批"外械"部队,分别为"德械"部队、"苏械"部队和"美械"部队。八十八师就是抗战早期的"德械"部队。

当时德国陆军被公认为世界上最强大的军队,他们拥有先进的武器、优良的装备、钢铁般的意志和绝对服从的纪律,这些都很对蒋介石的"胃口"。因此,国民政府向德国大量采购先进的武器装备,聘请德国顾问对警卫军进行严格训练,完全按照德军的作战模式打造这两支最精锐的"德械师"。

按照德军标准,一支机械化摩步师通常要配备数百辆汽车,上千辆摩托车,百余门野战大炮和自行火炮,另有数目不等的坦克装甲车担任突击掩护任务。此外,德军士兵装备有冲锋枪、钢盔、军呢大衣、皮靴、毛毯、照明手电、防风眼镜、刮胡刀片、行军帐篷等等,军官甚至还配备照相机和收音机。中国是个亚洲穷国,当时人均收入只及日本的六十六分之一,德国的一百二十分之一,美国的二百分之一。如果照搬德军标准,那么装备一个"德械师"的军费开支足以武装十几个师甚至更多中央军,很显然如此庞大的军费远远超过国库承受力。但是面对虎视眈眈、入侵在即的日本人,捉襟见肘的国民政府还是痛下决心,不惜血本拨出重金购买德国装备。最初计划改造二十个"德式师",后来因为经费严重不足缩减为十个师,而到一·二八淞沪抗战爆发前,基本完成改造的只有警卫军这两个"德械师"和中央军校教导总队的一部分。

八十八师经过改造后果然面貌一新:官兵头戴德国制式钢盔(就是那种"二战"影片中常见的德军著名的曲檐式钢盔),军官配备德国毛瑟 C96(盒子炮),每班配有一挺国产仿捷克式 ZB26 轻机枪。当时的步兵班,人数应该是在 14 人左右,其中有火力组(轻机枪组)、冲锋组(步枪组)的分别;重机枪是二四式,仿马克沁水冷机枪,每一个步兵营有一个重机枪连。此外,每连有机炮排,每师有重炮营,配备大口径榴弹炮、野战炮、汽车、摩托车等。在德国顾问的强烈要求下,"德械师"还破例配备先进的无线电台,用以加强通讯联络和机动作战能力。八十八师官兵在待遇上也大大优于其他中央军,不仅薪水翻倍,许多军官还优先被选派到德国留学。

因为穷,"德械师"毕竟还不能与人家正宗德国军队相比。比如德式冲锋枪闻名天下,但是冲锋枪的一个缺点就是耗弹量惊人,往往一支冲锋枪所耗弹药超过一个步枪班的耗弹量,所以当时国防部只允许采购少量冲锋枪来装点门面,而"德械师"的主要武器还是国产"汉阳造"步枪。据说当时国防部对德式钢盔和水壶大加赞赏,因为钢盔除了威武军容外,还能起到有效保护头部减少伤亡的作用;而水壶则能解除士兵行军作战的干渴之苦,并防止因喝脏水而引发的肠道疾病,当然一个更重要也是人所共知的原因是价格便宜。早期的水壶还是木塞盖子,椭圆形,到1934年装备组才换为金属旋上的盖子。但是呢大衣和军用皮靴却没有受到青睐,国防部认为这些装备没有什么实际用处,并且价格不菲,所以精打细算的蒋委员长亲自批准采购钢盔、水壶,而将呢大衣和皮靴从采购清单上划掉。因此士兵穿的还是布鞋,只有有的高级军官(校官以上)会自己购置靴子穿。

"德械师"的其他单兵装备还有随身佩挂的干粮袋(杂物袋)和子弹带。干粮袋用背带跨肩,子弹带是帆布制的长形弹带(德军用的是皮制弹包),挂法是由肩上斜绕一周至腰间再绕一圈(这是一长条而不是两条),最后将布条打结系在腰间。这一种弹带有将近二十个弹包,是各部队主要使用的形式,且这种设计最普遍,在整个抗战期间都没有什么改变。也有两条较短形式的,有的在胸前交叉呈X形,有的由两肩挂下呈V字形。所以八十八师虽然号称"德械师",但还是很有中国特色的。

八十八师"出道"后,首先在一·二八淞沪抗战中一战成名,五年后又参加了"八一三"淞沪会战和南京保卫战,在抗战前期的这三次战役中分别以"庙行之战""四行仓库保卫战""雨花台守卫战"立下赫赫战功,赢得了"天下第一师"的美誉。不过南京保卫战后,八十八师元气大伤,第一批老兵基本已损失殆尽。

以下是八十八师参加一·二八淞沪抗战的主要官长的照片:

图 1-47　师长——俞济时

图 1-48　副师长——李延年

图 1-49　参谋长——宣铁吾

图 1-50　二六二旅旅长——杨步飞

图 1-51　二六四旅旅长——钱伦体

图1-52　二六二旅副旅长——萧冀勉　　图1-53　二六四旅副旅长——陈普民

图1-54　二六二旅五二三团
团长——冯圣法

图1-55　二六二旅五二四团
团长——何凌霄

图 1-56 二六四旅五二七团
团长——施觉民

图 1-57 二六四旅五二八团
团长——黄梅兴

表 1-3 八十八师指挥系统表

师 部												
(师长)俞济时 (副师长)李延年 (参谋长)宣铁吾 (参谋处长)马君彦 (副官处长)赵世荣 (军需处长)骆企青 (军医处长)徐静波 (军械处长)干城 (军法处长)(待查) (工兵营营长)唐循 (特务营营长)楼月 (师卫生队队长)吴梅 (师通信连连长)周良												
(二六二旅旅长)杨步飞 (副旅长)萧冀勉 (参谋主任)(待查)						(二六四旅旅长)钱伦体 (副旅长)陈普民 (参谋主任)高致嵩						
(五二三团团长) 冯圣法 (团附)刘扬明			(五二四团团长) 何凌霄 (团附)吴冲云			(五二七团团长) 施觉民 (团附)贺钺芳			(五二八团团长) 黄梅兴 (团附)朱奇			
第一营营长杨英介	第二营营长林道贯	第三营营长邓敫	第一营营长徐旭	第二营营长邓图南	第三营营长周大翔	第一营营长周嘉彬	第二营营长廖龄奇	第三营营长陈振新	第一营营长方引之	第二营营长朱赤	第三营营长关渊

八十八师第一次上阵，便参加了中日两国有史以来最具规模的陆上作战，双方都出动了最精锐的正规部队，战场又是在万众瞩目的国际大都市上海，因此一·二八淞沪战役，是对当时国军战斗力的一次大考验。这次战役的成败，非但关系上海一地之兴废，还将影响我国在国际上的声誉和地位，意义非常深远。

一·二八淞沪之战，其实是出乎日军预期之外的，一开始日方只是想在上海造点事，吸引国际对其侵占我国东北的注意力，没想到结果"骑虎难下"，演变成了大规模阵地战。从1月28日战事发生，到3月2日我军放弃淞沪阵地，先后共历三十多天，其间大致可分三个阶段。自初战至2月7日，日增援陆军到达上海为第一阶段。这期间，战线限于闸北地区，日军以海军陆战队为主，由盐泽、植松两少将先后指挥，第三舰队由野村中将任司令官。我军以十九路军为主体（闸北主力为六十师，附七十八师之一部，六十一师警备江湾大场一线，吴淞、宝山防线由七十八师为主力，附六十师之一部），蒋光鼐、蔡廷锴两将军亲自指挥。从2月7日日陆军参加战斗到2月23日庙行之战为第二阶段。在此期间，战线延伸至江湾、庙行、吴淞、宝山，日军第九师团及第二十四混成旅团参加战斗，由植田谦吉中将任司令官。我军由张治中将军统率第五军（八十七、八十八两师），附税警总团、中央教导队之增援，担任江湾、庙行、大场一线防务。2月24日，日方的上海派遣军组成，以白川义则大将为司令官，除上述各师旅团外，又增派第十一、第十四两师团驰援。2月25日至3月2日，日军展开全面攻击，我军不支，放弃淞沪近郊阵地，向昆山、福山一线转进，这是第三阶段。3月3日以后，双方进入半休战状态，直到5月5日，停战协定订立，一·二八淞沪战役即告结束。

在这场战斗中，日军之所以不能一击奏效，且伤亡很大，不得不持续增兵，除了我军的英勇抵抗外，淞沪地区的地理环境也起了一定的作用。一是这里房屋密集、高楼林立，不仅能阻碍重兵器的运动，而且是战斗中最好的掩体。日军曾经投掷大量爆裂弹、烧夷弹来焚毁上海市区的房屋，可是废垣残砾依旧被我军利用为防御掩体。二是长江、黄浦江、苏州河三角地带是有名的湖泽地区，纵横无数的河浜正是天然的壕堑，足以限制重兵器及骑兵的运动。日军即算渡过了一条河浜，我军又可以在另一河浜的对岸筑壕作战。三是上海有很多外国租界区，日军投鼠忌器，使兵力运作上受到许多限制。然而，敌我相较，兵力悬殊（日军总兵力近8万，我军总兵力4万多），火力悬殊，又未得空军及战车的掩护，但能与日军相持一月有余，可以说是写下了抗战史上最光荣的一页。

八十八师在这场战役中，不仅经受住了考验，更可贵的是作为一支中央军的王牌部队表现得相当低调，顾全大局不居功，紧密配合且完全听从地方部队（十九路军）的指挥，树立了新式军人（"德械师"）的风尚，为以后统一抗战发了先声。

在庙行之战中，八十八师以浴血牺牲守住了每一寸阵地，先后抵挡住了日军长达一个多星期的轮番猛烈进攻，从2月22日至2月29日，庙行阵地一直丝毫不曾动摇。而且庙行作战的经验，很好地体现在了五年后"八一三"淞沪抗战的预习上，那一次参加战斗的八十八师将士凭借宝贵经验，在"八一三"战役中建树功勋。

战场上，八十八师的官长身先士卒，士兵纪律严明。副师长李延年冒着炮火亲率二五九旅五一八团第三营阻敌西进；二六四旅旅长钱伦体重伤不退；副旅长陈普民、五二三团团长冯圣法裹伤指挥作战；二六二旅旅长杨步飞、五二七团团长施觉民、五二四团团长何凌霄、五二八团团长黄梅兴，严令所属坚守阵地，均在最前线指挥作战，并严格执行连坐法，使八十八师六七公里广的正面阵地交战，在2月22、23日的激战中化险为夷，并因此转趋稳定。庙行一战，八十八师伤亡六名营长、九十余名连排长、一千余名士兵。战事刚一停止，就有记者追问俞济时，为什么八十八师在庙行的伤亡会如此巨大，俞回答原因有三：一是江湾、庙行地区地势较为平坦，有利于日军的飞机坦克大炮发挥最大威力，而且该地为其总攻的焦点；二是我军后援物资缺乏，防御工事欠完善；三是我师官兵对日寇义愤已深，都不计生死，拼死抵抗。

战后国民政府论功行赏，八十八师二六四旅旅长钱伦体因重伤不下火线，英勇抗敌，获颁青天白日勋章，其他官兵也多获嘉奖。多年后，俞济时在他的《一·二八淞沪抗日战役经纬回忆》中写道：

> 我国民政府于翌年（民国二十二年）元旦授勋典礼中，复颁勋予沪战有功高级将领，济时忝列其间，奉颁青天白日勋章一座，仰承荣典之时，除深深铭感政府德意外，追溯我革命袍泽，在战场上前仆后继，发挥不成功即成仁之大无畏精神，勇往无前，济时所承受之殊勋，亦皆我英勇袍泽牺牲身家性命之所赐，忆当时典礼后回程途中，万感交集，热泪盈眶，诚终身刻骨铭记，永难忘怀也。

八十多年后，让我们翻开这血与火的一页，去寻找当年从杭州出发，一去之后只在西湖边留下了一座丰碑的八十八师先烈们的身影。

第二章　风起云涌

打仗,总要有一点理由,就算无赖如日本人,也要多多少少弄些动静和理由(珍珠港除外)。一·二八淞沪抗战爆发,日本发动战争的理由就是"反华"与"排日"。1931年轰动世界的沈阳"九一八"事变前后,日本人还策划了不那么"醒目"的"万宝山事件"和"日僧事件"。其中,"万宝山事件"挑起了日本国内和朝鲜半岛上大规模的反华浪潮,而"日僧事件"则造成中国日侨的反华活动及日驻沪海军的军事行动。

一、万宝山事件

1931年3月,住在南满铁路(日控)附属地的中国人郝永德,成立了长农稻田公司。4月,郝永德将长春县万宝山村附近12户农民的500坰生荒和熟地租到手,与农户草签契约,租期10年,契约的第13条写道:"此契于县政府批准日发生效力。"随即,郝永德在未经长春县政府批准的情况下,将500坰土地转给了李升薰等188名朝鲜人耕种水稻。在此之前,吉林省政府曾明令规定:"凡雇佣朝鲜人10人上未满20人者,须经县政府批准;超过20人以上者,须经省政府批准。"显见郝永德的契约是无效的,转租给朝鲜人的行为是违法的。

1931年4月9日至13日,188名朝鲜人分三批进入马家哨口,开掘由马家哨口起至姜家窝堡长达20里的水渠截流筑坝,引伊通河水灌溉,准备改旱地为水田。这些朝鲜人的做法和意向,侵害了当地农户的利益,大约有53户农民的40余坰熟地,或被掘沟占据,或被筑坝占用,或将被水淹。5月27日,马家哨口一带农民约200余人将此事上告到长春市政筹备处,又转告到吉林省政府。吉林省政府根据农民的诉状,批复:"朝侨未经我当局允许,擅入农村,有背公约,令县公署派员同公安警察,往劝止,令朝侨出境。"随即,长春县公安局局长鲁绗带警察前往马家哨口执行省令,当天,朝鲜人被撤走 100 多人，其余 80 多人由代表申永钩等 6 人保证具结。事情到此正要结束之际，日本人却来横插一刀，日本驻长春领事田代重德，派日本警察到马家哨口现场"保护朝鲜人"，6 月 3 日又加派便衣警察佩戴枪支，制止朝鲜人继续撤走，并限令朝鲜人 7 月 5 日前完成挖土筑渠任务。

7 月 1 日，长春县二区、三区农民 400 余人，联合起来平毁水沟，拆除堤坝。7 月 2 日，日本附属地警察署主任中川义治带 60 余名日本武装警察赶到马家哨口，日本警察开枪 38 发（双方无伤亡），震慑平沟的中国农民。7 月 3 日，日本武装警察和日本守备队增加到 500 人左右，配备 2 挺机枪和 2 门大炮。这些人到现场后，挖掘工事，架设机枪、大炮，砍伐树木，埋设地雷，扣留渔船，设路卡禁止中国人在马家哨口一带通行，马家哨口弥漫着一片恐怖气氛。

在这些日本军警的保护下，掘沟、筑坝工程于 7 月 5 日完成。日本军警在河岸高处悬挂日本国旗，又将日本国旗转移到姜家窝堡北山最高处挂了一天。7 月 15 日，日本军警举行机枪射击表演，强迫中国农民观望，结束后他们喊叫，你们再闹就用这些枪将你们通通打死。与此同时，日方还在长春用钱收买《朝鲜日报》记者金利三，捏造新闻，说在万宝山被杀朝鲜人 200 多，之后又说被杀的朝鲜人增加到 800 余人，瞬时在朝鲜半岛掀起大规模的排华活动，导致华侨被杀 142 人，被打伤 546 人，失踪 91 人，财产损失无数。7 月 14 日，金利三在《吉长日报》上发表声明，承认自己捏造了假新闻。日本的阴谋败露后，便雇佣杀手，于 7 月 15 日将金利三杀死灭口，但凶手被中国警察捕获。

"万宝山事件"发生后，华侨在朝被害，中国民众对此不胜愤慨。7 月 13 日，上海各界群众召开反日援侨大会，成立反日援侨委员会，揭开了上海反日和抵制日货运动的序幕。

"九一八"事变后，上海开展了轰轰烈烈的排日运动，大大地打击了日本在上海的贸易。1930 年上海每月平均进口总额的 29％ 来自日本商品，而 1931 年 12 月降到 3％。中国沿海和长江一带的日本航运业遭到很大打击，其中"日清轮船公司"的轮船全部停航。就主要行业而言，计有 125 家日本人在上海经营的工厂，从 1931 年 10 月开始不得不缩短开工时间或全部停工。到 11 月底，80％ 的工厂关闭，12 月底达到 90％。这样一来，上海的日本商人从 1931 年 7 月到 1932 年 3 月底，遭受损失的总额据说高达 4120.4 万日元。

20 世纪 30 年代初的上海是日本在华最大的贸易、航运及制造业中心。商贸方面，日本三菱、三井等商业垄断企业，大都在上海设有经营机构，日

图 2-1　上海民众团体召集市民大会抗议日本占领东北及在沪挑衅

图 2-2　租界民众抗日游行

本商号遍及上海商界各行业。航运方面,日本在上海港占有 10 个码头,仅次于英国居第二位。上海是日本在华纺织工业的中心基地,日资纺织厂就有 30 家。上海的排日运动使日本政府、日本侨民、日本驻华外交机构和日本驻上海的海军陆战队极度恐慌。

图 2-3　留日学生游行

二、恶人先告状

1931 年 10 月 5 日,日本政府召开内阁会议,就中国中部及南部的"排日运动"商讨对策。"结果决定由外务省向国民政府提出强硬之警告,至派舰问题,由外相与海相主持之。"日本驻华公使重光葵奉政府训令于 10 月 11 日向国民政府提出抗议,称中国政府实施排日教育,默许排日运动,"特别在最近敌视日本计划并实行报复的排日异常盛行之中部及南部,排日暴动时有大爆发之可能",并威胁说,如中国政府采取袖手旁观的态度,"中日两国间将有最不幸之重大结果发生"。

重光葵后来回忆说:"上海的日本人看到日军在满洲采取强硬态度,消除了满洲的排日运动，也维护了日本的利益，他们认为采用同样的手段在上海也会成功。""九一八"事变后，日侨于 10 月 11 日、10 月 27 日、11 月 1 日、12 月 6 日连续在沪召开侨民大会，通过宣言和决议，以强硬的措辞声称要惩罚"暴戾"的中国。并多次寻衅闹事，如殴打华人，枪击岗警，撕毁标语，打碎商店玻璃等。

　　1932 年 1 月 9 日，上海《民国日报》以"不幸仅炸副车，凶手即被逮"为题，报道 8 日朝鲜义士李泰昌为报国仇家恨，在东京樱田门外，狙击日本天皇。天皇侥幸没死，李泰昌被捕入狱。日方认为该报污辱了日本天皇，即提出严重抗议，要求日本驻沪总领事村井仓松向上海市市长吴铁城提出抗议。12 日，村井向吴铁城提出抗议，要求更正、道歉和处罚责任者，并保证以后不再发生类似事件。

　　著名女谍川岛芳子也伺机而动。她利用这个事件，煽动日本驻上海侨民和海军陆战队官兵仇华反华情绪。一时间，日本浪人、海军陆战队队员在大街上寻衅滋事，撕毁抗日标语，殴打中国老百姓。

　　重光葵还说："上海也有陆海军的骨干或青年军官组成的团体在活动，这些人与极端强硬派沟通起来好像要发动什么事端，正在频繁地活动。"加上 1931 年 12 月组成的日本犬养新内阁一再声明对中国要采取强硬的政策，这"对于上海的日本人有如火上浇油"。

三、日僧事件

　　"日莲宗"是日本的一支佛教流派，兴起于 13 世纪，近代分为左右两翼。"恐怖和尚"天崎启升，是"日莲宗"极右翼的代表人物，这个天崎启升还有一个身份是日本"血盟团"盟主井上日召的弟子。

　　"血盟团"主张恐怖暗杀活动，发动政变"改造"政府，推动日本法西斯化的进程，为此在国内同海军激进分子相勾结，企图发动武装政变。由于作为政变骨干的海军青年军官大部分随舰队调往上海，因而不得不推迟国内行动计划。井上日召遂派天崎启升以化缘为名，到上海与日本海军继续保持联系，一旦上海事情结束，即刻着手国内政变。

　　在板垣征四郎的指示下，日本陆军驻沪武官田中隆吉与川岛芳子策划"牺牲"与日本海军关系密切的天崎启升，借以激起海军的愤怒，促使海军迅速出兵，挑起日中冲突，达到既转移国际视线，又打击上海排日运动一箭双雕的目的。

　　他们选定了上海三友实业社为目标。三友实业社之所以被选为挑衅目标，原因是"该厂自去年万宝山案发生，及日本侵占东三省之事后，全体工友基于爱国热忱，自行组织义勇军，按日操练，极为认真，颇为日人所嫉恨。而该厂所出三角牌毛巾品质精良，日人在三友厂邻近之东华纱厂所出之铁锚牌毛巾的销路均被三角牌所夺去，是以日人对于该厂恨之已久"。田中后来承认："这个公司是非常共产主义的、排日的，是排日的根据地，就托她（指川岛芳子）巧妙地利用这个公司的名义来杀死日莲宗的化缘和尚。"

　　1932年1月18日，在田中隆吉的助手宪兵大尉重藤千春的煽动下，天崎启升、水上秀雄、佛教徒后藤芳平、黑岩浅次郎、藤村国吉5人举行宗教仪式的寒中修行，途经杨树浦马玉山路三友实业社工厂时，故意寻衅闹事，同该厂工人义勇军发生冲突，当时上海的日本浪人立即跑去拔刀相助，发生了争端。这些浪人实际上是重藤千春和川岛芳子操纵的上海"日本人在华青年同志会"成员，他们埋伏在既定地点，待时机成熟时出击，结果日僧3人被殴伤，1人伤重身亡。

　　同月19日，日本驻上海总领事村井仓松就"日僧事件"向上海市政府提出口头抗议，要求缉凶，并保留其他要求条件。

　　20日凌晨2时40分，重藤千春在田中隆吉的指使下，指挥上海"日本人在华青年同志会"的32名暴徒，携带枪械、刺刀等武器和硝磺、煤油等引火物，潜赴三友实业社工厂，纵火焚烧毛巾工场厂房，并打死公共租界华捕1人，打伤2人。田中深信"这样一来，日华之间必然引起冲突"。当日下午1时，在田中隆吉的煽动下，约1千余名日侨以"日僧事件"为借口，在公共租界日侨俱乐部召开第四次侨民大会，决议："吁请帝国陆海军立即增兵，并要求驻上海的帝国官府（总领事及海军陆战队）采取强硬手段。"随即赴日本驻上海领事馆及海军陆战队请愿游行，陆战队指挥官鲛岛具重海军大佐向狂热的日侨保证："为在万一的情况下保护侨民的生命财产和行使自卫权，我们将决心采取果断措施。而且现有兵力不足，随时准备增兵。"散会后，日侨在虹江路、虹口路和北四川路一带闹事，殴打行人，撕毁

图2-4　日驻沪总领事村井仓松

标语,捣毁商店多家。

图 2-5　三友实业社被焚毁的厂房

　　田中隆吉此时一方面向日本公使馆及"支那派遣军"游说出兵的重要性,一方面进行侧面活动,胁迫"三井物产"的上海分公司负责人致电东京三井财阀负责人,请其主张出动日军。"盖出于三井财阀的派兵要求,是可以促使日本政府拿出决心的一张王牌。"

　　21日上午,村井仓松面见上海市市长吴铁城,就日本人纵火、击杀华捕事件表示遗憾,声明将缉拿纵火的日本浪人,同时递交关于"日僧事件"的书面抗议,并提出 4 项要求:市长须对总领事表示道歉之意;加害者之搜查、逮捕、处罚,应迅即切实实行;对于被害者五名须予以医药费及抚慰金;关于排侮日之非法越轨行动,一概予以取缔,将上海各界抗日救国会以及各种抗日团体及时解散之。吴铁城口头答复说第二项关于伤害罪之处分,中国律有明文,自当依法办理。一、三两项亦可考虑,惟第四项事关民众运动,其在法律以内者,无权取缔,如有非法行动自当依法制裁。村井态度强

图 2-6　上海市市长吴铁城

硬,对于第四项尤为坚持,声称若不接受将采取行动。

日本第一外遣舰队司令盐泽幸一少将同日在上海各日报发表声明,称上海市市长对于日本提出要求,若非予以满意答复,并将要求各项立即实行,则海军司令官决采相当手段,以保护日本帝国之权利。鲛岛具重表示:如日领要求中国上海当局解散抗日团体等条件无圆满答复,即派兵占领南市、闸北及高昌庙之兵工厂。日本外务省举行会议,决定要乘此机会,消灭"中国国内以抗日为目的的一切抗日团体为先决条件",并命令村井要求中国当局道歉、赔偿、惩凶,并保证不会再有抗日运动。

日本海军陆战队极力给中日之间紧张的局势火上浇油,22日派人持函前往上海民国日报社,就该报21日为三友实业社事件刊载的《日浪人藉陆战队掩护,昨日在沪肆意横行》一文,指为故意破坏日本陆战队名誉,要求:主笔来队提出公文陈谢,揭载半张大的谢罪文,保证将来不再发生此种事情,罢免直接责任记者。限23日午前答复,并威胁道:"若不承认,莫怪也。"23日下午3时,日侨1500余人又在蓬路日侨俱乐部召开大会。日陆战队派军车载运30余名日军,在途中各车站警戒。俱乐部门口张贴《每日新闻》《日日新闻》两日文报刊,其内容对《民国日报》有颇多指摘。与会者大多数主张日军自由行动,一致请村井向上海市政府进行严正交涉。在日方的压迫下,租界工部局劝告该报停刊,结果《民国日报》于27日被迫关门。

图2-7 民国日报馆被迫查封

为进一步扩大事态发展,23 日田中隆吉和川岛芳子策划日本驻华公使重光葵在上海的官邸放火,以制造借口。23、24 两日,日大队军舰及海军陆战队士兵陆续抵达上海,形势更趋紧张。24 日,村井以海军实力为后盾,向吴铁城提出:"如果在相当时期之内得不到满意答复,则保留采取必要行动之权。"

25 日,村井谒见吴铁城,询问就"日僧事件"提出的抗议要求何日可得到答复,并说日侨态度愤激,若不从速解决,如有意外发生,应由上海市政府负责。27 日,村井向上海市政府发出最后通牒,对所提 4 项要求,限 24 小时以内(28 日下午 6 时前)答复,否则日陆战队将采取其所认为必要的手段,以实现其要求。同时,为防备中方不接受要求,盐泽下达了有关行使武力的命令。在日方的压力下,吴铁城于 28 日下午 1 时 45 分复文村井,表示全盘接受其 4 项要求。村井对此表示满意。

四、日本的意图

上海的事态发展到这个地步,其背后是各自高层的操控与博弈。各智囊团都紧密地谋划"出招"与"拆招"。

日本在上海挑起争端,直接目的就是为了转移国际社会对其侵略中国东北和策划成立伪满洲国的视线。上海是西方列强在华投资集中、商业利益丰厚的地方,这里的经济、政治关系错综复杂。上海如果爆发战事,将引起国际社会的高度关注,特别是与上海关系十分密切、对国际事务有重大影响力的英、美、法等国,必将介入其中,这样日本就可以乘国际视线转向上海之机,在中国东北放胆扶持傀儡政权出台。

"九一八"事变在国际上引起了强烈的反响。国联理事会做出 3 次决议,要求日本撤军,绝大多数会员国对中国表示同情。美国不是国联成员,但对国际事务有重大影响力,当日本侵占锦州后,国务卿史汀生发表"不承认主义"的照会,对日本施加压力。日本在国际社会中陷于孤立状态,这引起了日本政府和军部的不安,因此急欲在中国其他地方制造事端,以便转移国际社会对其侵略中国东北的关注。

日本占领中国东北后,以何种形式来统治这块殖民地,是日本必须立即决定的问题。"九一八"事变发生后的第 4 天,即 9 月 22 日,日本关东军参谋部就制定了《满蒙问题解决方案》,确定建立以末代皇帝溥仪为元首,领土包括东北四省及蒙古,受日本操纵的新政权。根据这个方案,关东军一手准备将溥仪挟持到东北,一手在东北各省拼凑伪政权,并阴谋在上海挑起事端。

日本驻上海领事馆武官辅助官兼上海特务机关长田中隆吉应关东军参谋长板垣征四郎的电召,10 月 1 日前往沈阳。板垣告诉田中:"我们下一步的行动要占领哈尔滨,使满洲独立。我们已派土肥原大佐去接溥仪来。如果我们办成了,国联要大吵一番,东京政府将感到头痛。我要请你在上海搞点事,以转移各国的注意力。在你们引起骚动的时候,我们将拿下整个满洲国。"田中保证完成任务,并说他"正在训练一个极好的间谍,能在上海收买中国的闹事者,来发动这场假战争"。田中所说的间谍就是川岛芳子。板垣从关东军的特务经费中提取 2 万日元交给田中使用。

由天皇裕仁的文官党羽木户幸一、近卫文麿、牧野显声等人组成的"十一人俱乐部"也参与策划了一·二八事变。该组织主张日本在完成对中国东北的征服前,需要有一个"思考间歇"期,以便应付国内外的许多问题。在此时期,日本需要在上海制造一场"假战争"。"九一八"事变后不久,近卫在"十一人俱乐部"会议上通报说:"关东军准备在上海搞一个转移视线的行动,这样可给国联一个满足它要促成和平的愿望的机会,从而'给国联留些面子'。"

此时,国联决定组成调查团派往中国和日本做实地调查。1932 年 1 月,调查团正式成立。日本计划在国联调查团赴中国东北前,扶持"伪满洲国"成立,迫使国联承认既定事实。1 月 4 日,关东军司令本庄繁同幕僚拟订出具体方案,决定派板垣回国汇报。该方案决定"伪满洲国"最迟在 3 月上旬,即国联调查团到达东北之前成立。板垣得到天皇裕仁的破格接见,并留在东京协助制订"假战争"的作战计划。与此同时,日本陆军省、海军省和外务省于 1 月 6 日根据参谋本部的意图,共同制定出与关东军方案基本一致的《中国问题处理纲要》,其中规定东北从中国主权下分离出来成为一个"国家",其政治、经济、国防、交通、通讯等受日本的控制,由日本人参与该"国家"中央和地方的行政。

10 日,板垣和参谋本部安排好了发动"假战争"的准备。他在东京致电在上海的田中:"'满洲事变'按预计发展,但中央有人因列强反对仍持怀疑态度,请利用当前中日间紧张局面进行你策划之事变,使列强目光转向上海。"田中接电后,将 2 万日元的特务经费交给川岛芳子,让她具体策划事变。13 日,板垣携带《中国问题处理纲要》返回沈阳。于是,关东军加紧了在东北建立"伪满洲国"的活动。

五、海军的嫉妒与行动

日本陆军在中国的一系列"精彩"动作，大大激起了日本海军的嫉妒与争功心态。

由于是个岛国，日本非常重视海军建设，"二战"时日本海军实力绝对可以排进世界前三强，而且因为没有独立的空军，海军航空兵甚至成为日军空中力量的主体。因此，实力雄厚、装备精良、制服雪白的"大日本帝国海军"，向来不大看得起二流装备、帽子后面还耷拉着一个屁帘子的，土不拉几的陆军。陆军在满洲的"辉煌"成功，及其取得的庞大临时军费，深深地刺激了经常与陆军对立的日本海军，海军也企图在"属于它的势力范围以内"的上海伺机而动。再加上上海当时的紧张局势，更加刺激了日本海军的这种野心。

为了与陆军争功，海军利用上海发生的事端，企图使上海事变扩大，进而占领闸北引翔吴淞各区，以作日本的租界地，以此证明"大日本帝国海军"赫赫之名的存在。

日本政府也想让海军在上海放手行动。1 月 22 日，日本政府开会，"决定立取适切手段，由大角（岑生）海相相机处置之""如中国政府不解散各处抗日团体，及取缔各处抗日运动，即将采用平时封锁办法，将沿海口及长江各埠封锁"。此外，重光葵特别为了此事觐见天皇，天皇考虑到上海局势，决议以应付上海事件之紧急计划悉听海相主持，并商定一切事端，悉由驻华日舰队司令盐泽及驻沪日海军官负责解决。

25 日，日本海军省首脑与外务省首脑联合举行会议，"协议如中国方面不表示诚意，不实行日本之要求，决以实力务期要求之贯彻，并协议万一时的具体方策"。26 日，海军省召开最高级会议，决定在一两日内发挥实力，其方法如下：驻沪兵力如不足，可遣第二舰队；就地保护留沪日侨；自吴淞至上海航路由日海军保护；在吴淞口外拘留一切华籍轮船；加派军舰到南京、汉口、广州、汕头、厦门等埠，并使浪人同时暴动。海军次官左近司政三中将对陆军炮兵监畑俊六中将表示："陆军在满洲大显了身手，这次在南边轮到海军了。""海军陆战队并非昔日之陆战队，有两千人，有野炮和装甲车，没问题。"

日海军的战争准备得到了天皇裕仁的许可和批准。26 日，裕仁的最高军事会议在参谋总长闲院宫（载仁亲王）的主持下，训令在上海的盐泽"行使自卫权利"。

27 日,日海军省发表声明称:"至于上海事件,国民政府对于日本合理妥当之要求,毫无诚意,不肯承认,据最近情报,并以正式军队与日本为敌。日本海军深望中国停止此种行为,如国民政府不加反省,不立即制止不法行为,日本为自卫计,必采取适当措施,以保护日侨及维护既得权益,以期万无遗憾。"

与此同时,日海军大量增兵上海。1931 年 10 月,海军陆战队在上海有903 人,停泊日舰 5 艘。"日僧事件"发生后,1932 年 1 月 21 日从日本吴军港向上海开出巡洋舰"大井号"和第十五驱逐队(驱逐舰薄、荻、藤、葛 4艘),运载第一特别海军陆战队 457 人和大批军火,23、24 日分批抵达上海,停泊杨树浦江面。

24 日,由旅顺出发的日水上飞机母舰"能登吕号"也驶抵上海,停泊于吴淞口外,其余各舰分泊杨树浦至吴淞镇间之黄浦江,乃将沿江要域置于其舰炮直接控制下。

26 日,又从佐世保军港急调第一水雷战队(巡洋舰旗舰"夕张号"率第二十二、二十三、三十驱逐队,驱逐舰皋月、文月、水无月、长月、菊月、三日月、夕月、望月、睦月、如月、弥生、卯月共 12 艘),运载佐世保镇守府第二特别海军陆战队 468 人,28 日午后抵沪。26 日,又从佐世保加调战机 6 架援沪,且不时凌空侵入市区,实施空侦。

至此,日本在上海共集结了 24 艘军舰,20 余架飞机,1833 名海军陆战队队员及三四千名武装日侨,另有装甲车十余辆,大小口径火炮数十门,以虹口靶子场日海军陆战队司令部为核心,对其势力所及之公私住宅、机关、学校、商店及码头等处,构筑各式掩体工事,并屯储械弹军品,积极备战。

日海军陈兵上海,发动淞沪战争的决心已然下定。在 25 日召开的由各国驻沪武官组成的租界防备委员会会议上,鲛岛具重说,当日本不得不采取行动时,可由盐泽莘一少将预先向租界工部局要求发出戒严令。28 日上午 7 时 30 分,盐泽照会各国驻沪武官,称中国对日本的要求无满意答复,日军将于次日晨有所行动。9 时 30 分租界防备委员会开会,决定下午 4 时发布戒严令,并划定各国警戒区域,其中规定日军负责苏州河以北,北江西路以东,东至杨树浦,沿淞沪铁路一带防卫。盐泽当日下午对《纽约时报》特派员阿本德说,今天即使中国接受日本的最后通牒,日本也要为维护闸北的秩序和那里的 6000 名侨民而派遣陆战队。"陆军必须保卫我们在满洲的权益。上海没有陆军,所以海军在上海就必须负起同样的任务。"晚 9时,日陆战队士兵以虹口、杨树浦为作战根据地,积极进行了战斗部署。

图 2-8　日军指挥官 1 月 28 日深夜在虹口海军陆战队本部向士兵训话，扬言 4 小时占领上海

图 2-9　租界美军在海宁路口布防

　　战争如箭在弦，蓄势待发。但日海军发动淞沪战争的战略目标是有限的。毕竟上海与东北不同，东北原属日本的势力范围，上海则是国际性大都市。如想占领上海，势必导致与英、美、法等国的正面冲突，日海军对此还是有所顾忌的。

　　从实力上看，日海军陆战队仅有 1800 余人，而当时驻防上海及其周围的中国十九路军达 3 万余人，双方力量悬殊。日海军不具备向南京国民政府统治中心的长江以南地区挑起大规模战争的条件。因此,日海军发动淞沪战争的具体目标是要求十九路军后撤 20 公里,至南翔以西地区,所谓"捞一点,是一点"。

六、蒋介石第二次下野

在"九一八"事变和"上海争端"发生之前,国民政府是个什么状态呢?当时国民政府已乱成了一锅粥。国内多次"剿匪"失败,党内又发生"宁粤战争","CEO"蒋介石被迫第二次下野。

所谓下野,就是"烦死了! 老子告老怀乡,撂摊子不干了,你们看着办吧!"。老蒋曾有三次下野、三次复出的"辉煌"记录,这恐怕也是中国历史上绝无仅有的。自古以来,在中国当"老大",也有下野的,只不过一般"下"了后就彻底"野"了,回不去了。而老蒋不同,老蒋前后三次都因内外交困退出"前台",然后又"满血复活"。其主要原因是老蒋有三大法宝:一是手上有枪杆子,军队中大部分掌握实权的中上级黄埔系将领都效忠于这位老校长;二是有个好老婆,宋美龄不仅为老蒋拉拢外援,孔家和宋家也是老蒋的有力后盾;三是有江浙大财阀,甚至有上海帮会组织的支持。

一·二八事变前夕,正是蒋介石的第二次下野之际。蒋介石第二次下野,与为什么十九路军这支非嫡系部队会驻扎在上海如此重要之地,有重大干系。当时的基本线路图是这样的:宁粤之争 → 下野 → 妥协 → 十九路军驻防淞沪。由此,后来的一·二八淞沪抗战,与日军首先交战的是十九路军。

1931 年国民党内部发生激烈的派系斗争,9 月以汪精卫为首的反蒋派在广州成立"广州政府",发起"讨蒋"战争,即"宁粤战争"。战争开始没多久,爆发了"九一八"事变,于是各方偃旗息鼓,坐到一起开始谈判。蒋介石在各方压力下宣布下野,财政部长宋子文也与老蒋共进退。随后国民党政府改组,选林森为主席,孙科担任行政院长,实行所谓"责任内阁制",但孙内阁对各项重大政策及经费的筹措,一筹莫展,毫无办法,撑了没几天就撑不下去了。在"一·二八"事变爆发之时,国民党中央号召团结御侮,共赴国难,这时老蒋又联络了汪精卫,相互进行了协商和妥协,于是蒋介石又变成了军事委员会的"蒋委员长"——"我胡汉三又回来了!"

七、十九路军驻防淞沪

"宁粤战争"期间，与南京对立的第八路军总指挥陈济棠驱逐了拥护蒋介石的广东省政府主席陈铭枢。陈铭枢是谁？陈铭枢就是十九路军的政治领袖。十九路军源于粤军第一师第四团，1920年陈铭枢即为该团团长（师长为邓铿），蒋光鼐、蔡廷锴和戴戟等分任副团长、警卫团营长、营长等职。陈铭枢被驱逐后，又被南京国民政府特任为"剿匪"军右翼集团军总司令，参加对红军的第二次"围剿"。他将十九路军集中在江西吉安，扩编第七十八师，师长为区寿年；第六十一师师长戴戟因病辞职休养，以该师旅长毛维寿升任；第六十师师长为沈光汉；蔡廷锴擢升十九路军军长。蒋光鼐因病住沪，总指挥一职由蔡廷锴代理。十九路军军部随之成立。

1931年9月下旬，蒋介石为安抚"广州政府"，将与粤系势力有深久历史关系的陈铭枢请到南京，商议由陈赴广州调解京粤之争。为表示和解的诚意，蒋答应调十九路军卫戍京沪。9月30日，国民政府任命陈铭枢为京沪卫戍司令。10月，时值京粤政要集会于上海讨论整理内政问题之际，十九路军由赣调至京沪承担卫戍任务，以增进京粤相互间的信任。

11月，十九路军奉令全部（总兵力3.35万人）到达京沪路沿线，部署如下：卫戍司令长官公署及总指挥部驻南京，第六十师驻苏州、无锡、常州、丹阳，第六十一师驻南京、镇江，第七十八师驻上海、吴淞、昆山、嘉定。十九路军参谋长戴戟自12月起任淞沪警备司令。

十九路军调到京沪线以后，第七十八师被指定担任原由财政部税警团承担的淞沪卫戍任务。该部到达后，其第一五五旅分驻南市、吴淞、真茹（现上海市直如镇街道附近）；第一五六旅第四团驻南翔，第五团及旅部驻嘉定，第六团驻太仓。闸北的防地暂时仍由税警团担任，直到1932年1月6日由驻太仓的第一五六旅第六团接替，第六团第三营驻闸北，第一、第二营驻大场。1月11日，第一五六旅旅部由嘉定移至大场。13日，驻南翔的第四团接防吴淞；驻嘉定的第五团除派1个营警戒浏河外，其余向南翔及大场推进；第一五五旅除依旧警戒南市外，其余警戒虹桥及漕河泾，旅部在真茹。两旅的地境以铁道为界，线上属第一五五旅。

十九路军调防淞沪一带后，在上海民众抗日运动的影响下，有了同仇敌忾的决心，也因为是外来部队，更注重维护粤军的形象。但由于调沪不久，情况生疏，对于日军的真正侵略意图一时还看不清楚。国民政府又未向其提供任何有关的情报,该军在战争爆发前两周才从自己所得的情报中判断日军的侵略已不可避免,所以直到1月15日以后才开始进行应战部署。

蒋光鼐、蔡廷锴、戴戟决定在原十九路军淞沪前线防地进行抵抗。他们分析认为:我军如退出上海,不论在真茹、南翔或昆山取抵抗线,实际等于不抵抗;上海为各国通商大埠,我军在原地抵抗,可希望因英、美、法等国利害的冲突,减少敌人的横暴行为;我军军械比日军差,应利用街市作战,以降低敌人飞机大炮的威力。

1月19日,蔡廷锴、蒋光鼐召集上海驻军军官座谈,商定:(一)最近日军或有骚扰,我军须无形地戒备;(二)万一有事发生,第一线兵力之配备若干,区寿年师最低限度死守五天;(三)各防区赶紧构筑工事,后方各驻地亦须预选定抵抗线;(四)六十、六十一两师增援时,须于战斗开始后五日内到达上海附近;(五)对上海租界决定态度;(六)由明(廿)日起,各部官兵除因公外,一律不准在租界住宿。

为鼓舞士气,23日陈铭枢、蒋光鼐、蔡廷锴、戴戟发表《告十九路军全体官兵同志书》,表示:"我们不要感觉我们物资敌不过人,我们要以伟大牺牲精神来战胜一切,我们必定能操胜算,我们必定能救中国。"蔡廷锴、戴戟等还致电南京当局,表示"决在上海附近抵抗。即使牺牲全军,亦非所顾"。同日,十九路军在龙华警备司令部召开驻上海部队营长以上干部紧急军事会议。蒋光鼐、蔡廷锴、戴戟等发言,表达与日本侵略者决一死战的决心。会议讨论了抗击日军入侵的计划。晚上7时发出密令,作出部署:"七十八师第一五六旅担任京沪铁道以北至吴淞宝山之线扼要占领阵地,第一五五旅担任京沪铁道线(含铁道)以南至虹桥漕河泾之线(南市龙华之团即在原地)扼要占领阵地。吴淞要塞司令率原有部队固守该要塞,并切与附近要塞之友军确取联络。铁道炮队及北站之宪兵营归七十八师第六团团长张君嵩指挥。丹阳六十师之黄团限明(24日)开至南翔附近待令,余沈师、毛师为总预备队在原地候命。各区警察及保卫团受各该地军队高级指挥官指挥。总指挥部军部移驻真茹,警备司令部仍暂驻龙华。"第一五六旅旅长翁照垣接上级命令后,下令:一、第四团在吴淞宝山一带地区,构筑强固工事而死守之;二、第五团除留一连在浏河担任警戒外,其余即集结于大场,并派驻一营进驻江湾附近,对该地进行严密警戒;三、第六团在大场之两营,务推进至闸北,扼要占领阵地,严密戒备;其余遵照命令办理。第五团遵照命令积极部署;驻大场的第六团两个营抵达闸北后,全团从淞沪线上的北站起,沿宝山路、虹江路、中兴路、天通庵路、青云路等各路口,至八字桥止,构筑防御工事,并预定该地带为第一道防线,由会文路至宋公园路之线为第二道防线。

24 日,蔡廷锴等人抵达苏州,在花园饭店召集十九路军驻苏州高级将领沈光汉、李盛宗等举行紧急会议。蔡廷锴在会上表明十九路军抗战的决心,并传达解释了 23 日发出的密令。参加会议的将领一致表示反对不抵抗并拥护团结抗日。23、24 日会议以后,十九路军各部基本上完成了战略战术的部署,准备随时打击来犯之敌。24 日,第六十师第一一九旅第一团抵至南翔附近待命。至 25 日,十九路军依 23 日命令大体上部署完妥。25日,第七十八师司令部由南翔进驻真茹。蔡廷锴和十九路军总部部分人员也抵达真茹。

八、国民政府的对策

面对日本的咄咄逼人,国民政府的对策是"一面抵抗,一面交涉"。

"一面抵抗,一面交涉"政策源于 1931 年 10 月蒋介石、胡汉民、汪精卫在上海发起的和平会议。这次会议就外交政策达成妥协:一、实行统一外交,对外交涉盖由南京中央负责,广州不办外交;二、如果日军来攻,应该抵抗,用武力来对付它,不要不抵抗;三、不主张对日宣战;四、不主张退出国联。

以戴季陶为委员长的特种外交委员会 11 月间向国民党中政会提交报告——《处理时局之根本方针》,就对日政策提出三项建议:"第一,中国无论如何,决不先对日宣战;第二,须尽力维持各国对我之好感;第三,须尽力顾虑实际利害,但至万不得已时,虽在军事上为民意而牺牲,亦所不恤,惟必须筹划取得真实之牺牲代价。"蒋介石和国民党中政会完全同意这个建议。

12 月初,汪精卫对外界发表谈话称:"至于应付目前外交办法,兄弟以为有八个字'一面抵抗,一面交涉'。这次日本的举动,正如强盗明火打劫一般,我们如果遇着强盗入室,惟一的方法,便是一面向他迎头痛击,一面鸣笛报警,协同捉拿。"

锦州失陷后,孙科内阁外长陈友仁主张对日宣战。这一对日外交新政策显然不符合暂时下野的蒋介石的心思。1932 年 1 月 11 日,蒋介石在奉化武岭学校发表《东北问题与对日方针》的演讲,提出"不绝交、不宣战、不讲和、不订约"的对日方针。他说:"我国外交方略尚未用尽,国力自卫,毫未充实,反与日本首先绝交与宣战,而实与日本以恣行无忌口实,不仅自失其国联盟约、非战公约与九国公约之权利……而且与中国以破坏公约破坏和平之责任,如此中国诚陷于万劫不复之地。""不绝交、不宣战"是针对抵抗而言的,即与日本在不绝交、不宣战的前提下进行有限度的、局部的抵抗;"不讲和、不订约"是针对交涉而言的,即与日本在不讲和、不订约的前提下,与日本进行交涉,寻求妥协。

18 日,蒋介石和汪精卫在杭州会谈,否定了孙科、陈友仁的外交政策,同意汪精卫的"一面抵抗,一面交涉"的主张。晚上,蒋介石招待汪精卫和孙科就餐,即席表示:"余不入京,则政府必贸然与日本绝交,绝无通盘计划,妄逞一时血气,孤注一掷,国必亡灭。"他离杭赴京前对新闻记者说:"余无特殊之主张,汪先生之主张,即为余主张。"

"日僧事件"后,蒋介石谈到对日方针时说:"若国际之约束无效,交涉之结果不利,日本帝国主义复怙恶不悛,非完成其侵略压迫之野心不止,则我亦惟本不屈服之决心,始终不与之妥协。而且朝野一致,做最大努力之抵抗。"

一・二八事变前夕,南京当局确定了"一面抵抗,一面交涉"为处理上海问题的指导思想。

1 月 22 日,蒋介石、汪精卫在南京召集孙科、何应钦等商讨内外方针,吴铁城向会议报告日本人在沪暴乱情况,蒋仍坚持"先安内,后攘外"的主张。23 日,蒋介石、汪精卫和孙科再次商讨对日政策,"蒋、汪两氏咸主先行安内,方可攘外"。会议决定命令吴铁城制止民众抗日,"由军政部长何应钦将第十九路军于五日内调离上海,派宪兵第六团接防"。同日下午,吴铁城同蔡廷锴、戴戟讨论,认为若不接受村井的第四项要求,日海军陆战队必然有所行动,决定如果陆战队侵入华界,准备予以抵抗,并致电国民政府请求对策。行政院长孙科与汪精卫、蒋介石立即详商应付上海事件的办法,结果"金主我应以保全上海经济中心为前提,对日方要求只有采取和缓态度,应即召集各界婉为解说,万不能发生冲突,致使沪市受暴力夺取。至不得已时,可设法使反日运动表面冷静,或使秘密化,不用任何团体名义,俾无所借口"。国民党中央先后派张静江等一批大员到沪,向上海市政府传达旨意:应以和缓手段避免冲突,让上海得以保全。

在国民党中央及国民政府的三令五申下,上海市当局"本中央保全上海经济中心,隐忍避免冲突之原则,筹思缓和应付之办法"。25 日晚,吴铁城邀集上海各界谈话,"莫不要求保全地方,请由市政府、市党部明令将各界抗日会严加取缔,一面由民众团体响应自动解散,然后据以答复日领,则中央及地方双方均能顾及"。考虑国民党中央及上海地方各界的要求,上海市政府决定完全满足村井 21 日提出的要求。

27 日下午,吴铁城同何应钦、司法院代院长居正、国民党中央秘书长叶楚伧、前上海市市长张群等人在市政府商量对策,决定避免冲突,接受村井所提全部要求。南京当局对此表示首肯。当晚 11 时,上海市政府密令公安局、社会局会同各区所取消上海各界抗日救国会及其分会。28 日,国民政府向上海市政府传达命令:"一切抗日团体,概行取消。"上海市政府遵命取消了各抗日团体。下午 1 时 45 分吴铁城复文村井,表示全盘接受其 4 项要求。

南京当局为进一步缓和事态,要求十九路军撤退至后方南翔一带,并派非战斗部队宪兵第六团接替十九路军在闸北的防务,以缓冲其间,希望中日两军不发生冲突。到此为止,国民政府已经算是退让到底了,但此举遭到了蔡廷锴拒绝。

24 日,何应钦赶到上海,在法租界张静江公馆召见蔡廷锴,要求十九路军于最短时间,撤防南翔以西地区,重新布防,又遭蔡的拒绝。何应钦于 28 日以军政部长名义电令第一五六旅第六团将闸北一带防务移交宪兵第六团接收,俟防务交替完毕,即移驻真茹或南翔附近。蒋光鼐、蔡廷锴、戴戟接电后,晚 11 时在龙华召集十九路军全体军官进行会议。"席间多数军官均极愤慨,誓愿一死。既而因外交形势已转缓和,双方冲突或可幸免,决计遵令办理。"

晚 8 时,翁照垣接到第六团团长张君嵩的报告,宪兵第六团已有 1 个营到达真茹,因为接防太晚,加上宪兵兵力不敷分配,便用电话商定宪兵第六团 29 日拂晓再来接防。同时侦知已有大批日军舰及陆战队士兵抵沪,形势急迫,因此翁照垣令第六团继续严密警戒,不要因即将换防而放松警惕。

晚 11 时 10 分,戴戟以电话令第七十八师:"敌人欲乘我七十八师第六团与宪兵第六团交替防务之际向我袭击,企图占领闸北。由区师长令翁旅长照垣驰赴闸北巡视。着第六团进入阵地,第五团固守原地,相继策应第六团。由翁旅长督饬在闸北之宪兵保卫团警择地戒备,并令黄旅长固转饬第一团监视黄浦江之敌舰,第二团严密警戒沪西。"同时令第一一九旅第一团由南翔推进真茹策应。

翁照垣接到命令后随即下令:"第六团应即进入阵地,严密戒备。其他各团应在原地准备。"张君嵩得令后一面准备移交,一面施行严密的戒备。第六团各营依令进入阵地:第一营附步兵炮 1 排安置在虬江路、广东路、西宝兴路各路口;第二营附步兵炮 1 排安置在横浜路、天通庵路、江湾路、青云路各路口;第三营派 1 个连在宝山路协同北站的宪兵 1 个连及铁道炮队防守北站,其余 3 个连集结于太阳庙路嘉郡会馆,为团预备队。第一五六旅第六团有 1000 余人,加上公安警察大队的 2 个中队和宪兵 1 个连,驻守闸北的我军总兵力约有 1700 人。

第三章　开　战

日方原以为所提 4 项要求，在我民众强烈的反日浪潮下必遭拒绝，至少也要讨价还价一下，没想到上海市政府竟表示完全接受，有点傻眼了，日军这时候也顾不上什么礼数了，直接来硬的吧！

图 3-1　日军准备开火，1 月 27 日午后，北四川路一带居民涌向租界避难

1 月 28 日晚 11 时 5 分，上海市公安局接到村井的一封信，内附日驻沪海军司令盐泽致吴铁城及上海市公安局局长公告各一份："日本海军对于闸北情形，颇感忧虑。该处日侨众多，已决定派兵至该地，维持法律及秩序。因此希望中国当局从速将驻在闸北之军队撤退，并解除该地之一切故意的防御。"未待我方答复，日军遂于 11 时 30 分，按其预定计划，下令开始军事行动，驱使日军数千，由天通庵三路进攻闸北，战争遂告爆发。

日本军事当局发出这项布告的时间是晚 11 时 5 分,吴铁城直至晚 11
时 25 分才接到该项布告的副本,而日军 5 分钟后就挑起了战争。诚如翁照
垣所说:"这里面的用意是极明了的:就是恐怕中国的当局,一例地接受他
们的要求,使他们没有进兵占领的机会。"

图 3-2　在三义里、北四川路、虬江路一带 1 月 28 日夜准备进攻的日军

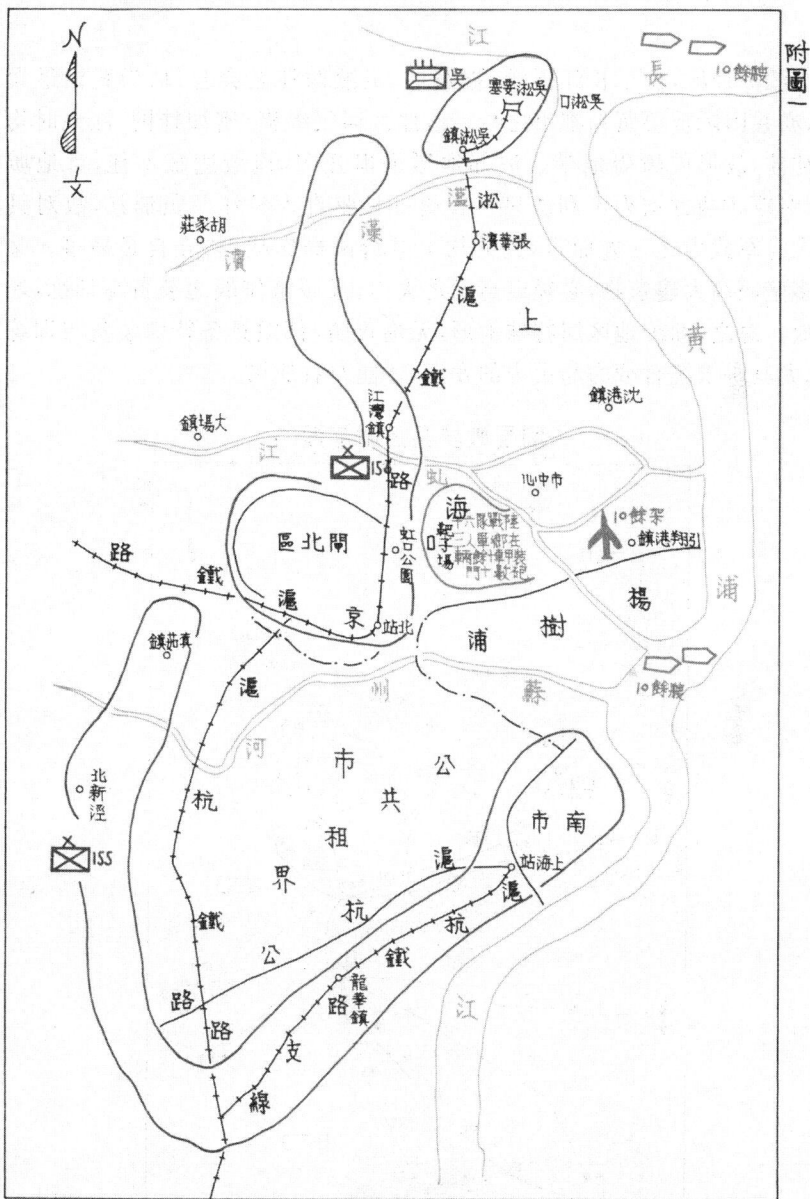

图 3-3 "一·二八"淞沪战役前敌我态势要图

一、战　　场

淞沪地区,位于长江下游,据黄埔、吴淞两江之会合口,为我国最大商港,亦系国际重要贸易都市之一。该地区河汉纵横,密如蛛网,涨潮时均不能徒涉,故形成障碍地带。沪郊地形平坦开阔,掩蔽遮蔽不佳,且地质松软,对攻防两方均为不利。只有舰艇可长驱直入长江及黄浦江,故对具有强大海军武力之一方而言,到处均可进行两栖作战,防守自是易事。又市区多坚固高大建筑物,必须以高度之火力,及城镇作战之装备与训练,才能奏效。总之,淞沪地区属特殊地形,无论攻防,都须具备特殊装备与训练方式,尤其讲求统合战力与火力的发挥,才能左右战局。

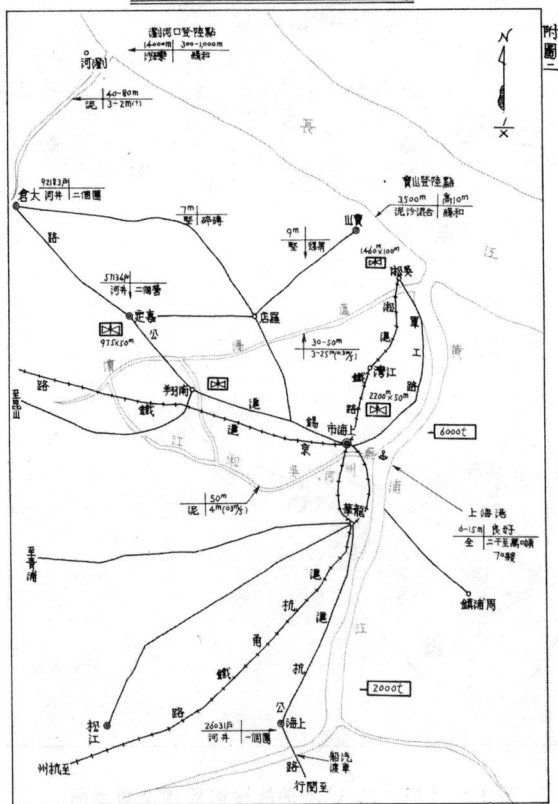

图 3-4　淞沪附近兵志概要图

二、首　战

1932 年 1 月 28 日晚 11 时 10 分，日海军陆战队先派数十人乘摩托车，携手提式机关枪，向陆战队附近的天通庵车站进攻。此地防守的上海警察局第六、第七两中队即予迎击，尔后虽有警察第二中队驰援，但在众寡悬殊之情形下，我军被迫逐次转移。敌军未遇坚强抵抗，轻易进占了天通庵车站，洋洋得意，认为闸北稳入掌中，于是就放胆前进。

11 时 30 分，日军以天通庵车站为据点，分三路全线进攻闸北第十九路军第七十八师第一五六旅第六团（团长张君嵩）防线：一路从天通庵车站入天通庵路，抄京沪铁路上海车站北路之后；一路由吟桂路口日本小学出发，沿该路西进，转入横浜路，与前一路相策应；一路由虬江路直扑北站。各路日军均有四五百人，以装甲车为前导，两侧由摩托车和手提机关枪做掩护，向我军阵地发起冲锋。

图 3-5　日海军陆战队进攻

图 3-6　攻击闸北的日海军陆战队

　　翁照垣旅长一方面令第六团丝毫不可示弱，另一方面令第五团准备增援。第一五六旅第六团依令向日军展开反击。先以手榴弹击毁其装甲车 6 辆，又勇猛冲杀，日军第一次猛烈的冲锋由此被挡了回去。继而，我军又沉着应战，共击毙日军 300 余人，伤日军数百人，并夺获装甲车 3 辆。敌军经此迎头痛击，惊慌败退，当时我军系为自卫而应战，纯采守势，事前并无攻击准备，所以对败退之敌，未予穷追。

图 3-7　在闸北驻防的十九路军奋起反击，其背着的斗笠上"十九路军"几个大字格外醒目

　　当闸北开战之时，江湾方面的日军陆续向我守军冲击，都被击退。吴淞方面的敌舰，也集中于三夹水，对我要塞炮台进行轰击，但没多久便

退走。

此次闸北巷战的胜利，对中日全盘战局关系甚为重大，不仅我军士气为之大振，且打破了"皇军不败"的神话。

为抵御日军的第二次冲锋，翁照垣调驻江湾附近的第五团第二营推进至江湾前面劳动大学附近，并令该营派出 1 个连到八字桥，对日军做佯攻之势，作为牵制，同时掩护在天通庵路、青云路一带的第六团第二营的左翼。十九路军总部接到报告后，蒋光鼐、蔡廷锴、戴戟 3 人星夜步行经北新泾到达真茹车站，设立临时指挥部，依照原定计划，命令后方部队迅速向上海推进。

首战后，十九路军立即发出通电：

> 暴日占我东三省，版图变色，国族垂亡！最近更在上海杀人放火，浪人四出，世界卑劣凶暴之举动，无所不至。而炮舰纷来，陆战队全数登岸，竟于 28 日夜 11 时公然在上海闸北侵我防线，向我挑衅。光鼐等分属军人，惟知正当防卫，捍息守土，是其天职，尺地寸草，不能放弃。为救国保种而抗日，虽牺牲至一卒一弹，绝不退缩，以丧失中华民国军人之人格。此志此心，可质天日而昭世界。炎黄祖宗在天之灵，实式凭之！
>
> 十九路军总指挥蒋光鼐、军长蔡廷锴、淞沪警备司令戴戟叩艳。

仍处下野状态的蒋介石这时也发出一道通电：

> 各总指挥、各军师旅长、各将士、各军官学校师生诸同志均鉴：
>
> 东北事变，肇始迄今，中央为避免战祸、保全国脉起见，故不惜忍辱负重，保持和平，期以公理与正义促倭寇之觉悟。不意我愈忍让，彼愈横蛮。沪案发生，对其要求且已茹痛接受，而倭寇仍悍然相逼，一再向我上海防军突击，轰炸民房，掷弹街衢，同胞惨遭蹂躏，国亡即在目前，凡有血气，宁能再忍！我十九路军将士，既起而为忠勇之自卫，我全军革命将士，处此国亡种灭患迫燃眉之时，皆应为国家争人格，为民族求生存，为革命尽责任，抱宁为玉碎毋为瓦全之心，以此与破坏和平蔑弃信义之暴日相周旋。中正与诸同志久共患难，今身虽在野，犹愿与诸将士誓同生死，尽我

天职。特本血诚,先行电告:务各淬砺奋发,敌忾同仇,勿作虚浮之豪气,保持牺牲之精神,枕戈待命,以救危亡。党国幸甚!

蒋中正印

三、闸北的还击

1月29日凌晨1时45分,日军约1500人凭装甲车掩护,向第六团正面第一营的阵地发起第二次冲锋。其占领附近楼房后,用机关枪和手榴弹向我军阵地轰击。我军用手榴弹还击,并和日军展开刺刀战。日军直到5辆装甲车被炸毁后才停止冲锋。我军的损失也较大。此刻,第一营预备队赶来增援。同时,第六团左翼阵地天通庵路、青云路、横浜路等路口也遭到日军五六百人猛烈的攻击。我军同日军展开肉搏,并登上屋顶用手榴弹猛炸日军,日军不支,纷纷向来路退却。

凌晨3时,翁照垣令第五团第三营增援闸北。3时50分第三营在青云路至八字桥之间布防。凌晨4时,20余架日机轰炸闸北。我军用高射炮和机枪击落日机2架。5时30分左右,日步兵在装甲车的掩护下再次向第六团正面阵地冲击。我军应战10余分钟后决定转守为攻。在猛烈的炮火中我军直冲至淞沪铁路东边,准备截断日军的后路。日军惊慌失措,一部分向北四川路溃逃,一部分逃至广东路的楼房内负隅顽抗。

图 3-8　我军发射迫击炮

在日军的3次冲击中,天通庵车站一度被日军占领,但我军得到第五团增援后又将其夺了回来。广东路口阵地也曾被日军突破,我军经过苦战

击退了日军。因第五、六团的兵力全部投入前线，翁照垣向区寿年请调援
军，区寿年调第一五五旅第三团第二营归翁指挥。

日军千余人在猛烈的炮火和装甲车的掩护下，向宝山路、虬江路各路
口猛烈冲击，企图占领北站。北站为上海陆上交通的枢纽，其得失关系到
整个闸北的安危。开战后日军本欲由北河南路北口铁门冲入，但被防守该
处的上海商团拒绝。

图 3-9　日军向宝山路炮击

下午 2 时，日军趁北站火起派大队由虬江路包抄而入。防守北站的宪
兵 1 个连苦战 1 小时后不支，北站被日军占领。下午 5 时，第一五六旅第六
团派队增援反攻，血战 1 小时后将其夺回，并全力追击日军，日军向杨树浦
溃退。此战日军死伤甚重，我军亦死伤数十人。

图 3-10　我宪兵部队在宝山路、虬江路痛击日军

下午 6 时 30 分,第六十师第一团第一营到达闸北,归张君嵩指挥,部署在宝兴路及天通庵路之线,同时中央铁道炮车也开回闸北,控制于共和路口,警戒北站西南一带,掩护我军右翼,并向日军轰击。

图 3-11　京沪线上的中央铁道炮车

晚 7 时 30 分,日军百余人向八字桥附近进攻。我军 1 个排用机关枪还击,只十几分钟就打死打伤日军 20 余人,日军被迫从天通庵路退却。

同日,北四川路、宝山路继续发生巷战,我军均占优势,并占领日陆战队司令部。晚 7 时我军乘胜追击,日军大队退至北四川路以东,靶子路以南,闸北已无日军踪迹。至此,闸北参战的日军被击毙 800 余人,我军牺牲百余人。盐泽狂妄不可一世,原以为十九路军绝不敢抵抗,夸口 4 小时内可完全占领闸北,结果付出了惨重的伤亡代价却一无所获。

日军进攻没有得手,遂于 29 日下午通过英、法、美领事出面调停,约定从晚上 8 时开始,中日双方暂行停战。当晚,英、美领事出面调停,敌我双方接受停战三日之协定,但敌军在停战期间,仍不断增援与挑衅。

十九路军明知其为缓兵之计,但考虑到我军也需要加强部署,所以接受了这个要求,命令前线停止战斗,严密戒备。十九路军总指挥部同时将原驻镇江以东的第六十师调到南翔、真茹一带,并将第六十一师调沪,令原在上海的第七十八师全部投入前线,加强防御。命令下达后,30 日,第六十师第一二〇旅推进至江桥镇,第一一九旅(欠第一团)进驻大场,第六十一师第一二二旅到达南翔。

四、商务印书馆被炸

1月29日上午10时左右,日军飞机从"能登吕号"水上飞机母舰起飞向宝山路上的商务印书馆总厂,投下六枚炸弹,印刷厂、制造总厂、栈房等建筑顿成火海,附近不少民房也纷纷起火。马路对面的东方图书馆,也被潜入的日本浪人放火焚烧。

图3-12 闸北、宝山路一带被日军轰击成废墟

当时,美国战地记者拍下了商务印书馆遭轰炸后的惨状。影像中显示,在宝山路的商务印书馆总厂,厂内低矮建筑已基本倒塌,只剩水塔孤零零地竖立在原地。而商务印书馆的第四印刷所,一幢五层楼的建筑内,几乎没有一扇完好的窗户,建筑一角也已经被炸弹打落。专供印书馆职工子女就读的附属小学尚公学校只剩下了一面破墙,一名十九路军战士正在废墟旁站岗。

日军这次是刻意轰炸中国当时最大、最有影响力的出版机构——商务印书馆,商务印书馆35年的经营与积存由此毁于一旦。当时46万册珍贵的古籍化为灰烬,就连十里开外的法租界,也从空中随风飘下焦黄的《词源》《二十四史》等残页。有人目睹了当时的惨状:浓烟遮蔽上海半空,纸灰飘飞十里之外,火熄灭后纸灰没膝,五层大楼成了空壳,其状惨不忍睹。当时已经65岁的商务印书馆创办人张元济,与书馆同仁抱头痛哭。

轰炸商务印书馆后,日军驻上海特别陆战队司令官盐泽幸一说:"炸毁

闸北几条街,一年半年就可以恢复。只有把商务印书馆、东方图书馆这两
个中国最重要的文化机构焚毁了,它则永远不能恢复。"

图 3-13　被炸的商务印书馆

图 3-14　战后的宝山路

五、暂停时的增兵

日军之所以接受英、法、美领事的调停,停战 3 日,实在是因为此战打

得太窝囊,受创颇重,不得不虚与委蛇,以争取时间,积极增援补充。我军也是心知肚明,严阵以待,免为敌乘。

　　盐泽指挥日军进攻闸北失利的消息传到东京后,日海军省立即命佐世保第二十六队驱逐舰4艘,由巡洋舰"龙田号"统率,1月30日下午4时许先后到达黄埔码头。随舰而来的有佐世保第三特别陆战队士兵474人,以及大批军火。31日晨,第一航空队约30架飞机随航空母舰"加贺号"和"凤翔号"抵达上海。巡洋舰"那珂号""由良号"和"阿武隈号"及水雷舰4艘,下午4时30分也被开到上海,3艘巡洋舰共载来特别陆战队士兵4000名,逐批登陆后,被运往前线。2月1日下午,日邮船"照国丸"载来的第一特别陆战队士兵525人在汇山码头登陆。

　　我军也在调整部署:1月31日第一一九旅集中在大场附近,并派出一部至小川沙浏河警戒;第一二〇旅集中在江桥镇附近;第六十一师全部抵达南翔。2月1日下午5时30分,军长蔡廷锴下令:"七十八师附小炮一连(欠第一、四两团)占领虹桥镇——北新泾镇——真茹镇——真茹车站之线,保持主力于铁道线附近以南地区;六十师占领真茹车站北端——大场镇——胡家庄及其北方之线,保持主力于中央(派出一部至浏河,担任警戒,注意敌舰之行动);第六十一师第一二二旅为总预备队,集中于南翔候命(六十一师防务交替完毕,概开南翔集中)。"随后,第六十师接替上海北站、八字桥、江湾至庙行线的防务;第六十一师向庙行、冯家宅急进,接替第一五六旅的防务。

　　2月1日,在南京下关的日舰,发炮示威;国民政府通电自卫,并宣布迁都洛阳。2日,京沪卫戍司令陈铭枢赴沪视察防务,国联行政会讨论中日争端。

六、再　战

　　2月3日,日大批援军抵达上海后,再也等不住了,即置休战之议(休战期限至3日18时止)于不顾,开始向我军攻击。8时许,日军近万人,分向我闸北、八字桥、江湾之守军第六十师总攻,并以装甲车为前导,飞机为掩护,轮番冲击。入夜后,日军攻势更猛。我军坚守阵地,沉着应战,抵挡住了敌人的进攻。这次战斗,天通庵南和北站附近,以及青云路、江湾附近一带民房被毁于日机及炮火者,不计其数。

　　上午10时许,当闸北炮火连天之际,日军在吴淞口外的6艘战舰忽然接近炮台,向我炮台猛烈射击,同时 6 架日机亦飞到炮台上空投掷炸弹,一时弹如雨下,声震天地。我炮台立即开炮还击,我守炮台湾的十九路军步兵营亦以机关枪、步兵炮向敌舰出击助战。激战约两小时后,我军击沉敌驱逐舰 1 艘,击坏敌巡洋舰 2 艘,中有一舰受伤甚重,当时亦将沉没,被其余战舰拖走,各舰亦遂不支,向外逃去。此时,忽有日军飞机 12 架由川沙白龙港方向飞至我军炮台上空,投掷大威力的重磅炸弹。此时,归十九路军翁旅第四团指挥,于午后 1 时到达的八十八师高射炮连(这是八十八师最早进入淞沪战场的一支部队),即以高射炮向敌机猛力射击,当即击落敌军飞机 1 架,落至宝山城外,其余敌机遂纷向东面逃去。而我军炮台也被炸毁炮 3 门,及炮台 1 部。晚间吴淞方面无战事,只是 9 时许,有敌机 6 架前来侦察。此前,日驻沪总领事村井对外吹嘘说:“日本海军陆战队决于三日内占领吴淞要塞。”

图 3-15　我吴淞炮台巨炮

下午 1 时 50 分,翁照垣接区寿年令,调第一二〇旅接防闸北防务。翁接令后即令第五、第六团遵照办理。就在与第一二〇旅移交之际,晚 6 时左右翁照垣又接到区寿年的命令:在第一二〇旅接防后,即率第五团开赴吴淞增防。翁照垣即令第五团移防完毕后星夜驰援吴淞,第六团赶往金家角休整。翁本人同旅部人员连夜赶到吴淞。

4 日,日军发起总攻。闸北方面,上午 7 时,日军集中炮火向北站、宝山路、西宝兴路第一二〇旅阵地猛攻,至 9 时火力更加猛烈,一直轰击到 12时,此时日陆战队 3000 余人发起连续冲锋,均未得逞。下午 2 时,日军又借装甲车掩护进行冲击,日机 18 架助战,我军官兵沉着迎战,用手榴弹炸毁敌装甲车 5 辆。日军用燃烧弹向我军阵地喷射火焰,我军不能立足,乃退至第二防线。入夜,火势稍减,我军进行逆袭,恢复原阵地,日军逃去。此次战斗共打死日军 100 余人,打伤数百人。

图 3-16 被我军在江湾击毁的日军战车

吴淞方面,自上午 11 时起,13 艘日舰围攻炮台,日机 24 架助战,投下大量重磅炸弹,摧毁我炮台大炮 6 门。炮台守备营官兵死伤极多,要塞司令邓振铨失踪,余下的炮台士兵逃遁一空,炮台失去攻击力,日陆战队数百人欲乘机登陆占领阵地。此时,翁照垣令第四团守炮台湾的第一营派 1 个排扼守炮台,协助在炮台左右防守的部队,坚决阻止日军登陆。经过激烈的战斗,日军直到下午1时左右才彻底放弃登陆吴淞的企图,但吴淞炮台全遭毁坏。狮子林(吴淞要塞中最坚固的炮台)本有三十生(300毫米)大炮2门,二十四生(240毫米)的4门,十二生(120毫米)的4门,五点七生(57毫米)的5门,共15门,已被全毁。日舰直至下午3时才暂停发炮,但日机12架又飞来投弹,直至下午5时才离去。由于吴淞要塞指挥官缺失,戴戟委任第七十八师副师长,谭启秀兼任吴淞要塞司令。

5日,日陆战队千余人全力进攻闸北。凌晨1时起,日军用重炮轰击,炮声震撼全市。天明,日机飞来投弹,民房多处着火。敌我双方在天通庵激战,第一二〇旅英勇还击,歼灭日军500余人,缴获装甲车2辆、机关枪4挺。8时,日军发起全线进攻,来势凶猛,新民路、虹江路、宝山路、横浜桥、青云路、八字桥各处均有激战。但至11时日军均被击退,敌我双方死伤甚重。

下午1时,日军又大举进攻。青云路口与宝兴路口的横浜桥战斗激烈,我军以一部向敌包抄侧击,击毙日军百余

图3-17 吴淞要塞司令谭启秀

人,至下午4时战斗稍息。与此同时,我义勇军全歼窜至刑家桥路的日军。

当天上午9时,我空军第六、七两队由南京飞沪,10时恰遇9架日机在闸北投弹后飞向真茹,企图炸毁国际无线电台,被我空军击中2架。无线电台守军11时30分用高射炮击落1架日机。其余日机逃遁。11时30分,在高昌庙吴淞闸北一带,日机40余架向我空军发动夹攻,结果日机被击落2架,被击伤多架,我军飞机被击中1架,坠毁1架。

图 3-18　南京航空署第六、第七大队空军

6 日,闸北方面,拂晓后日军用飞机和大炮向第一二〇旅阵地发起轰击。10 时,日军向虬江路及宝山路的横浜桥青云路中山路一带进攻,每路有步兵百余人,装甲车数辆。天通庵路至中山路阵地战斗异常激烈,12 时日军被击退,敌我均伤亡数十人。下午 6 时,我军在宝山路的横浜桥阵地遭敌弹轰击,阵地燃烧甚猛,我军撤至第二线防守,至晚 9 时又夺回原阵地。在真茹,我空军击落日机 1 架。在八字桥江湾一带,日军 4000 人在大炮和装甲车的掩护下攻击第一一九旅阵地,遭我军迎头还击,苦战数小时后日军不支退回。在吴淞,日机 10 余架轰击狮子林炮台,伤我官兵 20 人。下午 6 时区寿年调第八十七师 2 个高射炮连赶来增援,归翁照垣指挥。

图 3-19　我军高射炮

七、日军换帅

自 1 月 28 日开战以来,盐泽指挥的日海军及其陆战队两败于闸北,三溃于吴淞,部队减员近三千人,武器装备耗损严重,使"大日本帝国海军"与陆军争功不成,反而丢尽了脸。消息传到东京,朝野大哗。

2 月 5 日,日本内阁在东京首相府就上海局势召开紧急会议。外相芳泽首先发言:"半个世纪以来,大日本帝国堪称世界之强国,与中国交战无一次失败,而盐泽司令官却在淞沪成为中国十九路军的手下败将,使皇军丢了脸,被世界人士所耻笑。若长此下去,将会大大地损害日本帝国在世界上的威严。"

陆相荒木看了一眼海相大角,有些鄙视地说道:"据我所知,中国的十九路军并非国民党政府的主力,是乃地方部队粤军的一部,装备极差,并且与中国政府有矛盾,已多日没有领到政府的军饷。而皇军装备精良,具有本世纪最先进的武器,况且官兵士气高涨,完全应该取得胜利。之所以战败,纯属淞沪作战的指挥官无能!"

大角海相听了外相和陆相的发言,脸上有些尴尬:"自内阁会议决定在上海增加军事力量,并由鄙人主持策划对上海中国军队诉诸武力以来,本官可谓是夜不成寐,茶饭不思,竭尽全力,尽忠天皇,报效帝国。在选择淞沪战区主帅问题上确是一大失误,本官应负主要责任。兹建议内阁考虑给予处分。同时另选贤能去淞沪接替盐泽最高指挥官职务……"

2 月 6 日,根据日本政府内阁做出的决议,为紧急赴沪支援,日军先将距离较近的第二十四(久留米)混成旅团(旅团长下元熊弥,属第十二师团)分乘数艘驱逐舰调赴上海。将自上海至南部中国海岸的所有日本海军组成第三舰队,任命野村吉三郎中将为司令官,代替盐泽指挥上海战事,盐泽率领的第一外遣舰队也归其指挥。第三舰队配属有航空母舰、战舰和驱逐舰 49 艘,野村乘旗舰"出云号"装甲巡洋舰(注意:现日本海上自卫队 2013 年 8 月 6 日建成下水的准航母——大型直升机驱逐舰也叫"出云号")6 日驶达上海。原在沪陆战队指挥官鲛岛具重奉命回国,由海军少将植松炼磨继任。自 5 日至 7 日,第二十四混成旅团约 1 万人分批到达上海。

野村来到上海后,即刻去领事馆召开了记者招待会,他对记者说:"对于上海事件,将以最迅速之政策解决。日军在吴淞踏平华军壕沟之日为时不远。请诸位拭目以待,届时即可结束华军之抵抗。"

野村吉三郎抵沪后,当即改变日军作战方针,置重点于吴淞与江湾方面,先以陆海空军总攻吴淞炮台,并限24小时内攻克。

2月7日9时许,日军以飞机10余架、军舰六七艘、装甲车10余辆、步兵2000余人,协力会攻吴淞。先后三度增援猛扑,均被我守军击退。另日军四千余人,以江湾为主攻目标,并以一部对闸北、八字桥方面施行助攻,初以猛烈炮火对我第一二〇旅阵地轰击,继以装甲车为前导掩护其步兵冲锋,来势颇为凶猛。我守兵沉着应战,待敌进至最近距离,始奋起展开肉搏,激战数小时,敌伤亡枕藉,也未攻破吴淞。

图 3-20 野村吉三郎中将

2月8日拂晓,日军以增援到达之新锐6000余人,会同残敌继续向我吴淞攻击。先后冲锋达10余次,均被我军击退。下午5时许,敌七八百人迂回至纪家桥,企图偷渡,以切断我吴淞联络线。我军一二一旅(旅长张厉)予以迎头痛击,歼敌过半,敌虽数度增援反扑,终未得逞。同日8时许,江湾方面的日军千余人,向我杨家桥猛攻,企图一举夺取我江湾与大场,切断吴淞、闸北两地的联络。又故技重施,先以炮兵及飞机轰击,继以装甲车为前导,掩护步兵冲击。我第二一〇旅守备部队,为达成近战歼敌的目的,先佯装败退,待敌人冲入我既设阵地,即伏兵四起,奋勇肉搏,歼敌300余人,残敌突围逃窜。闸北方面守军,也以诱敌战法,毙伤敌人700余名。

当天,国联上海调查团提交报告书,详述沪案的经过。

日军连日遭受重创,急待增援整补,因此2月9日到11日间,阵地仅有零星炮击与空侦活动,无激烈战斗发生。此时,我上海各团体获悉敌军利用租界作战,特致电工部局,请严加制止,以杜后患。十九路军总指挥部由真茹移至南翔。

2月12日,由西方传教士发起申请,望闸北区自8时至12时,停战4小时,以救护难民出险。经英国领事馆商请双方军事当局同意,于闸北宝山路、宝兴路、虬江路停止攻击4小时。日军乘此机会,将士兵化装成难民,暗藏武器,向北四川路增援。但因我守军有备,敌计未能得逞。休战期满,日机又活跃于闸北上空,并狂轰滥炸,又有很多民房被毁。下午4时许,日军又以炮火继续轰击,入夜后,尤为猛烈。到晚9时许,敌以数千之众,分为三路,由青云路、天通庵、八字桥再向我六十师攻击。激战时许,敌又遭败绩,全线撤退。

13 日上午,日军 3 次在蕴藻浜架搭浮桥竹筏,进行偷渡:第一次,4 时 30 分在黑桥东偷渡,被我军发觉击退;第二次,7 时借烟幕弹掩护,在南草庵前偷渡,我军用机关枪扫射,逼退日军;第三次,10 时仍借烟幕弹掩护,在纪家桥偷渡成功,至北岸曹家桥登陆,突破我军防线。我军第一五六旅从吴淞,第一二二旅从杨行,第二六一旅从刘行向曹家桥增援,将渡河日军千余人三面包围,日军突围数十次,均未成功。隔岸日军用重炮轰击援助,我军奋勇还击,双方发生肉搏。下午 4 时后,日军死伤过半,血战至晚 9 时 40 分,我军全歼渡河日军,其战斗之猛

图 3-21 困守在战壕中等待
援军的日军

烈,为开战以来所未有。日援军第二十四混成旅团遭此重创,一蹶不振。

闸北方面,日军从上午 8 时起向我军防线发起总攻,新民路、虹江路、天通庵路、青云路均有激战,双方各用大炮机枪攻击,至晚 9 时从未间歇。日机整日在闸北投弹,被我军击落 1 架。激战时,我炮兵曾炮击北四川路日海军陆战队司令部和吟桂路日本小学内日军司令部。江湾方面,上午 9 时日军五六百人由万国体育场、水电路方面向第一一九旅阵地进攻,战斗 1 小时后,日军退走。

图 3-22 北四川路日海军陆战队司令部

　　14日凌晨1时，日军大队至曹家桥对岸，企图再次偷渡。第六十一师渡河应战，至10时将日军击退。日舰同时炮击吴淞镇，当天义勇军、铁血军200余人到吴淞镇增援，归翁照垣指挥。在张华浜，日军13日曾向江湾北面的侯家木桥进袭，被击退，14日拂晓再发袭击，激战数小时后仍不支而退。在闸北，日军继续进攻，战斗颇为激烈。我军挟13日曹家桥胜利之威，上午7时由江湾派出第一一九旅第三团第二营500余人，进攻侵入万国体育场的日军，激战1小时后，我军三面包围日军，11时将日军800余人全歼。

八、"德械师"增援

　　十九路军单独在沪作战，许多社会人士及国民党内反对派纷起责难，说中央看着十九路军打，按兵不救。开战后，戴戟也以淞沪警备司令的身份致电国民党中央，要求派兵增援，加强淞沪地区的卫戍。

　　其实一·二八淞沪战役一爆发，国民政府于1月30日就电令驻防苏浙拱卫京畿的第八十八师（师长俞济时），限2月5日前，由杭州急进苏州集结。并在2月3日即派八十八师一高射炮连抵达吴淞炮台参加防御，其为最早加入战场的八十八师部队。

图3-23　蒋介石在南京飞机场校阅参加淞沪作战的部队

　　2月2日,蒋介石从洛阳来到浦口,时任中央陆军军官学校教育长的张治中晋见蒋介石,报告各方舆情,并表示愿意赴沪参加作战。蒋当即同意,马上关照军政部长何应钦,调驻守京沪、沪杭两线上的第八十七、八十八师组成第五军,此外,还配属了中央陆军军官学校教导总队和独立炮兵一团的炮营。由张治中出任军长兼八十七师师长,两师于2月13日前,先后集结于上海市郊附近地区待命,准备赴沪参战。这些部队全是当时中央军中装备最精良的"德械"部队,尤其是八十七、八十八两师系由原国民政府警卫军第一、二师改编,经德国教官训练,德式武器装备,是蒋介石最得意的一支部队。

图 3-24　八十八师由杭州虎跑及上虞五夫军营开拔赴沪增援

图 3-25　八十八师进入战场

这次派出自己嫡系部队中的精锐，蒋介石还是有些顾虑的，这个顾虑并非舍不得亮出家底，对于刚复出的老蒋来说，这倒是一个凝聚人心的好时机。所怕之一是怕中央军名头太响，会使局部战争扩大化，不利于国际调停；之二是怕一向自视甚高的中央军精锐看不起十九路军这支地方部队，导致发生战斗不配合、命令不贯彻等情况，反倒授人把柄。因此，老蒋决定，所有增援部队一律以蒋光鼐为总指挥，纳入十九路军的战斗体系，对外以十九路军名义进行抗战。

为促进各部队精诚团结，并鼓舞士气，从而高度发挥统合战力、克敌制胜，蒋介石凭借昔日统帅的情谊，以个人名义致电各将领，苦口婆心地加以叮嘱和勉励。2月13日，老蒋致第八十八师俞济时师长电：

> 查日陆军一师一混成旅增加来沪，约于明日可以到齐，此后我方军事益加严重矣！惟作战致胜之道，端在指挥统一，奉命确实，及与友军协同连系十分密切而已。望即谨遵此旨，对蒋总指挥命令绝对服从；并严守规定时间，确行授予任务，而对于友军，尤须抱共患难，同生死之精神，团结一致，协同动作，则最后之胜利，自不难操券而得也。希即遵照，并晓谕所属，一体奉行。

其后致第五军军长并分电各师长：

> 今日兄等决定在淞沪原阵地抵抗到底，奋斗精神至堪嘉慰。望兄等努力团结，为我党国争光。沪上地形复杂，敌或将舍正面之攻击，而向我侧背着眼；但我阵地附近，河流纵横，到处便于扼守，日军若取攻势，则牺牲必较我为大。希与十九路军蒋、蔡两同志，共同一致，万不可稍生隔膜。吾人若不于此处表现民族革命精神，决意牺牲，更待何时。可将此意转告全体将士，努力保持我国民革命军光荣之历史。

又电：

> 抗日为民族存亡之所关，决非个人或某一部队之荣辱问题。我前方将士，应澈底明了此义，故十九路军之荣誉，即为我国民革命军全体之荣誉，决无彼此荣辱之分。此次第五军加入战线，固为敌人之所畏忌，且必为反动派之所诬蔑，苟能始终以十九路军

名义抗战,更足以表现我国民革命军战斗力之强大。生死且与共之,况于荣辱乎?望以此意,切实晓谕第五军各将士,务与我十九路军团结奋斗,任何牺牲均所不惜,以完成革命军之使命为要。

张治中复电:"……职此次奉命抗日作战,即下最大决心,誓以一死报国,并与十九路军团结一致,对于蒋、蔡两位,绝对和衷共济,请释厪注。"

图 3-26　第五军军长张治中

在八十八师师长俞济时提议之下,第五军几位高级军官联名通电全国,表示共同御侮的决心。通电由俞济时领衔,列名者为八十八师副师长李延年,旅长杨步飞、钱伦体,八十七师旅长宋希濂。电文大意如下:"济时等忝列戎行,救国具有决心。以为天下兴亡,匹夫有责,而亡国失地尤为军人之大罪,是以噩耗传来,义愤填膺……值此国家存亡关头,爰本中央团结御侮之旨,请命杀敌。现已全部开沪,听命蒋总指挥光鼐。誓与我十九路军亲爱将士,喋血沙场,共同生死……宁为战死之鬼,羞作亡国之民。"

从后面的战斗来看,第五军各部队确实做到了与十九路军密切配合,而且对各项战斗任务"不争功、不推诿"。

2月15日,军政部正式下令,第五军归蒋光鼐总指挥指挥。并令八十七师二五九旅(旅长孙元良)即日开赴南翔附近集结待命。其二六一旅(旅长宋希濂)已于14日奉蒋总指挥命令接防蕴藻浜北岸阵地,由胡家宅至吴淞西端曹家桥之线;八十八师亦已先期至南翔附近待命。

图 3-27 八十八师二六二旅旅长杨步飞 2 月 16 日赴前线接防

16 日,张治中军长率军师部人员、师直属各部及陆军军官学校教导总队(总队长唐光霁),于午前 9 时由南京和平门车站登车出发,午夜到达南翔,并立即会晤蒋光鼐,商定作战方针。而后,张治中致电何应钦:"职午后十一时抵南翔,已晤蒋总指挥,商定由吴淞西端起经曹家桥、胡家宅再南北奎江湾(不含),归职军担任,除宋旅已经接防外,其余拟明夜接防。惟此线在战术上为敌攻击重点,似应掌握有力之预备队,以备缓急。八十八师仅有三团,指挥作战,诸感困难。拟请钧座赐将该师驻镇之一团,调还建制,不胜感祷。"

图 3-28 八十八师副师长李延年(左)与军部杨参谋

图 3-29　八十八师通信兵在架设线路

九、日陆军参战

　　日海军一次次增添人马和装备,甚至更换了指挥官,仍然屡战屡败,真是颜面扫地。当7、8日日军猛攻蕴藻浜没有取胜的消息传至东京后,外务省官员认为:"仅靠海军是不可能的,此时陆军如不出兵,是解决不了问题的。"日本内阁又召开会议,决定调驻金泽的号称陆军最精锐的第九师团(现役甲种师团,战斗兵约2万人,计有步兵四联队、骑兵一联队、野炮一联队、高射炮一联队、工兵一联队、辎重兵一联队),与之前派出的第二十四混成旅团,组成"上海派遣军"援沪,任命赫赫有名的第九师团长植田谦吉中将为司令官。第九师团主力13日午后开始在上海码头登陆,其他部分日军在吴淞铁道栈桥上岸,至15日全部登陆完毕。在这期间,闸北的战斗一直进行着。日海军陆战队意欲于陆军到达前,收获占领闸北之战果,保全海军独立作战之脸面。

图 3-30　日军第九师团赴沪增援

植田 14 日来到上海。此时英、美、法、意四国公使开展调停活动,植田一面虚与委蛇,发表谈话称:"日军亦希望沪事和平解决,故现暂停止攻击行动。拟向十九路军发表要求撤退之哀的美敦书,并拟给相当撤退之时间,不答应时,当即以实力决行该军任务。"一面积极调整部署:一、闸北至八字桥方面为日海军陆战队约八个大队(每个大队千余人)驻地;二、八字桥经江湾至庙行方面为敌第九师团全部(约两万人)驻地;三、蕴藻浜南岸至张华滨车站为敌之第二十四混成旅团全部(约一万人)驻地;四、海军以第三战队(轻巡洋舰 3 艘)和驱逐舰 2 艘威胁攻击狮子林炮台及浏河新镇,以第一水雷战队和"能登吕号"水上飞机母舰攻击压制吴淞,以第一航空战队的基地飞机直接协助陆地战斗。

十、两翼作战

蒋光鼐在南翔与张治中会晤前,曾发陈铭枢密电:"我军连战皆捷,然非主力战,死伤已达两千,纪家桥一役,知敌亦不可轻,确报,敌到沪兵力已有三万余人,和议无望,敌只效占锦州故技,我退彼进,永图占据,稍一让步,闸北南市均非我有。大战在即,兵贵万全。沪战如大胜,可为我民族复兴之转机,败则将陷国家前途于万劫。万恳速请介公、敬之务在最近期内调二、三师开来前线,预备急用,方能先为敌之不可胜,以待敌之可胜。至江北部队可在浦口上下游偷渡,镇江有保安队维持,八十八师之团可调归建制,如办不到,宜速定和议,不容犹疑也"等语。

陈回电:"元日各电俱悉,据顾少川元日电与美英法使磋商办法,果能办到,则和平可望。请与切实接洽,但一面须刻刻防备日军来攻,速准备一最后有利地带,与之决战。谍报闸北等处敌方阵地已调陆军接防,若和平无望,敌来犯时,予以一极大惩创,然后别作图。现已准备加调八七师孙元良增援总司令并电韩向方、刘经扶、上官云相、梁冠英共选现役徒手兵三千,输送来补充代募五千新兵矣。又政府对外态度与民众口气轻重缓急,其作用不同,兄等须谨慎将事,依照政府指导而行,外间不负责之议论可不理会也。以上系总司令面嘱电达,即希查照"等语。

与张治中商议后,蒋光鼐决定将所有部队分为左右两翼:第十九军为右翼军,第五军为左翼军。

右翼军指挥官为第十九军军长蔡廷锴,辖:六十师、六十一师、七十八师(缺翁旅和第六团)、八十八师独立旅(王赓旅)附宪兵第六团及南市团警。军司令部在真茹。

左翼军指挥官为第五军军长张治中,辖:八十七师、八十八师、中央军校教导总队、学生义勇军(冯庸大学生约一连在浏河)、吴淞要塞司令谭启秀、翁照垣之一五六旅(缺第六团)、义勇军约 300 人、航空队指挥官沈德燮、丁纪徐之飞机三队。军司令部在刘家行。

布防要旨为:

一、右翼军第十九军,占领南市、龙华、北新泾、真茹、闸北亘江湾之线;保持主力于大场、真茹之间,迎击当面之敌,待机出击,将敌压迫于引翔港方面而歼灭之。江湾以北迄吴淞之线防务,交由第五军接替。

二、左翼军第五军,接替第十九军江湾(不含)、庙行镇东端、蔡家宅、胡家宅、曹家桥之线防务。主力控置于大场、杨行及刘家行地区,迎击当面之敌,待机出击,将敌压迫于黄浦江畔而歼灭之。以一部担任罗店、浏河、小川沙江面警戒,策应吴淞方面战斗。

三、吴淞要塞,仍由第十九军第七十八师第一五六旅负责守备,以有力一部相机进占张华浜车站,如情况恶化,则固守吴淞、宝山两要塞,作全军左翼据点,并归张治中军长指挥。

四、作战地境,左右翼军以大场镇、江湾镇、沈家港镇之线,为作战地境,线上属右翼军,两翼如大鹏之翅,左右展开。

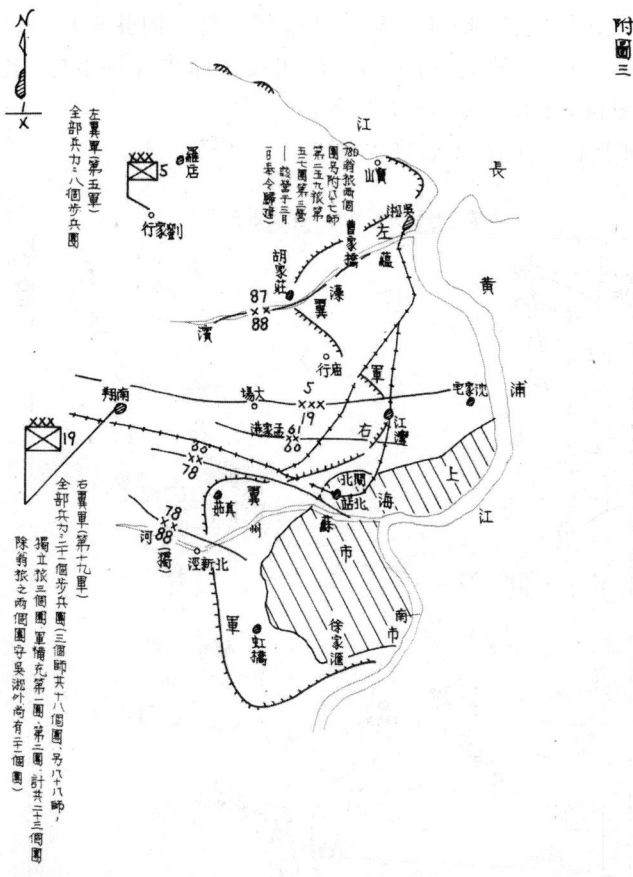

图 3-31　一·二八淞沪战役我军部署要图

第五军张军长基于上令,当即下令:

一、第八十八师(缺一团)接替占领由江湾北端经庙行镇,周巷至蕴藻浜南岸之线,右与十九路军,左与本军八十七师确取联系,主力须控置于大场镇以北地区。

二、第八十七师第二六一旅(该旅已先于二月十四日接防)接替占领胡家宅,沿蕴藻滨北岸向东经曹家桥,至吴淞西端沈家宅之线,右与八十八师,左与吴淞要塞地区部队确取联络。

第八十七师第二五九旅为左翼军预备队,控置于杨家行至刘家行大道上之火烧场、董陆宅附近。

陆军官校教导总队（欠一营），担任狮子林、南北闸洞、川沙口、浏河口、杨林口、七丫口沿江一带警戒。

第八十八师之独立旅（王赓旅），其旅部及教导团驻嘉兴，无战斗任务，仅第一、二、三团参与沪战，初由第三团团长古鼎华统一指挥，尔后分割使用，以团为单位，分别配属于十九军各师。

各部均于十八日前，先后接防完毕。

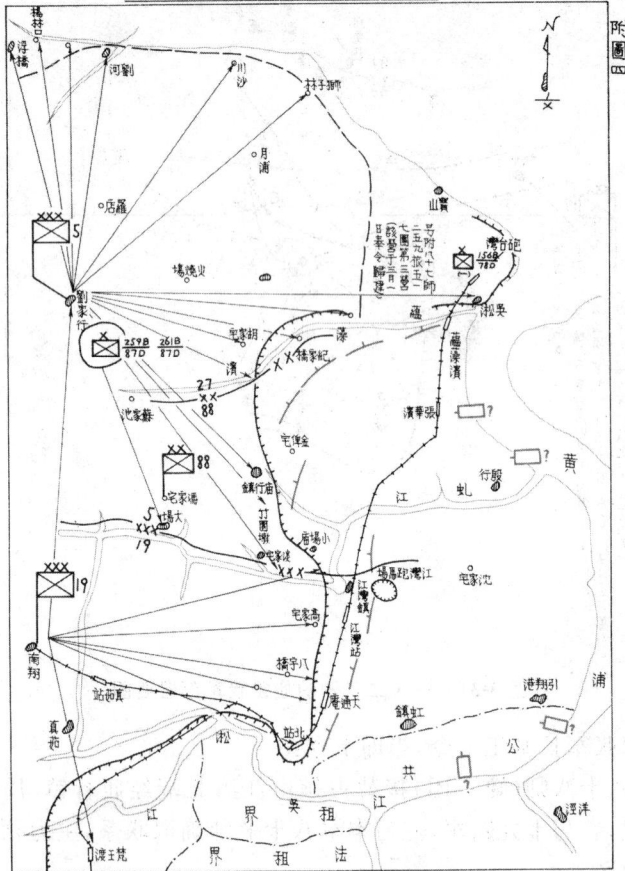

图 3-32　第五军与第十九路军分防地区要图

图 3-33　八十八师由南翔赴庙行作战之炮兵队

图 3-34　八十八师工兵营准备架设浮桥

　　正值我第五军各部于 2 月 18 日先后接替防务完毕之际,原由英、美、法、意四国公使从中斡旋之和议,亦告破裂。植田谦吉于晚 6 日 20 时,对我十九路军提出哀的美敦书,要求:"中国军队于 20 日午后 5 时 30 分以前,自现在防御线向公共租界东西两方各撤退 20 公里,并永久废除一切炮台及其他军事设备。"次日下午 7 时,我方明确表示拒绝,政府外交当局复做严正之辞对日宣言。

　　20 日清晨,日军第九师团遂开始对江湾一线做主力攻击。

十一、"中央突破"计划

　　植田到沪后,策定了一个"中央突破"的计划,重点指向庙行镇南端地区,企图突破后以主力部队向南席卷,将十九路军歼灭于江湾、闸北地区;以有力部队向北席卷,将第五军主力歼灭于杨家行、吴淞地区。

　　2 月 20 日凌晨 4 时开始,植田就命令日军大炮向江湾庙行一线第五军阵地猛轰,重点指向江湾镇及北庙行镇以南第八十八师右翼阵地。天亮后,日军出动数十架飞机,配合重炮进行 3 个多小时轰炸。日第九师团及第二十四混成旅团,在其飞机及舰炮支援下,向我淞沪铁路全线发起总攻击。9 时许,第二十四混成旅团 4000 余人及第九师团之一部,在日机 10 余架掩护、战车数十辆前导下,分由虹口靶子场、钱港及南陶家湾三路围攻江湾、跑马场及体育路。我军守备该地的第六十一师第一二一旅第二团(团长田与璋)沉着应战,一部分兵力用炸药、钢炮等武器靠近装甲车作战,另一部分兵力冲入敌步兵之中,短兵相接,展开肉搏战,使敌人的飞机和火炮发挥不了作用,毙伤敌军甚多,并炸毁敌战车两辆,敌不支退却。当天下午 4 时许,敌重整残部,再向江湾、跑马场发起攻击,我军奋勇迎战,战况遂成胶着状态。

图 3-35　八十八师之新型战壕

吴淞方面,日舰炮不断向我炮台轰击,并以步兵千余人三度猛扑,我守军顽强应战,歼敌 200 余人,我军亦伤亡 30 余人。闸北方面,以八字桥附近战况最为激烈,朱家宅一度陷入敌手。经第一一九旅第三团(团长黄廷)增援反击,我军终于于次日凌晨前将朱家宅收回,第三团第三营营长李畏及其所属连长二员均负伤指挥,其余官兵伤亡 70 余人。

图 3-36　八十八师在庙行附近架设便桥

图 3-37　八十八师二六二旅杨步飞旅长在五二四团三营营部联络阵地

　　左翼第五军方面,庙行镇及其以南的第八十八师右翼阵地,2月20日晨,遭日机七八架连续低飞侦炸,日军地面部队的山炮、野炮均对以上地区标定射击。我军阵地被毁多处,阵地附近大小村落,毁损更多,大小麦家宅、小场庙间地区落弹就达千余发。上午10时许,日军步兵以小单位向我第八十八师右翼阵地猛攻,我军以猛烈火力予以还击,至近距离时以手榴弹予以痛击,战至下午2时许,敌不支撤回原阵地。该战斗歼敌百余人,我第五二七团(团长施觉民)、第五二三团(团长冯圣法)伤亡连长3名,其他官兵伤亡60余人,后我军随即清理战场,黾夜整修被毁的阵地工事,严阵以待。

图 3-38　八十八师在敌机轰炸中赶筑炮兵阵地

　　植田在几次进攻江湾均宣告失败后,便改变了战略,将兵力集中在攻取位于吴淞湾之间的庙行镇上。植田以为夺取庙行,可以切断江湾往北的通路,直冲杨行,进攻包抄吴淞。

图 3-39 八十八师在庙行布阵

我军得到情报以后,第五军第八十八师即在庙行镇一线展开战略。从江湾镇北经严家宅至小场庙北之金家墟为五二三团,金家墟北经竹园墩至麦家宅为五二七团(该团已于 19 日由镇江归回建制),麦家宅北经庙行镇固家巷到蔡家宅为五二四团。

图 3-40 八十八师五二三团士兵

图 3-41　八十八师在庙行竹园墩阵地

　　2月21日晨,敌机分批侵入八字桥、江湾镇、庙行镇及其以南地区上空侦炸,继以猛烈炮火向我阵地攻击,我阵地工事又多处被毁。此际敌步兵乘势向我第六十一师一二一旅第二团阵地攻击猛扑,经我守军坚强抵抗,敌不支退却。7时许,敌又以千余人在其优势火力支持下,以密集队形,节节向我军进逼,企图一举攻占江湾镇。我第二团沉着固守,激战终日,阵地屹立不移,敌终难越雷池一步。

图 3-42　俞济时在庙行阵地

图 3-43 八十八师庙行阵地与日军隔河相持

　　左翼第五军方面，第八十八师右翼阵地自 2 月 21 日 6 时起，遭敌机轰炸、敌炮猛射较 20 日更为猛烈，吴淞口敌海军舰炮更是滥射助威。9 时许，敌约以一个联队以上兵力，向我第八十八师右翼阵地第五二七团、第五二三团猛攻，尤以第五二七团第三营大小麦家宅、小场庙间阵地战况最为惨烈。经 4 小时战斗，我阵地多处被毁，该团曾抽调预备队增援 3 次，敌亦曾冲锋攻击 10 余次，均未得逞，且伤亡甚重。当时我五二四团（团长何凌霄）适时由庙行镇出击，直扑敌军侧背，遂迫敌于晚上 10 时乘夜撤退，我军未予穷追。该战我八十八师五二七团、五二三团及五二四团，共伤亡官兵 300 余人，我阵地始终屹立未动。当夜八十八师急调师工兵营协助，漏夜抢修被毁的阵地工事并加强据点工事防御,与敌继续保持接触。

图 3-44　八十八师第二六二旅榴弹炮阵地,其观察哨设在后面树上

图 3-45　八十八师小场庙小炮阵地

图 3-46　八十八师榴弹炮在大场附近射击

图 3-47　八十八师庙行附近掩护炮兵之步兵排

　　吴淞方面,上午 11 时日军在炮火的支援下偷渡蕴藻浜,激战 2 小时后也被打退。下午 3 时起,日舰 30 余艘、飞机数架,向吴淞狮子林炮台集中轰炸,我军略有死伤。在刘行镇,八十七师二五九旅五一七团小炮击落日军八四六号战斗机 1 架,驾驶员田中大尉当场毙命。

　　闸北方面,八字桥、天通庵、虬江路、新民路等处,皆有激战,敌均无进展。

图 3-48　八十八师在麦家宅阵地作战

图 3-49　冲锋中的"德械师"

江湾车站附近,敌我仍在相持中,入夜后,敌集中炮火对该车站实施猛烈炮击,各处建筑焚毁殆尽,敌乘机三面围攻,声势颇猛。我守军第六十师第一一九旅第三团,遂主动放弃该站,转移于八字桥附近。同时,我江湾第六十一师第二团(团长刘汉忠)阵地,亦遭敌第九师团猛攻,激战至晚,虽毙伤敌人千余名,然该团亦伤亡殆尽,阵地岌岌可危。幸经该师第一团(团长黄茂权)适时增援,阵地始告稳定,敌亦败退。到晚上 10 时许,该团防务交由第一团接替。

图 3-50　我军与日军炮兵阵地相持

十二、血战庙行

2 月 22 日是一·二八淞沪抗战中一个重要日子,这天在庙行地区八十八师的主阵地上,第五军的八十八、八十七师与十九军的六十一师密切配合,三面夹击日军,彻底粉碎了日军“中央突破”计划,打出了“庙行大捷”,一雪甲午之战、“九一八”不抵抗之耻,这天的战况也是开战以来最为惨烈的。

22日凌晨3时许,日军6000余人续攻八字桥,另以万余人猛攻江湾以为牵制。其主力2万余人,由侯家木桥及野猫墩分两路进攻,共计动用了火炮100门、坦克50辆、山炮20门、小钢炮60门,猛攻江湾以北至庙行镇我第八十八师正面,企图中央突破,迫使我军后撤(八十八师当时兵力仅有两个旅共四个团,担任江湾北端至蕴藻滨南岸间广阔正面之防务,兵力单薄,而用以支援两个旅作战的师预备队,仅由师工兵营、特务营各辖两个连编成)。第五二三团(团长冯圣法)所在的张家桥、前后郭家宅、金家塘阵地则首当其冲。进攻中,该团工事多被炸毁,官兵伤亡达400余人,金家塘遂即告危。冯圣法团长急赴前线督战,10时许,冯团长左腿中弹,仍裹伤指挥,士气极为旺盛。由于官兵奋勇拒敌,阵地屹然未动。

图3-51　八十八师五二三团冯圣法团长受伤

图 3-52 八十八师在庙行拒敌

图 3-53 八十八师在庙行激战

八十八师右翼第五二七团第三营方面,战况也极为惨烈,9 时许,该营营长陈振新壮烈殉职,全营几乎全部阵亡。同时,大小麦家宅阵地,在敌炮火及敌机不断轰击下,全数被毁,致一部阵地遭敌突破,该营遂转移至周宅、黄宅地区。俞济时师长当即派该团资深副营长吕义灏少校升任营长,此时第八十八师副师长李延年,亲率第八十七师第二五九旅第五一八团第三营增援到达,与敌激战于麦家宅以西地区,阻敌西进。

图 3-54　俞济时在大场附近五二七团炮兵阵地视察

图 3-55　八十八师炮兵在庙行

图 3-56　八十八师重机枪阵地

当天早晨,当日军主力向我八十八师右翼猛攻时,另有千余之敌也由孟家宅向八十八师五二四团麦家宅至庙行间阵地发起攻击。经该团第二、第三两连奋勇迎击,敌死伤枕藉,终不得逞。

图 3-57　俞济时在五二四团金家木桥阵地

图 3-58　八十八师五二四团庙行附近团通信所

图 3-59　八十八师工兵营在庙行阵地埋设地雷

第五二四团第一营也受敌侧击,损失惨重,营长徐旭重伤,送院途中不治身亡,形势危急。此时,八十八师二六二旅杨步飞旅长亲至庙行督战,除严令第五二四团何凌霄团长死守庙行待援反攻外,急调杨焕桥带领第五二八团(团长黄梅兴)第三营之一部增援侧击庙行、麦家宅之间的突入之敌。激战至中午,双方相持不下,日军又增调千余人向我庙行、周行之线猛攻,企图一举攻占我庙行镇。八十八师也紧急抽调第五二三团两个步兵连增援,双方展开激战,敌我均伤亡惨重,但我方阵地仍屹立未动。

图 3-60　被我军地雷炸死的日军

　　在庙行阵地上,我军预先布设了铁丝网阻挡日军,这些多层铁丝网造得异常结实,第二十四混成旅团的工兵怎么也剪不断,情急之下不知谁想了个馊主意,用加长的爆破筒炸。可爆破筒自己又不会跑过去"献身",只有"人肉运送",最后有三个日军工兵当了炮灰,他们抱着加长爆破筒,一齐与铁丝网炸上了天。这事后来被日军大肆宣扬,将此三日军称为"肉弹三勇士"。进攻庙行阵地的日军都急成这样,可见当时战斗的激烈程度。

图 3-61　八十八师在庙行阵地前架设铁丝网

图 3-62　我军庙行阵地铁丝网上的日军尸体

　　张治中军长基于当时状况,即亲率军校教导总队之一个营赴冯家宅第八十八师指挥所指挥,并令第八十七师第二五九旅(旅长孙元良)由李家楼向庙行增援,第二六一旅(旅长宋希濂)为主力,由纪家桥南渡,积极攻击日军的右侧背。又令八十八师乘势反攻,恢复已失阵地。俞师长一面严令庙行及赵家宅守军死守要点,一面令第二六四旅(旅长钱伦体),对被突破地区断行逆袭,夺回阵地。钱伦体旅长除令第五二七团积极逆袭外,因获悉我友军已派有力部队在两翼出击,便亲率第五二八团的两个连(自师左地区抽调)到黄宅增援督战,并乘敌立脚未稳,命第五二七团第三营新任营长吕义灏率增援部队奋战反击。激战2个多小时,日军以密集队形突击,一度突入麦家宅,阵地被突破一个约500公尺的缺口。营长吕义灏被敌炮弹破片击中脑部,壮烈殉职。至此,第五二七团第三营已有两任营长先后阵亡。钱伦体旅长也胸部中弹重伤,经医务人员裹伤护送旅指挥所,副旅长陈普民力劝其继续治疗,钱旅长坚拒不允,并说战况激烈,阵地未复,职责所在,应继续指挥作战。

图 3-63　八十八师士兵匍匐前进

八十八师二六四旅副旅长陈普民随即指挥师预备队工兵营,占领唐东宅至庙行之线,将突入之敌包围。战斗中,陈普民右臂中弹,仍奋勇裹伤指挥,而工兵营营长唐循,不幸壮烈殉职。不久,俞师长下午2时亲率师特务营到达颜家宅督战,八十八师官兵士气振奋、斗志顽强,日军虽先后冲锋10余次,均被击退,战斗到黄昏仍在进行。

图 3-64　八十八师杨焕桥防空机枪射击

　　当日下午 1 时许,正值庙行镇及麦家宅附近战况惨烈之际,我左翼军预备队第八十七师第二五九旅孙元良旅长,亲率第五一七团(欠一营,团长张世希)、第五一八团(团长石祖德)向庙行急进,策应正面作战;我蕴藻浜北岸守军第八十七师第二六一旅,南下渡河侧击敌军,旅长宋希濂亲率该旅第五二二团(团长沈发藻),并抽调第五二一团(团长刘安祺)第二营,分由纪家桥、周家宅强行渡河。在敌机 20 余架轰炸阻挠下,我军以竹筏、门板、木桶、木盆强渡蕴藻浜,终于在下午 2 时许,全部渡河完毕。即左翼掩护部队第五二一团第二营攻占赵家宅、杨家宅,续向颜中桥、东齐家宅之敌压迫,主力第五二二团第一、第二两营,也先后进击攻克齐家宅、唐家宅、殷家宅、西港、西湾东北、孙宅等要点,续向中心巷、北孙宅之线攻击。宋希濂旅的出现,完全出乎植田的意外,他根本就没想到第五军会突然强渡蕴藻浜攻击他的侧背。宋希濂旅迅速而猛烈的攻势动摇了进攻庙行的日军,日军不得不抽出两个大队的人马来阻击宋旅的进攻。此间战斗异常激烈,直至黄昏,上海义勇军独立团及大刀队也投入战斗,张英振的人马从背后杀入日军阵地,挥舞长矛大刀,与日兵展开了肉搏战。

图 3-65 二五九旅增援庙行

图 3-66 五二一团 2 月 22 日夜强渡蕴藻浜增援庙行

　　下午 3 时许,战况更趋激烈。日军 4000 余人,分占颜中桥、中心巷、南孙宅、金母宅等村落,并凭借工事及其优势火力,顽强抵抗。但我军也都已打红了眼,都抱着有我无敌的决心,反复冲锋,前仆后继。我第五二一团第二营攻占颜中桥、王家宅、东齐家宅之线,第五二二团攻占中心巷,并续向南孙宅、金母宅之敌猛攻。激战到4时许,日军第二十四联队第一大队虽一度向我左翼反扑,但均被击退。6时许,已近黄昏,日机活动渐趋沉寂,我第五二二团乘机再全力猛攻,南孙宅又为我攻占,敌狼狈逃窜。第五二二团跟踪追击,并将金母宅重重包围,残敌负隅顽抗,该团曾三度猛冲,但未奏效,入夜后,敌我仍在相持中。

图 3-67 五二一团唐德营长夺得日军官指挥刀,在阵地上回忆肉搏一幕

图 3-68 八十八师在冯家宅前用自动步枪射击敌机

当日下午 3 时许,八十八师俞师长获悉右翼第六十一师副师长张炎(兼第一二二旅旅长)督率该旅第四团(团长谢鼎新)、第五团(团长黄镇)两团,由江湾向竹园墩方面急进,攻击敌左侧背之同时,接奉总指挥蒋光鼐电谕:"敌之预备队已全部用尽,现在甚感恐慌,有准备总退却模样,希各师努力反攻,将敌一网打尽。"

图 3-69　八十八师在竹园墩阵地御敌

图 3-70　八十八师准备冲锋

俞师长随即严令所属全力反攻,命令如下。

一、顷奉蒋总指挥电谕,进犯之敌,经我军奋勇抵抗,毙伤惨重。敌预备队已用尽,有总退却之模样,刻已令饬各师相机出击,将敌压迫于黄浦江畔歼灭之。我第六十一师第一二二旅第四团之一营,已出击至孟家宅附近,顽据大小麦家宅之残敌已在包围中。二、本师即先恢复阵地,随即相机出击,完全攻歼麦家宅之残敌后,再回原阵地固守。三、着第二五九旅孙旅长元良,指挥第五一八团,及第八十八师第五二八团,限今(22)日晚解决大小麦家宅之敌,再向孟家宅方面出击。四、阵地恢复及出击奏效后,调整兵力部署如下:(一)江湾镇北端至庙行镇(不含)之线为右地区,由第五二七团、第五二四团、第五二八团负责守备,归杨步飞旅长统一指挥;(二)庙行镇(含)至蔡家宅之线为左地区,由第二五九旅五一七团(欠一营)担任守备;(三)第五二三团(团长冯圣法送医院疗伤),及工兵营为师预备队,归第二六二旅副旅长萧冀勉指挥,于塘东宅、颜家宅附近待命。

图 3-71　俞济时和参谋处长马君彦在五二八团阵地视察

图 3-72　八十八师在庙行渡河追击

　　八十八师官兵虽伤亡惨重,且疲惫不堪,但仍奋起冲杀,激战至晚 11 时,终将强敌击溃,仅麦家宅尚残留一部,企图负隅顽抗,阻止我军追击。此时,我右翼出击部队第六十一师第一二二旅第四团第一营,已攻占孟家宅,其主力撤回江湾,以一部续向金母宅推进。左翼第二六一旅,则继续围攻金母宅之敌。

图 3-73　傍晚我军以军号和信号枪指示后方增援部队数量及前进地点

图 3-74　八十八师增援

　　对于麦家宅残敌,第二五九旅孙元良旅长奉命后,即令五一八团向庙行以右当面抵抗敌之攻击,阻止敌军增援,并切断麦家宅残敌退路。同时,五二八团有力之一部,由塘东宅分两路向麦家宅攻击。晚 9 时 30 分,第五一八团先行开始攻击,与庙行镇东南端之敌 300 余人发生激战。该团官兵前仆后继,奋勇肉搏,相持时许,敌不支向金母宅方面撤退,该团伤亡官兵 60 余人,毙敌 50 余名。当第五一八团展开攻击时,八十八师五二八团组织奋勇队,策划解决麦家宅之敌。晚 11 时,奋勇队自塘东宅直接向麦家宅敌阵地正面猛攻,另一部由塘东宅自右侧迂回袭击敌之左侧背。奋勇队攻击至麦家宅小桥西端时遭敌火力猛烈射击,该队仍奋不顾身,勇猛突进,先有 10 余人越过小桥,冲入敌前哨阵地,夺获太阳旗一面。但因后续部队为敌火力所阻,伤亡已达五十余人,奋勇队长吴绍文(第七连连长)亦负重伤,致未能奏功。右翼迂回的部队,也为小浜所阻,不能前进,即撤回塘东宅原阵地。

图 3-75　庙行阵地我军抢救伤员

图 3-76　庙行阵地我军救治伤员

　　至此,日军全力进攻已达三昼夜,尤以 22 日反复肉搏历 20 小时之久为最。由于我官兵皆抱与国土共存亡的决心,奋勇迎战,终将顽敌击溃,此战总计毙伤敌第九师团及第二十四混成旅团之精锐三四千人,庙行、江湾间地区日军尸体到处都是。而我军也伤亡惨重,仅八十八师伤亡官兵即达 2700 余人,战斗之惨烈,实为开战以来所仅见;战上之英勇,实为惊天地而泣鬼神。战后,张治中军长在《淞沪抗日作战所得之经验与教训》上写道:"以我官兵作战之勇,牺牲之烈,斯书殆亦不吝滴滴鲜血所写成。"

图 3-77　八十八师伤兵在卫生队换药

日本陆军第九师团为日本军队历史上负有盛名而且最精锐的部队之一，这次进攻我庙行阵地，侦察 10 日、试攻 2 日。植田本认为此战十拿九稳，一攻必得，故倾其全力，做孤注一掷，想由此一役，挽回日本军队在这次淞沪战场上屡战屡败的名声，并展现其第九师团的威风，岂知竟给我军杀得如此没了脾气。晚 11 时许，有一部失了长官指挥的第九师团溃退的士兵，竟逃到杨树浦汇山码头一带，企图找船自行回国，其狼狈的情形可想而知。

当时，中外报纸一致认为，这一天的庙行战斗是沪战中我军战绩的最高峰。国际评论为："此役为中国军第一次击败日本军于战场。"

26 日，南京统帅部给第五军发了一个电报，说到庙行一役的战斗效果：

> 张军长文白俞师长济时勋鉴：×密。近日未得济时电，甚念！各师经费与给养，尚足用否？对官兵宣传，应格外注重。自经 22 日庙行镇一役，我国我军声誉在国际上顿增十倍。连日各国舆论莫不称颂我军精勇无敌，而倭寇军誉则一落千丈也。望鼓励官兵，奋斗努力，并为我代为奖慰也。蒋中正宥酉。

蒋介石还专门致电八十八师俞济时师长，慰问在庙行血战中表现英勇的八十八师官兵：

> （丑敬电）庙行镇一役，俞师长苦战抵御，歼彼巨敌，钱旅长、陈副旅长、冯团长重伤，毋任轸念；陈营长、唐营长等阵亡，尤为痛悼，务望分别代为慰问并悼唁。

"庙行大捷"在中国大地卷起了祝捷的浪潮。自"九一八"之后，日军侵占东三省，又占热河、冀东、察东，中国的正规军没有过一次大规模的正面抵抗。此刻，当中国军队第一次取得如此重大的抗日胜利时，民众的情绪开始沸腾。从战火中的上海到首都南京，从中原重镇武汉到南国花城广州，人们纷纷走上街头，集会、游行，欢呼胜利，声援抗日。

十三、防卫调整

2月23日凌晨1时许，第六十一师第一二二旅第四团第一营仍在围攻金母宅，冲锋三次，未获进展。拂晓后，日援军万余人，分由梅园及张华浜向金母宅推进。以战车30余辆、装甲车20余辆为前导，并以飞机30余架凌空支援，企图一举击破我军包围圈，救援其被围部队。此时，第八十七师第二五九旅孙元良，率第五一八团及第八十八师第五二八团攻击部队，攻占大小麦家宅，经孟家宅向金母宅急进。第六十一师第一二二旅第四团主力，亦由江湾向南齐家宅推进，攻击敌之侧背。下午2时许，敌我双方短兵相接，反复冲锋10余次，鏖战至6时许，敌伤亡惨重，又遭我军侧击，遂分向引翔港、张华浜撤退。我军跟踪追击，又歼敌千余人，缴获许多武器装备。

当日晨，第八十七师第二五九旅第五一七团在杨焕桥以西击落敌机1架，后送苏州展览。

八十八师历经数昼夜激战，伤亡惨重。23日晚，奉命将江湾（不含）庙行至胡家庄之防务，分别交由第六十一师第一二二旅附第八十八师独立旅第二团（团长古鼎华）及第八十七师第二五九旅接替，八十八师撤至庙行以西的西塘桥附近整补。

2月24日午前，江湾庙行间，敌我仅有零星炮战，但日陆军第十一师团当日又陆续到沪三四千人。当天，在沪日民团开会决议，日侨除与战斗直接有关者外，全行回国。

日军对我江湾至庙行之阵地，自23日起，实行构筑攻击阵地。日军全

图 3-78　被击落的日机残骸

线野战炮兵,24日多向我军阵地方面推进。日军飞机当日又至我南翔车站轰炸,毁我铁路2段、车6辆,日军且有以飞机施行大规模炸毁我京沪路,断我军交通之计划。

下午4时许,江湾以东日军第九师团第二联队2000余人,向庙行、江湾间移动,然后乘薄暮风雨交加之际,以4人为小组,共数十小组,匍匐前进。另以数十草人树立于金家塘东南田野中,企图骗取我军注意力,施行偷袭。被我哨兵发觉后,敌即改用炮击,继以步兵分三路进攻。八十八师独立旅第二团,配属第六十一师沉着应战,开始时掩蔽于阵地内不发一弹待敌接近,后以各种轻重武器猛烈射击,敌伤亡惨重,但仍前仆后继,不断进攻。激战至晚上9时许,敌渐不支,第二团乘此时机,断然以一部由后郭家宅进击日军侧背,主力自正面全力同时出击,敌惊慌后退,我军跟踪追击,毙敌甚多。由周家宅附近日军遗尸的制服所佩符号辨认,其中一具是第九师团第二联队联队长百海实男遗尸。

2月25日凌晨1时许,日军新增援部队数千人,于张华浜附近登陆,随即会同残敌3000人,分向金母宅、孟家宅及小场庙攻击。拂晓后,植田下令发起第二次总攻。日机9架,野山炮百余门,集中轰击我江湾、庙行间阵地。仅小场庙一地,落弹即达千余发,然后日军千余人向八十八师独立旅古鼎华团第二营小场南北侧金家塘一带阵地攻击。该营与敌奋勇周旋,日军以装甲车协同步兵冲击,我军则以手榴弹机关枪抵抗,激战3小时后,双方均伤亡惨重。正值我古鼎华团第二营金家塘阵地渐趋动摇之时,第六十一师第一二二旅第六团适时由水车头增援反击,敌不支败退,金家塘阵地复告稳定。

10 时许,敌增援部队又陆续到达,会同残敌共计万余人,再次向竹园墩及小场庙攻击,小场庙方面之战斗更趋激烈。第六十一师第一二二旅,陷于苦战,伤亡颇大。八十八师独立旅古团(配属一二二旅)北侧第一营,也在强敌猛攻之下,竭力抵抗。空中日机轮番轰炸,地面则敌炮猛烈轰击,我方阵地多被炸毁,第一营死伤惨重,第二连连长邹冠雄、第三连连长龙子廉相继阵亡,阵地遂被日军突破,第一营残部转进至黄宅附近。

第十九军军长蔡廷锴获悉当前状况后,即命第七十八师第一五五旅第二团(团长谢琼生)由江湾镇出郭家宅,向小场庙推进,攻击日军的左侧背,并令转进至黄宅附近的第八十八师独立旅第二团第一营,协同该团预备队(第三营)全力反攻。

图 3-79　日军抢运尸体

第五军军长张治中也奉蒋总指挥电令,命第八十七师第二五九旅孙元良旅长速派有力部队,由庙行镇向竹园墩以东攻击,切断日军的退路,并令防守蕴藻浜的第八十七师第二六一旅派有力一部向强渡蕴藻浜之敌侧击。当天下午 6 时许,我军三路进袭部队官兵同仇敌忾,多次奋不顾身与敌肉搏。日军冲击 10 余次,我军紧缩包围圈,血战至晚 9 时后,毙敌 1700 余人,日军终于不支向东撤退,小场庙及其附近阵地又告恢复。这场战斗日军遗弃步枪千余支、机关枪 5 挺,其战况之激烈与战果之丰硕,与 22 日庙行之战不分轩轾。至此,植田布置的总攻计划宣告破产。

当天晚上,第十九路军总指挥部调整部署,命第十九军第七十八师(欠第四、五两团)及第六十一师第一二二旅,接替第一二二旅小场庙(不含)以南防务,第一二二旅调庙前宅附近整补(古团调大场附近整补),另令第五军即接替小场庙至庙行镇(不含)原第十九军第六十一师第一二二旅阵地防务。

第五军于2月25日晚急令后调庙行镇以西整补中的八十八师于当晚接替小场庙至庙行镇(不含)阵地。这对经过庙行血战,刚进入整补状态的八十八师来说,是个异常艰巨的任务。因为第五军于2月18日执行左翼军战斗任务以来,军部只勉强控制第八十七师第二五九旅(孙元良旅)的两个团(欠一营)为军预备队。孙旅2月22日起支援庙行镇正面作战数日后,伤亡很重,已无力再担任重要方面的战斗任务,而第五军又无其他兵力可用来调遣,所以不得已又急命整补未完的第八十八师星夜接防。八十八师经过2月21、22、23日不断的激烈战斗,伤亡官兵达2900余人,下级军官伤亡尤为惨重,无法补充。士兵虽能补充少数,但临时招来,因训练不足,也难以应急,即使勉强使用到前线,战斗力也极差,有时反而会误事。危急之下,只能在36小时内将4个团兵力缩编为4个营,于2月25日晚新编完成。4个营的官兵互不相识,奉命后即排除万难,于当晚勉强接替小场庙至庙行镇(不含)的第十九军与八十七师孙旅之阵地防务。

日军自植田谦吉接替野村吉三郎为司令后,即以全力向江湾镇、庙行镇及江湾庙行间地区攻击。我军俱抱敌忾同仇的决心,誓死抵抗,激战十数日,日军的攻击均未获得进展,其中庙行镇、竹园墩、小场庙、金母宅等处的鏖战,更是予其以重创。但日军依仗其海空优势,每到败退之际,即进行狂轰滥炸,尤其从2月20日起,三四十架日机连续轰炸我军达36个小时之久。江湾镇、庙行镇附近民房大多被炸毁,战地满目疮痍,军民尸体遍地,甚至腐臭四溢,沟渠都成血红色。

因战事惨烈,蒋光鼐不得已向统帅部前后连发两份密电,描述兵力不足,以图援军。

发何部长并转蒋委员宥晨电云"介公有酉径戍两电均奉悉。一、职部作战兼旬,各师伤亡逾千,担任正面过宽,处处有兵力薄弱之患。二、俞师庙行镇一役,伤亡极大,调后方整理。其防线由毛师之张炎旅接替,兵力不敷配布,因着税警古团担任一段。昨日敌来猛攻,官兵不沉着,遂致动摇,着张炎入黑后反攻,虽告得手,但伤亡过千,官长损失尤大。三、敌企图突破江湾庙行镇间阵地,集其主力于大沈宅一带,作纵深配备,连日作战焦点,亦在于此。四、兵力配部,当遵所示要旨办理,但敌军不绝增援,我军死

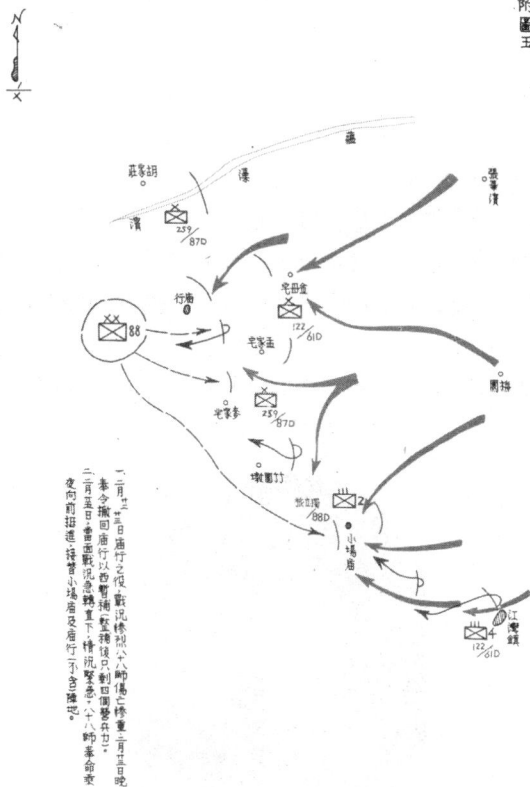

图 3-80　2 月 25 日陆军八十八师紧急接防行动概况图

伤日重,空谈配备,至可虑耳!"等语。

发何陈部长宥酉电云"本日敌向小场庙一带炮击,步兵无动作,上午有敌舰七艘攻击狮子林炮台,至下午始停息。六一师昨在江湾庙行之线,被敌集中炮火轰击,拼死抵抗过万之敌,虽幸原阵地得保,而死伤极大,经饬俞师接替小场庙以北防务"等语。

由此,从战略形势考虑,我军决定于 2 月 26 日晚自动撤离江湾镇,移至镇西防守。防线改为北自金穆宅起,南迄杨家楼止,成一直线。

十四、日军第三次换帅

　　日军自2月20日向我全线总攻击以来，伤亡亦近万人，也已无力继续保持攻势，植田只能硬着头皮向东京求援，重光葵和野村也电请增兵。23日，日本内阁开会，决定抽调第十一师团（1.3万人）和第十四师团（约2万人）增援上海，派陆军大将白川义则（白川义则是曾参加过日俄战争的日本陆军元老、前陆相）任海外派遣军总司令；派陆军大将菱刈隆（菱刈隆大将曾在"九一八"事变前后两次出任关东军司令，被称为"军中之魁"。而这个"军中之魁"这次参加淞沪战役纯粹是来"打了回酱油"，因其到沪没几天便突发心脏病，差点"挂掉"。有些资料上说他死了，其实死倒是没死，只不过将所有指挥权都交给了白川义则）任陆军总指挥。

图 3-81　白川义则大将

　　菱刈隆随第十一师团于2月27日抵沪，白川义则随第十四师团于2月28日到达上海。

图 3-82　日军第十一师团由张华浜登陆

图3-83 日军第十四师团长松木直亮中将

此时,国际调查团也到达日本东京,各友邦人士与其频繁斡旋,和议之声又起,但同样是"雷声大雨点小",没有任何结果。

白川抵沪后便积极调整部署,除主力仍向我淞沪铁路正面进行总攻击外,另以其第十一师团采用迂回战术,由浏河登陆,形成包围态势,以迫使我军撤退。而当时沿江七丫口、杨林口、浏河新镇及小川沙一带,绵延数十里的沿江警戒线,仅有左翼军所辖中央军校教导总队的一个营会同少数冯庸义勇军担任守备。稍微有点军事常识的人,都知道守备这一线的重要性,因为如敌军以有力的一部在此登陆绕攻我侧背,就会使我军全线瓦解。根据南京统帅部2月26日的指示,对浏河方面应该早予准备,至少应该配备三团兵力。但当时十九路军和第五军总兵力不过六七万人,自闸北、江湾、庙行经蕴藻浜北岸至吴淞之线,几乎无日不在战斗之中,各部队都有相当大的伤亡。我军纵然控制了一些预备队,以防备敌军的正面攻击,但也只能适当地控制于阵地的稍后地方,不能过早地使用于远在二三十公里外的浏河、杨林口一带防备。所以该方面的守备兵力十分单薄,这就给后面的战局造成了一个很大的隐患。

2月29日(1932年是闰年)拂晓,日军又一次开始全线总攻击。吴淞口外日舰,首先与我吴淞炮台炮战,随即敌一部企图于纪家桥附近偷渡蕴藻浜,经我守兵迎头痛击而退。5时许,江湾方面,敌步兵千余人在装甲车掩护下,向我第七十八师谈家宅以东地区攻击,我军沉着应战,将敌击退。8时许,日军又增援进攻,激战至11时,敌终无法得手。另股日军三四千人

图 3-84　美国纪录片拍摄者在我军前线

向我第八十七师第二五九旅庙行镇及第八十八师小场庙攻击,相峙至下午3时许,敌不支败退。

当日在闸北、八字桥方面的战斗也很激烈,其间日军以战车及炮火掩护猛攻,冲锋十余次,八字桥三度易手,但终被我军奋勇夺回。此间日军死伤极大,遗尸累累,联队长林崛大佐被击毙。晚上,双方用大炮对射,至次日凌晨5时才停止。

图 3-85　被我军击毙之第九师团联队长林崛大佐

当天,日驻沪总领事村井还照会上海市市长吴铁城,威胁说如果中国继续调集援军,日机自 3 月 2 日起,将对嘉兴至上海,苏州至上海两条铁路进行轰炸,以炸毁路上的所有军用列车。又说之所以将日期告知,是为了居民可以躲避等等。

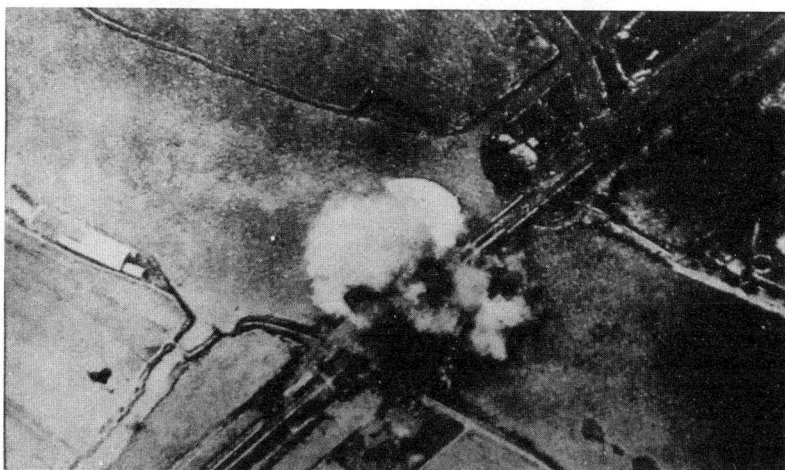

图 3-86 日军轰炸我昆山铁路桥

十五、撤至第二防线

3 月 1 日 8 时,日军继续以陆海空军全力发起总攻击,并以密集炮火及飞机轰击,战况尤以第七十八师淡家宅、第八十八师小场庙间阵地最为猛烈,该阵地每小时落弹 2000 余发。敌步兵凭借其火力优势,向我阵地冲击,经我守军奋勇迎战,毙敌甚多。但日军源源不断涌来,拼死进攻,激战至 12 时许,我杨家桥、淡家宅之线守军伤亡过半,一部阵地遭敌突破,经该方面第七十八师预备队果断逆袭,阵地才告恢复。此时日军仍继续增援,我师皆严阵以待。

与此同时,在浏河附近江面,有日舰 20 余艘和民船数十只,满载日军,以舰炮向我沿江各口猛烈射击,并在飞机五十余架连番轰炸及施放烟幕弹的掩护下,于七丫口、杨林口、六滨口之间登陆。至下午 2 时许,日军第十一师团已先后登陆万余人,我浮桥镇、茜泾营两要点相继陷落。杨林口、七丫口警戒部队教导总队第一营第一连遭敌包围,虽坚忍奋战,毙敌颇多,但自身也伤亡殆尽。

图 3-87　进攻中的日军

图 3-88　日舰利用烟幕在杨林口登陆，教导总队死守该处与日军肉搏

张治中获悉当前状况，即令蕴藻浜北岸之第八十七师宋希濂旅抽调第五二一团（团长刘安祺）主力，以汽车输送赴浏河增援。原拟乘敌立足未稳，予以迎头痛击，将其歼灭于江畔，但因汽车太少（仅 11 辆），运力不足，到下午

4时许,仅第五二一团先头第二营到达浏河、茜泾营间地区,协同教导总队第一营顽强拒敌。而日军大部则已据守茜泾要点,故对已登岸的日军无法迫其退回江中。若等待援军,援军因敌机轰炸,又不能准时到达,由此,自吴淞、庙行、江湾、闸北至大场、真茹的第一道防线则势必将遭到包围。

图 3-89　日军在纪家桥渡河

此时,我军正面战场形势也极为严峻,第五军正面和第十九路军右翼第七十八师正面遭受优势日军的压迫,官兵伤亡很大。下午3时第七十八师正面自竹园墩南端至江湾以北阵地被突破,第五军右翼被日军包围,预备队皆已用尽。第六十一、第七十八、第八十八3个师已失去战斗力,第六十、第八十七师伤亡极大,当时,总计我军能战斗人员不过3万人。

图 3-90　日军重炮

　　十九路军总指挥蒋光鼐,鉴于我军已腹背受敌,态势不利,晚上9时,在南翔指挥部下达总退却令:

　　一、敌援军十一、十四两师团已到达上海,由敌将白川统率,企图与我军决战。其一部既在浏河附近登陆,威胁我军左侧背。

　　二、本路军为避免与敌决战,拟本日(3月1日,下同)午后11时将主力向黄渡、方泰镇、嘉定、太仓之线撤退,待机转移攻势。

　　三、右翼军主力于本日午后11时开始向黄渡、方泰镇之线撤退,以一部先占领真茹、大场,逐次向江桥镇、南翔、广福南端进入阵地,做主阵地之警戒,其兵力配备及各师之战斗地境如下:

　　甲,八十八师独立旅及宪兵团向颛桥镇、莘庄、七宝镇之线撤退,左与十九路军江桥镇附近联络。

　　乙,六十师主力于本日午后11时由铁道南方向黄渡方向撤退(古团及郑团暂归沈师长指挥,到达目的地后归还建制)。

　　丙,七十八师主力于本日午后11时由大场附近经南翔向陆家巷方向撤退。

　　丁,六十一师主力于本日下午11时由大场镇北方经陈家行向方泰镇方向撤退。

　　戊,新作战地境(退却路线同):

　　1.吴淞江以南属八十八师独立旅。

　　2.六十师、七十八师以京沪铁路相连之线为作战地境(线上属六十师),六十一师以大场北端小南翔、陆家巷、方泰镇之线为作战地境(线上属七十八师)。

　　己、各师撤退时,正面留一团作收容队,极力伴攻,掩护主力脱离战场,至主力进入新阵地后逐次撤退之。

　　四、左翼军须派一部在胡家庄、杨家行占领收容阵地,主力于本日午后11时向嘉定、太仓之线撤退,利用嘉定城、太仓城为据点,派出一部于罗店及浏河附近对浏河方向警戒。

　　五、作战地境:以胡家庄、唐桥、广福、马陆镇、外冈镇、篷间镇之线为两军作战地境(线上属左翼军)。

　　六、报告收集所在黄渡交通处。

　　七、余现在南翔,明日午前8时在昆山。

右令张军长治中
总指挥蒋光鼐

并发何部长、陈部长冬晨电云"一、敌十一、十四两师,于艳日到达,东晨敌全线向我总攻,同时并以大部由兵舰二十余艘掩护,在杨林口七丫口登陆,至午后两时,我中央之区俞两师正面庙行以南至杨家楼下之线,被敌突破,各部伤亡极大,预备队已用尽,致无法应付杨林口七丫口之敌。二、至午后四时,我正面战况,更形不利,而杨林口七丫口之敌,已进占浮桥,我左侧背深感威胁,然犹望上官师能即加左翼,驱逐杨林口七丫口之敌,则正面尚可维持。至午后八时,援绝兵尽,无法应付,全线动摇,职乃决心于十一时开始全线撤退,而做如下之布置:甲,右翼军莫雄旅撤至颙桥镇辛庄七宝镇;沈师经铁道南,撤至黄渡镇;区师撤至方泰镇;毛师撤至方泰镇北方。乙,左翼军撤至嘉定太仓之线。丙,上官师集结于昆山青阳港。三、现在右翼军主力既妥撤至江桥南翔广福之线,在真茹大场之线之左翼军主力,亦脱离敌人至嘉定太仓之线。四、士气仍旺,待援即反攻"等语。

总退却令下达后,江湾庙行大场等处我军逐渐向后移动,最前线仍继续保持火力接触,掩护退却部队。至2日凌晨5时,这一带部队大都脱离战场,撤至真茹。日军直至2日下午才侦知我军退却,遂派部队向前推进,并移其第九师团司令部于真茹。

闸北我军于2日凌晨4时退却,留少数警察部队及保卫团驻守。日军不明虚实,未敢轻进。直至下午,日军前锋部队才在大炮的掩护下开入闸北。

右翼军主力安全撤至江桥、南翔、广福之线,前线在真茹和大场之线;左翼军主力脱离日军,撤至嘉定、太仓之线;吴淞方面,我军经杨行、刘行、罗店向嘉定方向退去。

撤退前,左翼军各部接到张治中军长的命令如下:一、奉总指挥电令,本军于今晚变换阵地,以备与敌做长期抵抗;二、本左翼军应撤至马陆镇——嘉定——太仓之线,占领阵地;三、第八十八师由马桥宅——陈家行——广福南部——马陆镇——嘉定之道路,集结于嘉定,到达后,应警戒马陆镇——嘉定城——朱泾村之线,左翼军须与右翼军联系;四、第八十七师孙旅附山炮营由唐桥——刘行镇——广福北部——大桥镇——沈家木桥——嘉定城——娄塘镇之道路,到达后,应警戒朱泾村——娄塘镇——西竹桥之线,左翼须与第八十八师联系;五、第八十七师宋旅及教导总队,经由浏河——陆渡桥向太仓集结,应警戒西竹桥——横沥桥——太仓城——西湖川塘之线,右翼须与孙旅联系;六、独立旅第一团附山炮连及教导队总队第六营,经由杨行镇——罗店——嘉定——外岗镇——蓬阆镇,在蓬阆镇集结待命;七、独立旅第二团,应逐次在刘行镇、罗店布置警戒,负有掩护收容本师前线各部队的任务,候全部通过罗店后,即经由嘉定外围镇至钱门塘镇集结待命;八、第七十八师翁旅,经由杨行、罗店、嘉定,在嘉定集结,暂归俞师长指挥。

3月3日,我军第二线阵地已完成部署,并已构筑必要工事,我外围援军也陆续到达,并积极从事反攻前的各种准备。正当此时,第五军第八十七师第二五九旅第五一七团在葛隆镇附近的娄塘、朱家桥一带又遭遇一场极为惨烈的战斗。

3月3日凌晨1时,日军千余人,自浏河分向我第二五九旅第五一七团(该团系担任大军撤退之掩护任务,原奉派配属第七十八师翁照垣旅担任吴淞地区防务之第三营,先于3月1日奉命回赴娄塘归建,3月2日该团主力到达娄塘朱家桥附近)警戒线夜袭。我军第五一七团娄塘镇、朱家桥、四竹桥的3个前哨奋起抵抗。战斗2小时后,日军越来越多,轻炮10余门向我军猛烈射击。我军每连警戒线达3000米之宽,且损失已及三分之一,前哨线虽已逐个被围,但仍死战不退,把敌人抑留在娄塘附近。战到午前8时,日军又增加主力4000余人,开始向我军阵地突击,并向我军右翼包围。这时我军正在构筑工事,只好匆促应战,被敌冲到朱家桥北岸我军第五一七团团部门前。我军阵地势极危迫,幸该团第一营第三连奋勇冲击,才把敌人打退。到了午前10时,二五九旅旅长孙元良得讯,急赴五一七团团部下令坚强抵抗,同时向张治中紧急报告。张急命驻篷间镇的独立旅莫团迅速增援,又命太仓宋旅掩护二五九旅的左翼,命嘉定的八十八师俞师长固守嘉定城,伺机策应孙旅的右翼。

这个时候,日军已增到七八千人,环绕于我军阵地前娄塘一带,我五一七团孤军力战,弹药已将告罄,拼死相持。午后,各点都被突破,五一七团被困核心,弹如雨下,该团死伤过半。这时莫团援兵还未到达,而日军已突破娄塘镇连占各村落要点,直攻贺家村。孙旅长这时在葛隆镇,看见敌军猖狂态势,在下午3时,亲书一件,派员急送钱门塘军部向张治中紧急报告:一、第五一八团早尽,第五一七团现受包围,团长失踪;二、职拟在葛隆镇殉职;三、钱门塘将有危险,请军长迁移。

张治中接到这个报告,马上打电话给孙元良,告之莫团即可到达,五一七团于日落时可向葛隆镇撤退。午后4时,莫团到达葛隆,当即部署最后的抵抗线,并向前线增援。在这个时候,五一七团战况极为不利,朱家桥左翼又被日军突破,张世希团长在这最后关头,率所部官兵向前冲击,并对众激励以必死的决心,各持枪向蒋家村方面冲出。日军机枪如雨,我军前仆后继,冒死顶进,直扑日军阵地,杀声震野,势不可当。日军这一次受了最大的猛击,才向后退去,重围遂解。而后,零落而忠勇的五一七团到外岗与八十八师会合,经昆山转赴我军新阵地。

葛隆镇这一战,关系重大,因为日军的企图,是突破我嘉定、太仓的中间地区,直下铁路,截我后路。如果不是我第五一七团奋勇拒止,则日军可趋葛隆,陷钱门塘,直下铁路,我第五军和第十九路军的归路就断了,那后果是不堪设想的。

这一天的血战,阵亡了一个营长、两个连长、两个连附、六个排长,士兵伤亡近千数。其中第一营营长朱耀章身中七弹,壮烈殉国。他殉国前两天在巡查阵地时还作了一首诗,题目是"月夜巡视阵线有感":

> 风萧萧,夜沉沉,一轮明月照征人。尽我军人责,信步阵后巡。曾日月之有几何?世事浮云,弱肉强争!
>
> 火融融,炮隆隆,黄浦江岸一片红!大厦成瓦砾,市镇作战场,昔日繁华今何在?公理沉沦,人面狼心!
>
> 月愈浓,星愈稀,四周妇哭与儿啼,男儿百战死,壮士十年归!人生上寿只百年,无须留连,听其自然!
>
> 为自由,争生存,沪上麾兵抗强权。踏尽河边草(蕴藻浜河),洒遍英雄泪,又何必气短情长?宁碎头颅,还我河山!

下午5时30分,蔡廷锴下令:"我军拟今晚以各部强有力之一部控置于方泰镇、黄渡镇之线,纵长配备,左翼切实与第五军联络。"晚7时,张治中下令:"本军遵令应以主力于今晚撤至石牌、白茆新市之线,以一部在钱门塘镇——太仓之线占领阵地,拒止敌人,掩护本军之撤退。"

同时,总部令新开到增援的上官云相第四十七师在青阳港一带构筑工事。

同日,第十九路军暨第五军发表抗日通电,表示:"惟有收合余尽,背城藉一,事之不济,则拼命于沙场,以谢我炎黄祖宗在天之灵,不愿为亡国之民也。"

下午2时,日本对国联宣布停止战争。日军表面上宣布停战,但仍在积极部署:南翔方面为第九师团,嘉定方面为第十一师团,真茹方面为第二十四混成旅团,吴淞方面为第四十四联队及陆战队一部,闸北为陆战队主力。

鉴于此蒋光鼐下达命令:"本路军拟占领青阳港、昆山城、陆家桥、石牌、白茆新市、梅李镇、福山镇之线,其前端更派出警戒部队节节拒止敌人,如敌人以主力作真面目之攻击,万不得已时,则占领右翼,依据九里湖、凤里村、东湾港、唯亭、杨城(澄)湖至昆城湖及其北端亘常熟至福山镇江岸之线之预备阵地死守待援。"

　　张治中又令第五军各部队依次撤退:令八十八师撤至常熟城集结待命,八十七师宋旅撤至白茆新市之线,孙旅撤至石牌之线,军部进驻东塘墅,独立旅第二团及军校教导总队集结于东塘墅附近待命。

图 3-91　八十八师在常熟城垣试放机关枪

图 3-92　八十八师守卫常熟

图 3-93 八十八师在常熟构筑工事

5 日,第十九路军、第五军、第四十七师全部进入青阳港、陆家桥、白茆新市、常熟之线,其所属各部也迅速到达指定地点,并积极着手整理布防。自此,我军正式退守第二道防线。

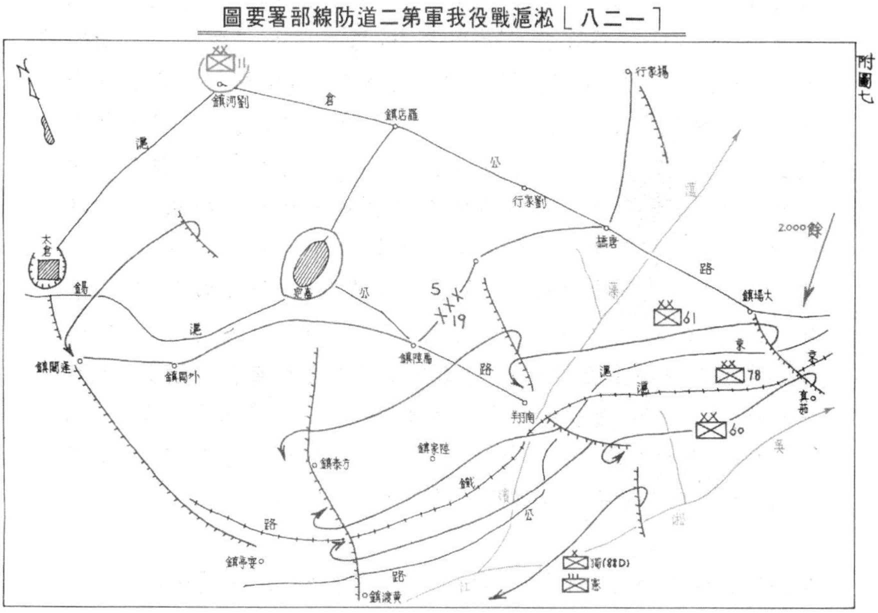

图 3-94 一·二八淞沪战役我军第二道防线部署要图

十六、停　战

3月4日,国联决议中日双方停战,我军为遵守停战规定,即日下令停止攻击行动,但日军则全然不顾,仍从多处向我攻击。其间浏河之敌向第五军嘉定、太仓之线猛攻,遭我军迎头痛击后,不支退去。而后敌又数次偷袭或强袭太仓,均被击退。

在这时候,国民党二中全会开幕。3月6日致电(麻电)慰勉我淞沪抗日全军,其中有一段:

> ……此次我武装同志在淞沪一带抗御强暴,保卫疆土,于国家民族实有极深之影响。去岁9月18日东北边防军以不抵抗之故,24小时之内丧失两省之土地,而1月28日以来,则以抵抗之故,以淞沪一隅,支持至30余日之久。若使全国之内处处如此,人人如此,日本暴力安能得逞?且也,第十九路军先登于前,第五军踵至于后,无日不在枪林弹雨之中,悉力苦斗。两军将士所流之血,凝结为一,使强邻挑拨离间之计无所施,操纵捭阖之谋无所用。此种精诚团结之最高表现,尤足为袍泽之模型,而保国保种之基础,亦于是乎奠。日本此次借不平等条约为护符,兵舰驰突于长江上下;更以公共租界为陆军之登陆地点与作战根据,于是大批军队,源源而至,绝无阻隔。而我方则以交通不备,运输不便,当十九路军苦战之际,第五军驻在苏浙,犹及赶援外,其余各处部队,尚在长途跋涉中。坐是之故,众寡悬殊,我忠勇之将士,遂不能不为战略上之退却。此诚中央同人之所歉然于怀,而深愿循省弱点,亟谋补救者也。今日之事,岂但一时进退与战局无关,吾人既以最大之决心,为长期之奋斗,则胜亦不足喜,败亦不足悲,惟知以牺牲为民族复兴之代价而已!

张治中也于3月11日和13日两次密电蒋介石汇报情况:

> (1932年3月11日)急。南京。蒋委员长钧鉴:密。(1)敌原据浮桥、岳王市、娄塘、外冈、安亭、白鹤港之线,据报今日其大部有向嘉定、罗店方面移动模样,余无别情。(2)廖夫人何香凝女士

前来慰劳,夜住济时师部,明午来职部,谨闻。张治中呈。真〔11日〕戌。印。

(1932 年 3 月 13 日)顷闻敌方无意和平,势将大举来犯,我誓当坚决抵抗到底。前奉钧座铣电所示,最后将在吴兴、广德间与敌周旋。惟职以历来作战之教训,凡各部所受损失,伤亡者十之六七,而因撤退逃亡者,亦十之三四。现在职军守备地区,河川复杂之极,非船莫渡,大军运动,至感困难,倘万一必须撤退时,则损失不免更大。故职意与其因撤退而受损失,不如为发扬我军精神,而作一热烈之牺牲,即如敌来犯,先在原阵地抵抗,最后则退据常熟附近固守,誓共存亡。职预作之腹案如下:

(一)四十七师占领文唐下大义桥、市桥镇小王桥南折至城北之环形阵线。

(二)八十七师占领城南昆城湖,又自莫城镇姚家店之线。

(三)八十八师专任守城。

(四)由八十七师控置主力。如用时,相机出击之用。

(五)各阵地前方均配置警戒线,利用村落、河川为据点,坚强拒止敌人。

(六)为指挥便利,精神团结起见,职与四七师及八八师长同驻城内。

以上仅假设一种情况而作之腹案概要,将来当依现实情况,斟酌损益,随时请示核定。惟当呈明者,常熟为敌舰所不及、敌炮所难用之地,只须设备多数高射炮对付敌机,如此阵地坚固,防御严密,似可久持。至弹药,拟以无锡仓库移来,米粮亦在设法购集。如承钧座饬部接济若干,甚所企祷。是否有当,乞示遵。①

自 3 月 3 日我军撤至第二线阵地,日军虽在国联监视下签订停战协议,但其一直阳奉阴违,陆续增兵不断对我军攻击。直至 3 月 31 日,杨林口外敌舰,仍向我第五军阵地轰击,敌机仍陆续侵入太仓,对我军民滥肆炸射。4 月 1 日开始,日军非但不收敛,反而变本加厉,一度在空军及炮兵支持下,进犯太仓、新塘市、朱家桥等地,但均未得逞。4 月 6 日至 10 日间,日军仍不断有小规模攻击行动,直至 4 月 18 日,敌攻势才成强弩之末,即划定浏河至嘉定为第一防线,嘉定至南翔为第二防线,南翔至闸北为第三防线,加强

---

① 注:以上两份密电原件存中国第二历史档案馆

部署。我军也于太仓、嘉定、南翔间加强防务,军事行动于是告一段落。

　　一·二八事变一发生,南京政府即一面迁都洛阳,以示不屈,一面向国联行政院陈诉经过。国联行政院鉴于上海事态之严重,由行政院十二会员国向日本政府发致紧急申请书,请日本停止进攻上海,日方漠视不顾。2月20日,日军又复全线进攻。行政院根据中国的申请,提议在上海召集会议,中日两国及英、美、法、意各国代表共同参加,共谋上海战事的结束。此项会议的进行,经若干波折,一直到了3月24日,才在上海正式开始。最终,双方代表及各国参与调解的代表议定停战条款:"双方协定停战,尽力让军队在上海周围停止一切敌对行为。中国军队留驻于其现在地位,日军撤退至公共租界暨虹口方面之越界筑路。本协定生效后一星期内日军开始向暂驻地方撤退,四星期内撤完。"上述停战条款,虽经议妥,又以日方不愿完全撤退,延搁一月有余,到5月5日才正式签订。至此,一·二八淞沪抗战宣告结束。

图 3-95　签订淞沪停战协议

　　日本人在一·二八这场战役中其实并没捞到什么实质性的好处,上海的地盘也没有让它多占一寸,唯一得的便宜是迫使中国正规军退出上海市区的驻防,由中国警察替代。不过,其在吸引国际视线上是成功的,也为5年后的全面侵华战争,做了一次预演。

　　战斗停止后没几天的4月29日,是日本的天长节。日军高级将领及官员,在上海日租界虹口公园内举行庆祝会和"祝捷"式,庆祝昭和天皇的生日和祝贺"淞沪战役的胜利"。朝鲜义士尹奉吉装扮成日本人,混进了会场。

10 时整,大会正式开始。检阅台上就座的
有白川义则大将、第九师团长植田谦吉中将、海
军第三舰队司令官野村吉三郎中将、日本驻华
公使重光葵、驻上海总领事村井、驻沪居留民团
行政委员长河端等,以及美、英、法等国驻沪领
事。约 1 小时后,阅兵式完毕。各国领事因本
国政府早有指令,在中日冲突中严守中立,所以
只参加天长节庆祝活动,而回避后面的"祝捷",
故而纷纷退场。很快,主席台上只剩下清一色
的日本军政要员了。随后,河端、村井相继发表

图 3-96 朝鲜义士尹奉吉

祝词,白川更是因为获得了前三任指挥官都没达到的"战绩",狂吹胡侃了
一番。11 时 30 分左右,"祝捷"大会进入高潮。台上台下全体日本人高唱
日本国歌,18 架日军飞机在国歌和礼炮声中呼啸翻飞。此时,随着第三声
礼炮声起,尹奉吉冲出人群,在距主席台几米的地方,将一个水壶炸弹准确
地投掷在白川、河端等人脚下。炸弹当即爆炸,一声震耳欲聋的巨响,伴着
浓烟响起,河端被炸破肚子顷刻丧命;白川身中 204 块大弹片,基本已成
"人肉刺身",于 5 月 26 日,毙于上海;野村被炸瞎一眼;植田、重光葵都被炸
断一足;驻沪总领事村井及许多日军军官和夫人都被炸伤。21 响礼炮只响
了 3 声,第 4 声便使主席台变成了血肉模糊的"阎罗殿"。自此,参加一·二
八淞沪战役的日军四任指挥官,除盐泽幸一早被替换回国外,白川挂、植田
瘸、野村变独眼。

图 3-97 白川义则大将"竖着来横着走"

图 3-98　野村吉三郎中将成"独眼"

图 3-99　植田谦吉中将变"独腿"

第四章 战后祭奠

一·二八淞沪抗战结束后,十九路军被调往福建参加"剿匪",第五军复员。

5月7日张治中奉南京来电,命第五军复员:八十八师开驻武汉,八十七师暂驻常熟附近原阵地集结整理。18日复奉来电,命八十七师及军校教导总队调南京训练。可惜世事无常,短短3年以后,1935年,又是在张治中的指挥下,这两个"德械师"参加了对发动"福建事变"的十九路军的进攻。当年在淞沪战场上并肩杀敌的老战友转眼变成了刀兵相见的对手,此为后话。

战斗一结束,张治中率八十七师暂驻常熟时,各地人士络绎不绝来慰勉抗日健儿。慰问者中最让张治中感慨的,是黄埔军校原党代表廖仲恺先生的夫人何香凝女士(在黄埔被尊称为廖师母)。因为在这以前,即在"九一八"事变发生后,对于中国军队的不抵抗,廖师母愤慨不已,她曾寄给张治中一封信,送来女裙子一件,要他转赠黄埔将领,并附一诗:

> 枉自称男儿,甘受倭奴气。不战送山河,万世同羞耻。
> 吾侪妇女们,愿往沙场死。将我巾帼裳,换你征衣去!

廖师母这次特来八十七师驻地,慰问之余,又慷慨赋诗《赠前敌将士》:

> 倭奴侵略,野心未死。既据我东北三省,又占我申江土地。叹我大好河山,今非昔比。焚毁我多少城市,惨杀我多少同胞,强奸我多少妇女,耻!你等是血性军人,怎样下得这点气?

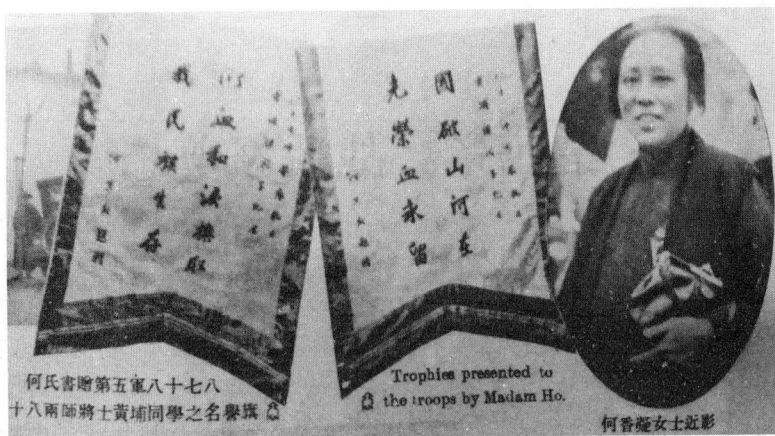

图 4-1　何香凝

5月28日,一·二八事变4周月纪念日,苏州王废基公共体育场隆重举行了一·二八抗日阵亡将士追悼大会。3万多名各界人士隆重集会,会场四周挂满挽联,沉痛哀悼在淞沪战场上为国捐躯的中华民族优秀儿女。

图 4-2　祭奠大会

会场中祭台内悬阵亡将士遗照,中设灵位。台前扎彩牌坊,上悬蒋介石赠"光我华族"匾额,两旁分悬四联:"生作干城""死为雄鬼""英灵不泯""浩气长存"。

祭奠仪式由居正、孔祥熙、段锡朋、李济深、陈铭枢、蒋光鼐、蔡廷锴、戴戟、张治中、王晓籁主祭。

同一天，八十八师在该师师部、南湖、汉阳、桥口、刘家庙等六处举行"淞沪抗日阵亡将士追悼典礼"。各机关均派代表参加，师长俞济时和师各长官都发表了悼词。

会后八十八师全体士兵在武汉分两处进行武装游行，军容庄严，以表示悲壮之精神。八十八师特别党部还印发了《告同胞书》，沉痛追悼殉难袍泽，以示国人。各机关团体和各国领事馆以及停泊在长江上的外国军舰均下半旗志哀。

战斗发生地上海，各机关也下半旗追悼阵亡将士。市长吴铁城代表林森赴苏州致祭。

图 4-3　中国抗日义勇团代表孙斌

图 4-4　上海追悼大会

战后，关于伤员安置及阵亡将士抚恤方面，各部队对大批伤员进行就近疏散安置，并设立抚恤委员会处理死难烈士家属的抚恤事宜。

在救治我军一·二八淞沪抗战伤员方面，常熟红十字会做出了不小贡献。该会于3月19日联手地方自卫会、医学会，在西门内李王宫关帝殿设立伤兵医院，专门负责伤兵病员的救治工作。至5月15日治疗所工作结束，一个半月内共收治伤兵263人，因伤病过重不治身亡者12人。在251

名治愈出院者中属张治中部第八十八师的 117 人,属第八十七师的 41 人。期间,伤兵医院还于 3 月 25 日将 17 名伤病危重者派专人护送至苏州,由苏州红十字总会救护队安排至有关医院,给予进一步救治。在治疗所工作结束时,"伤兵多人临行时表现依依不舍之情状"。为此,八十八师师长俞济时题字"惠被军民",八十八师参谋长宣铁吾题字"救国之道不一,要在人尽所能,各为国家民族而努力",等等。

在杭州,当初八十八师援沪抗日的出发地,也安置了该师大部分伤员。3 月 21 日上午,俞济时师长赴杭州市立医院和广济医院慰问八十八师受伤军官,而后又赴艮山门陆军医院看望伤兵。

第五军在这次战役中,计官长阵亡 97 名,受伤 276 名,失踪 26 名;士兵阵亡 1728 名,受伤 3211 名,失踪 599 名,合计 5937 名。由此军部特别组织一个抚恤委员会,安置烈士的遗骸和烈士家属的抚恤。

中国军队在这次战斗中英勇无畏的顽强斗志,同样也得到了敌人的敬佩。在一·二八战事结束几年后,当时在上海作战,被炸掉一只脚的日本陆军第九师团长植田谦吉中将,托人从东京带来了一张名片,专门问候当年第五军军长张治中,并表达了军人间的敬意。

一、战斗总结

一·二八淞沪抗战,是抗日战争期间,中日两军第一次大规模正面交锋,几乎都出动了双方的精锐部队及武器装备,各自运用战略战术,在淞沪战场搏杀一月有余,影响巨大,破坏也巨大。因此,战后总结和吸取该战役的经验教训是十分重要的。

(一)双方战力

日军方面,除陆军及海军陆战队总计 77000 人外,尚有海军战舰 30 余艘、航空母舰 2 艘、水上飞机母舰 1 艘、战斗机 320 余架、侦察机 30 架,都加入作战。因此,日军侵沪总战斗人数,当在 90000 以上。我军方面,除陆军、宪兵、义勇军总计 40000 余人外,还有 30 架空军战斗机(粤援空军 7 架)亦曾三次参加战斗,这样,总计我军参加战斗者,实数不足 50000 人。此外,八十七师独立旅及上官云相的四十七师,都是 3 月 1 日左右才抵达增援;第九、第十两师由赣浙经沪杭路赶到时,我军已退守第二道防线,因此不应计入战斗人数。所以表 4-1 所列双方人数,都是参加战斗而有伤亡的部队。

表 4-1　一·二八淞沪抗战中日双方战斗人数对照表

单位：人

中　　国	日　　本
第十九路军第六十师　7500	金泽第九师团　16200
第十九路军第六十一师　7500	久留米混成旅团　3590
第十九路军第七十八师　7500	第十一师团　13000
第五军第八十七师　7000	第十四师团　20000
第五军第八十八师　7000	弘前第八师团（约数）10000
中央军校教导总队及山炮连　1200	第一师团　2000
独立炮兵第一团山炮营　400	第十师团　300
中央宪兵第六团　1100	海军陆战队　12000
八十八师独立旅　2100	
上海市民义勇军　250	
国民救国铁血军　400	
冯庸大学生义勇军　150	
总计　42100	总计　77090

图 4-5 是日方战斗指挥系统表，日军人数略有出入。

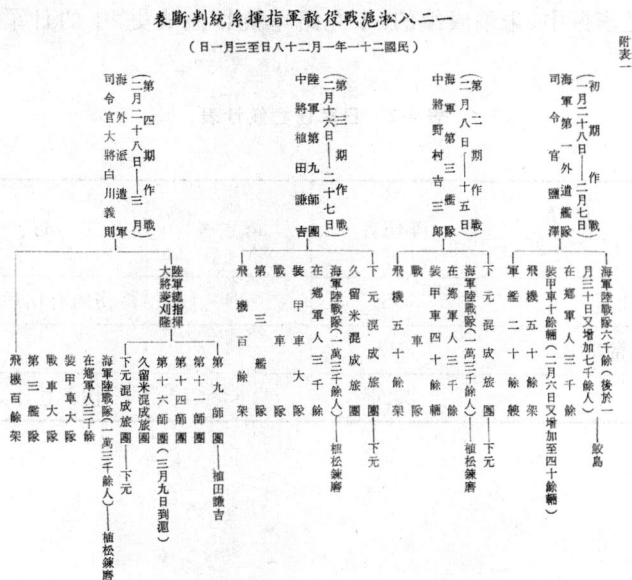

图 4-5　一·二八淞沪战役敌军指挥系统判断表（日军人数略有出入）

图 4-6 是一·二八淞沪战役我军指挥系统表。

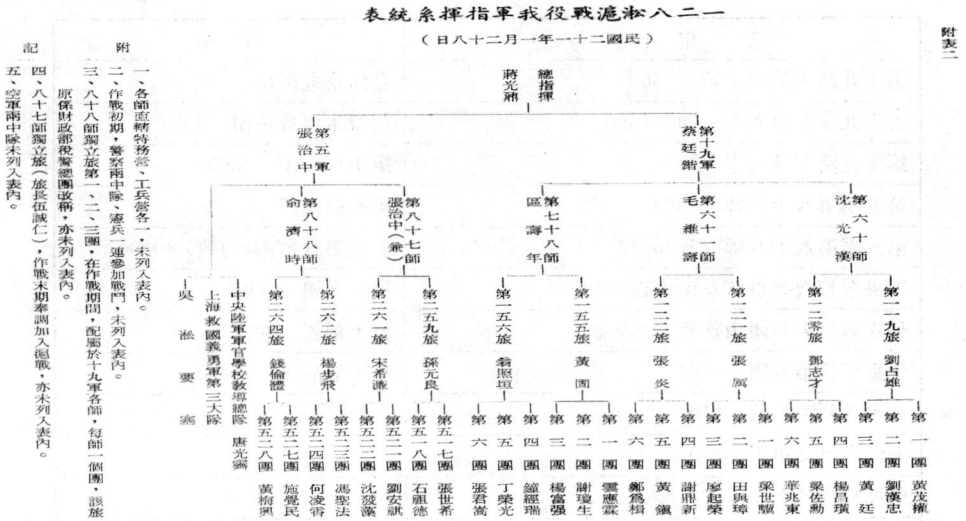

图 4-6　一·二八淞沪战役我军指挥系统表

(二)战斗死伤

以下是华振中、朱伯康编的《十九路军抗日血战史》中的日军和我军死伤数目。

表 4-2　日军伤亡统计表

单位:人

区分　　队别	阵伤者	阵亡者	备　注
陆军	1884	541	阵伤内有伤后死者93名
海军陆战队	642	117	
合计	2526	658	伤亡总计3184名

表 4-3　我军伤亡统计表

单位：人

队别 \ 区分		阵伤数		阵亡数		失踪数		备　注
		官佐	士兵	官佐	士兵	官佐	士兵	
十九路军	六十师	92	1175	29	350		131	原资料为 2820，疑是 2802
	六十一师	195	2820	44	751			
	七十八师	114	1965	46	1170			
第五军	八十七师	101	1340	24	499	26	599	军校及教导总队伤亡在内
	八十八师	141	1657	66	1054			
	八十八师独立旅	34	314	16	195			
合计		677	9253	225	4019	26	730	伤亡、失踪共 14930 人，其中官佐 928 名，士兵 14002 名

据以上两表来看，敌我两军死伤数目相差悬殊，但敌军死伤数，系依据其陆军部和陆战队所公布的数字。而该战役日军实际伤亡数应远远超过此数。这也是日军为瞒骗国民，夸张军威，保全面子所惯用的方式。依战况推测，并根据各部队大小战报统计，此役我军共伤亡 14930 人，日军死伤应为 10200 余人。

（三）战斗检讨与结论

中日两国对于一·二八淞沪战役的经验总结都非常重视。尤其中国方面，这是一次对我军战斗力的重大考验，所以，从十九路军、第五军到中央政府都做了十分全面的检讨和总结。其中，第五军第八十八师和第十九路军的《战斗检讨》与《战斗结论》的内容大相径庭，一篇持否定态度，指出了总指挥系统在该战役中的错误和疏失；另一篇则持充分肯定态度，阐述了该战役日军的无能，并赞扬了十九路军英明的战略指导。这两篇完全不同的战后分析，也从更深层次看出这两支部队的分歧与差异。

八十八师对该战役我军作战部队的"敌情判断""地形判断""作战指导""阵地编成""工事构筑"及"预备队运用"等方面，做了详细的分析与检讨。

1. 敌情判断方面

本战役中方在敌情判断方面是有重大失误的。总指挥部对敌情的判断,应考虑到淞沪当时的日军,为陆海空均称绝对优势之敌,尤其火力与机动能力均非国军能比。而日军海上运输线的安全与畅通无阻,更可保证其兵力运用之弹性。换言之,敌人可以充分保有其行动的自由,也就是敌人可以随时对想要攻击的目标,迅速集中其优势兵力,形成重点。因此,本次作战我军总指挥部对敌情的判断,不应局限于闸北方面既有的日海军陆战队兵力,而应重点着眼于从其本土增援的后续兵力,包括其登陆点与进攻企图。但总指挥部对此好像过于疏失,使其作战指导及兵力部署(重兵均控置于江湾镇以南方面)都有所欠缺。

从日军战术上判断,其优点有以下几点。第一,兵器精良,飞机及步炮兵协同较为精确,飞机发现地面目标即发信号弹,炮弹随之发射。第二,日军作战多按战术原则,正面配置兵力较少,其大部常集结于侧翼,便于迂回包围。第三,日军战场联络较强,步兵攻击前进,必带话机与后方联系,行动灵活(2月22日八十八师庙行阵地即拾获一台日军话机)。日军指挥前进或停止射击均用手旗辅助,此举可补救口令的不足,并易区分各方指令。第四,日军不轻易冒进,如在娄塘镇,其所到之处,均以举火为号,必等各火齐备后,才一起前进,很少有一部突进。第五,日军收容迅速,每被我军冲散后,其下级军官能立即收容队伍,并节节抵抗。第六,日军瞄准射击准确度较高,尤其是第九师团经常有优良射手专向我军军官狙击。

2. 地形判断方面

淞沪战区,其东北为长江、黄浦江围绕,面对海空优势敌人,战场上最敏感的地区,应该在于淞沪铁路沿线正面,也就是长江下游南岸。因为该地区正是淞沪野战军的左侧背,如敌人在该地区有所作为,即可由海上登陆,并穿插杨行,进出蕴藻浜之线,直接向大军后方进逼,由此可迫使大军提早全线后撤。尤其是江湾镇以北地区地形开阔平坦,利于借优势炮火的日军发挥其统合战力。所以在这个地区,应为我军决战的正面,而闸北地区,高楼大厦鳞比,易守难攻,日军绝不可能于该方面投入主力。但我军总指挥部,疏于此项的地形判断,使兵力部署及作战指导均错失正确依据。

3.作战指导方面

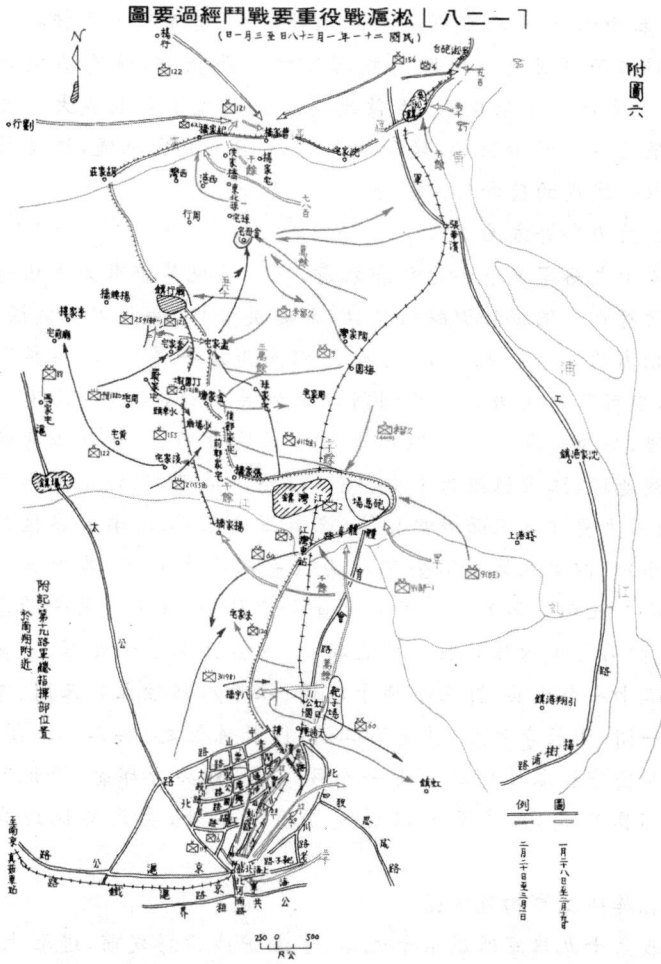

图 4-7 一·二八淞沪战役重要战斗经过要图

　　我军总指挥部由于最初就疏于敌情、地形判断,从而影响了作战指导。以十九路军 2 月 16 日作战计划方针为例:本路军为确保国土完整,以一部分兵力据南市、闸北及吴淞各据点死守,主力展开于京沪铁路南北地区,保持重点于铁路以北,将敌迫于黄浦江歼灭之。此项作战指导,以闸北至江湾镇间地区为大军决战地区。因此,总指挥部控置重兵于该方面。且不论敌情地形判断,即使从压迫歼灭敌人着眼,也属消极作为,充其量以大军主力循京沪铁路正面压迫敌人而已。如总指挥部最初能保持大军主力于江湾以北地区,以江湾、庙行间为决战地,则以后可望进出黄浦、吴淞两江会合口,截断敌人海上补给线,进而可包围捕捉敌人于黄浦江而歼灭之。所以总指挥部之作战指导,除有消极嫌疑外,对上方屡次电令提醒,将敌或将舍正面攻击转向我大军左侧背着眼的指示置于脑后,致使大军作战指导失去准绳,这是总指挥部淞沪战役的致命伤。

4. 兵力部署方面

以十九路军整个兵力部署来看,不能不说其中有若干值得检讨因素存在。依据淞沪战场特性,北起吴淞口,南至沪杭甬铁路,直线距离约二十六七公里;苏州河以南为法租界、公共租界可为屏障,应可节约兵力。而苏州河以北到吴淞口,直线距离不足二十公里,应为重要方面。但第十九路军兵力部署,却以江湾镇划分作战地境,江湾镇概为中央位置,以北属第五军,以南属第十九军,两军主要作战正面概略相等(南翼军法租界,公共租界区应节约兵力)。但左翼第五军全部兵力仅有八个步兵团,其中第八十七师第二五九旅第五一七团又奉命于2月16日分遣第三营车运吴淞,归第七十八师翁照垣旅长指挥,而右翼军第十九军,全部兵力达二十一个步兵团[三个师十八团、八十八师独立旅三团、军补充第一团(团长李金波)补充第二团(团长陈住之)共二十三团,除翁旅两团守吴淞外尚有二十一个团]。此种兵力部署,除说明总指挥部具有成见,甚至可以说是另有居心外,实无其他适当的解释。

5. 阵地工事构筑方面

我第十九路军所属第十九军,于淞沪战役爆发前,进驻上海。第五军各师系于2月16日沪战爆发后,始抵达上海。2月18日接替第十九军防务,并加入战斗。原交防部队,所移交的阵地设备及据点工事,极为简单。第五军虽昼夜不眠不休赶筑工事,但日机18、19日整日在我方阵地上盘旋侦炸,20日晨日军又发动攻击。当时第五军各师正面工事仅能完成立射散兵壕而已,至于必要的阵地掩体,由于构工材料无从征集,又未奉发,实在无从讲求。但面对具备优势火力的敌人,我军必须纵深配备阵地,必须讲求相互支撑,工事构筑必须坚固,障碍物必须周全,纵横交通壕必须沟通,指挥所尤其须设于地下,这些都是当时我军所缺乏的。

6.预备队之控制与运用方面

预备队之控置与运用是否得当,是影响战斗成败的关键。淞沪战役,第五军方面由于兵力与作战正面不成比例,到处捉襟见肘。军预备队最多时也只有八十七师孙旅的两个团,其中五一七团又于2月16日下午奉命派兵一个营车运吴淞要塞归翁照垣旅长指挥。八十八师也只能控置师工兵营、特务营(各辖两连)为预备队,而军师预备队兵力,始终均抽调困难。但第十九军由于兵力充足,自战斗初至2月21日,其所属各师均控置有强大预备队。据最保守估计,右翼八十八师独立旅方面,其控置之旅预备队至少在一个团以上;七十八师方面控置师预备队约计三个团;六十师方面,其控置的师预备队也在两个团以上。六十一师守备江湾镇,由于正面狭小,估计以一个团守备阵地即足,其余五个团均可控置为师预备队。2月22日以后,原右翼军的八十八师独立旅奉命仅由其第三团接替该旅的防务,其第一团、第二团分别改配七十八师及六十一师。同时七十八师调往第十九军左翼接替防务,七十八师所遗的防务,由第十九军补充第一团接替。由以上状况观察,总指挥部对预备队的控置方式,确实别有用心:如果总指挥部本身控置有强大的总预备队,则必须对第五军方面的紧急状况有所增援。而总指挥部将所有应控置为总预备队的兵力,分散由各师自行控置,表面上使总指挥部无总预备队可用,这样就可轻易摆脱第五军方面危急时的支援要求。而事实上右翼第十九军所属各师均控置强大预备队,又控置补充第一、二团为机动部队,总指挥部不予及时转用,使之形成战场游兵,致使日军自浏河登陆,使整场战役转入被动与失败。

第十九路军方面对于一·二八淞沪抗战的战斗结论:

1.日军的战略失败

日军这次在上海作战,战略到底如何? 我军能否得知其详? 应该说,日军完全无战略。因为日军最初也是将我十九路军作不抵抗的军队来看待的。不自量力的盐泽幸一,竟想四小时内占领上海,不料一·二八头一晚,日军竟被我军打得弃械脱衣,叩头乞命,一败涂地,退了回去! 于是增调海军陆战队,更换野村吉三郎为司令。然而也不过是海军争面子争功而已。但野村仍不免于再败！于是不得不特增陆军，以为日本争回面子。敌方以为，海军陆战队不行，陆军可一定是行的了，而上海一定是日本囊中之物了。殊不知纪家桥一役，又杀得第二十四混成旅官兵屁滚尿流，生还无几！而敌第九师团继行来沪，军司令又更换为植田谦吉了。此时日军已知十九路军厉害，中国不易轻侮了。植田到沪，还想以和平手段争回日本的面子，可是无理的哀的美敦书，被我军以大炮答复，而其多日准备谨慎从事的庙行一役，又被我军打得死伤遍地，兵尽计穷！

于是敌军又任白川义则为司令官，再增兵来沪。日军再三增兵，四易主帅，至最后我军总撤退的3月1日，日军到沪陆军四师不下六七万人，军舰八十余艘，飞机百余架，大炮三百门，军械已经悬殊，兵力且过三倍（当时我军前线兵力除死伤外实不过二万五千人），出尽九牛二虎之力，才侥幸得到我全军安全撤退！在军事上说，整个战斗经过，敌军全系"头痛医头、脚痛医脚"而已，绝对没有什么战略。

2. 我军的战略优胜

我军的战略又如何呢？因为蒋光鼐总指挥在前方主持，陈铭枢部长在后方指导，我军战略，诚可谓尽善尽美。在全作战经过中，日军的一切战争行为，皆完全在我军计算之中。2月23日以前，我军完全占优势，时时处于主动地位，可以实行反攻敌人而歼灭之。在战略上说，是我军比敌军优胜，在军队的战斗力说，日军因军械优异，教育精良，且其下级军官指挥能力胜过我军，士兵射击也极精确。但除了遵守刻板的原则外，日军其他实无特长，而且有很多的弱点。其步兵离开了飞机大炮战车外，几乎全不能作战，与勇敢沉着能各自为战、互相协助的我军相比，真是望尘莫及。不仅我十九路军如此，即使第五军各部队抗日时的战斗能力，也比内战时期倍加坚强。其主要原因，固然是我同胞热心爱国，牺牲杀敌，也实在是由于敌军的无能，无形中使我军自信力愈加倍增。

我军有良好的战略，有坚强的战斗力，此战几乎必操胜券了。即最小限度，也可于2月23日以前，一度歼灭日军于黄浦江畔。但是为什么终不免于撤退呢？可说完全由于政府有抵抗的决心，而无彻底抵抗的行为；国民有抵抗的决心而无彻底一致的步骤。忽战忽和，又战又和，全受敌被动，任凭国联操纵。政府说增兵，而兵终不来;前线望增兵,而兵终不到,支撑到月余之久,以至侧后已受敌包抄威胁,而不得不因后援不继而撤退了!虽我十九路军固是虽败犹荣,而我中华民族前途,真可谓痛惜长叹也!

3.我军的防御缺憾

主动攻击,是我十九路军特长,这次对日作战,因为待援而失去机会,不能发挥之,尤属可悲可叹!自后不知何年何日才能及锋而试!至于防御阵地的布设,这次战役尤有许多经验教训(即阵地应绝对避免的):(1)阵线不可全线连续不断,因为易受敌飞机辨认和炮火损害,且如一点被敌冲破,则必有牵动全线之虞;(2)胸墙不可高出地平面,因为易受敌辨认和破坏,抗日血战中一星期后,即不使用高出地平面之胸墙;(3)不可用一线式阵地,至小限度,也应有前哨阵地,且须布置强大兵力,非万不得已时,不可放弃。2月23日庙行之战,八十八师在阵地前方之前哨阵地,未用强大兵力,以至主阵地在五六小时内,即被敌突破。又如八字桥至杨家楼下之线,因六十师以前哨死守阵地前之孟家宅、钱家宅一带村庄,敌人至战斗结束之日,仍未能进到我主阵地,即为最显明的例子。

此外,关于国防的建设,军制的改良,尤其是军官教育之讲求,征兵制度之采用,军器之改革,最为当务之急,我同胞急须亡羊补牢,而力加研究与改良,务求进步,才可以言对外也。

二、日军暴行

这场突如其来的战争和日军的暴行,重创了繁华的大上海。根据上海《宝山县县志》记载:一·二八淞沪战争对本境造成巨大灾难,据《淞沪战事之统计》,上海北区(包括江湾、吴淞、殷行、引翔、闸北、彭浦、真茹,除闸北、真茹外,均在本境)住户财产损失48687万元,商店财产损失12859万元,房屋损失20117万元,工厂损失4532万元,加上间接损失,共达98521万元。江湾、吴淞的中央大学医学院、劳动大学、持志大学、中国公学、复旦大学、同济大学等高校以及吴淞商船学校、吴淞中学等中小学,大多被炸毁、烧毁或捣毁。民房损失更其严重,单江湾一地,房屋被烧、被炸就达7539间。

图 4-8　日军所过之处一片狼藉

　　日军在战地残酷杀害了众多无辜平民。2 月 24 日,在江湾东隍庙前枪杀乡民 20 余人;张巷宅一带乡民,被日军驱入一处草屋内纵火焚烧,有 70 余人葬身火窟。28 日,日军在高境庙杀害平民数十人,有一地窖内避乡民 40 余人,全部被放火烧死;在徐家巷日军杀中国平民 17 人,还把人头当球踢。3 月 1 日,在浦西村夏家塘,日军杀死平民 40 余人,夏兴生的祖父母、父母被杀,夏本人被日军用 8 根大铁钉钉在木板上,惨叫了一天一夜,血流尽身亡。日军还奸淫杀害中国妇女,据当时的《时事新报》记载,"日军在侯家木桥轮奸妇女十八人""凡未及逃生之村中少年妇女,均遭日军强奸,事后且加杀戮,以致裸体女尸触目皆是,其残忍兽性行为,殊令人发指"。

图 4-9　日军连小孩也不放过

图 4-10 宋庆龄手持拾获的日军炮弹在残墙下留影,以示不忘国耻

图 4-11 闸北农妇朱孟氏双臂被日军斩断

三、民众抗战

一·二八淞沪抗战爆发后,许多民众自愿组织起来奔赴前线抵抗日寇。除了外地驰援上海的南京中央大学学生铁血军、讨日援沪义勇军、西南在野军人抗日救国北上敢死队、四川敢死队、武进妇女救护队等,上海本地市民、学生更是组织了几支义勇军直接加入战斗,或进行战地服务。

(一)市民义勇军

沪战爆发,上海抗日救国会便紧急筹组上海市民义勇军,公推救国会负责人王屏南律师等3人,向十九路军军长蔡廷锴请缨杀敌救国。2月1日,上海市民中志愿上前线抗日杀敌的有200人。在翁照垣旅长安排下,开赴大场实施训练,途中与敌人遭遇,队伍被打乱冲散,到达大场宝华寺驻地时只剩50来人。后又有不少志士相继奔集而来。至2月4日已达240多人,由翁旅发予步枪64支、子弹12000发,正式成立上海市民义勇军第一大队,编为2个连,大队长王屏南,第一连连长李楷,第二连连长王海清,其余编为补充排。队员多数为青年工人,其次为店员、学生,也有个别归国青年华侨。

图 4-12　上海市民义勇军大刀队

义勇军经过训练后,2月20日进驻嘉定城防线,接替开赴前线的驻军。27日奉命开赴宝山前线参战,担负防守宝山县城的任务。28日上午,翁照垣旅长打电话给王屏南说:"宝山交给你部防守,责任重大,望全体志士,为国效劳,全力以赴。"并送去了 400 多颗手榴弹。29 日傍晚,日舰发炮 5 响,击中县城鼓楼及南门关帝庙,并毁民房多处。3 月 1 日清晨,江上日舰增至 15 艘,炮口对准义勇军阵地前沿。中午,日军 10 艘小火轮、百余民船渐渐迫近宝山岸边,24 架飞机蜂鸣而至。至下午 4 时,日军开始兵舰炮击,飞机轰炸,艇船扫射。宝山阵地上 214 名市民义勇军和 18 名十九路军战士,用步枪、手榴弹还击,毫不畏惧,激战 1 个多小时,使日军始终未能实现其登陆的企图,并且有很大伤亡。抗日军民的英勇抵抗,大扬国威。但因日军在浏河七丫口登陆后,迂回包抄而来,为不使义勇军陷敌重围,不得不撤离了宝山阵地,向嘉定、松江、嘉善、唯亭转移。到达唯亭时,义勇军已有 3 个连 318 人。因淞沪停战,义勇军在 6 月 9 日被迫解散。

有一位美国飞行员也在一·二八淞沪抗战中牺牲,他就是罗伯特·肖特,于 1930 年由美国盖尔飞机公司委派来华主持联络业务,原系美国陆军航空兵飞行员,空军上

图 4-13 罗伯特·肖特

尉。因精于飞行技术,肖特被国民党军政部航空学校聘为飞行教官。

1932 年 2 月 19 日,肖特驾驶他的波音 218 型飞机进行了第一场对日空战。他在长江出海口上空与从日本"凤翔"号航空母舰上起飞的日本中岛 A1N2 战斗机编队发生遭遇,肖特首先开火,并在击伤一架日机以后脱离了战斗。1932 年 2 月 22 日,肖特驾机从上海飞往南京,在苏州附近,他遭遇一队从日本"加贺"号航空母舰上起飞的 3 架三菱 B1M 双座攻击机和 3 架中岛 A1N2 战斗机。肖特在以 1 敌 6 的绝对劣势中,击毙了一架 B1M 攻击机的机枪手,但同时自己也被日机咬住,最终被击中驾驶舱,在空中捐躯,坠落在距离苏州 10 公里郊外的独墅湖中,年仅 27 岁。

罗伯特·肖特是第一个在我军与日军战斗中捐躯的美国飞行员。国民政府给予肖特英雄称号并举行了隆重的葬礼。

(二)学生义勇军

1931 年 10 月,复旦大学成立学生义勇军,该校绝大部分学生都参加了义勇军。次年,一·二八淞沪抗战爆发后,十九路军一五六旅旅部令学生组织战地服务队,分组织、宣传、慰劳、交通、情报等 5 个组。学生在市民中

散发战地简报,在苏州河一带刷出"为和平而战斗""为正义而战斗""拥护十九路军对日作战"等大幅标语;同时负责将全市人民送来的慰劳品进行登记、保管、分发;又为自愿前来参加服务的汽车编号,维持战地交通;还为许多志愿参加抗日敢死队的群众进行登记;并根据群众报告对敌探嫌疑对象进行审查;等等。

图 4-14　冯庸大学女义勇军

此后,学生义勇军又组织了武装宣传队,从真茹出发,沿沪宁线北上,每到一地,召集群众大会,宣传淞沪前线十九路军英勇抗战的经过,动员民众支援十九路军抗战。还自编自演抗日小戏,如《铁与血》《小白龙》等等。

(三)各界支援前线

一·二八淞沪抗战期间,中国共产党组织了上海民众反日会,领导工人、学生和各界人士进行了大规模的募捐、慰劳和爱国宣传活动,发动了沪西日本纱厂4000多工人的反日大罢工。上海工商界和文化界人士组织上海市民地方维持会(后改为上海市地方协会)、工会、学生会、童子军等组织义勇队、敢死队、情报队、救护队、担架队、通讯队、运输队、民工队,各界各业男女老幼万众一心,广泛开展抗日救国运动。

抗战开始,海外华侨也同仇敌忾,纷纷捐款支前。2月4日,一天就收到爪哇、小吕宋等地华侨汇来的捐款63700余元。菲律宾华侨联合会致电蔡军长:"淞沪之战,开民国以来未有之光荣,请再接再厉。电汇银2万两,作前敌战费。"旧金山市侨商周崧捐助军饷10万元,并声明如中国对日宣战,愿捐军饷100万元。

上海市民除捐献款项外,尽力募集物资,源源不绝送往前线。战地需

图 4-15 童子军救护伤员

要防毒面罩,制面罩缺香烟空听,市民家家户户将所有空听 9 万余只集中上交。战地亟须补充运输工具,企业和市民立即捐献运货卡车和自行车。报载"前方将士无以御寒,后方民众何以救济",不到 5 天,就收到旧丝棉背心、绒线衫裤、棉被等 2000 余件,全新棉衣裤 3 万多套,运往前线。

图 4-16 杭州尼姑为抗战将士缝制棉衣

图 4-17　防空战士身穿女同胞自制馈赠的丝绵背心

上海闻人杜月笙也为支持一·二八淞沪抗战出了不小的力。他策划组织成立了"上海抗战后援会",会长为《申报》老板史量才。杜利用其在上海的影响力,为前线将士积极募捐,各界响应相当热烈,无论贩夫走卒还是富豪大亨,无不踊跃捐款捐物。

表 4-4　第五军收到的捐款一览表

收入(元)			分发各部队数(元)				
日期	慰劳机关	金额	八十七师	八十八师	教导总队	军师部	四十七师
3 月 11 日	上海青年会	1000.00	600.00	400.00			
3 月 12 日	南京市党部	1000.00	400.00	400.00	100.00	100.00	
3 月 18 日	汪院长	10000.00	2600.00	2000.00	200.00	200.00	5000.00
3 月 24 日	励志社转来侨胞	8359.10	4000.00	3300.00	500.00	559.10	
6 月 1 日	中央党部财委会代收	7113.93	2800.00	2800.00	700.00	813.93	
6 月 2 日	天津大公报	5000.00	2000.00	2000.00	400.00	600.00	
6 月 5 日	陕西各界抗日慰劳会	1500.00	600.00	550.00	150.00	200.00	

收入（元）		分发各部队数（元）					
6月17日	长沙抗日募捐委员会	8000.00	3200.00	3200.00	800.00	800.00	
	总座犒赏八十七师	10000.00	10000.00				
	邮务职工会	1000.00	400.00	400.00	100.00	100.00	
	宁波青年会	1000.00	400.00	400.00	100.00	100.00	
	上海市政府	600.00	200.00	200.00	100.00	100.00	
	中央党部	5000.00	2000.00	1800.00	600.00	600.00	
	合计	59573.02	29200.00	17450.00	3750.00	4173.03	5000.00

　　宋庆龄、何香凝、杨杏佛等知名人士还发起设立国民伤兵医院，红十字会在上海办起了80余所伤兵医院，收伤病官兵7000多人。还在真茹设前线医疗所，抢救危急伤员。医务界人士蔡香孙和上海各界组织的几十支救护队，冒着被炮火和飞机轰炸的危险，出入枪林弹雨之间救死扶伤。

　　在市区，各慈善团体利用庙宇、学校、教堂，设立难民收容所200多所，收容难民5万多人。

四、战利品

图 4-18　缴获日军三八式步枪、机关枪

图 4-19　缴获日军军旗：空军旗（左）、国旗（中）、日本皇后御赐军旗（右）

图 4-20　日军护身符

图 4-21　日军军官的铁马甲

图 4-22　日军地图包、望远镜

图 4-23　日军钢盔

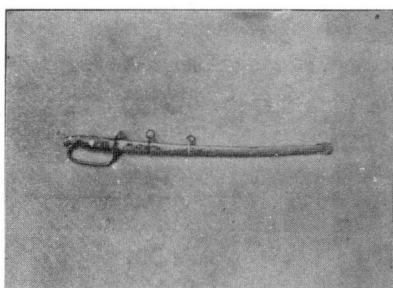

图 4-24　日军指挥刀

图 4-25　日军重机枪

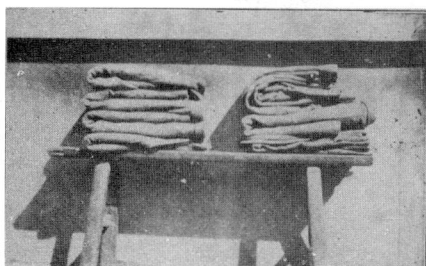

图 4-26　日军军服

图 4-27　日军水壶、饭盒

图 4-28　日军铁铲

五、战斗插曲

一・二八淞沪抗战中有一些战斗插曲值得一提,这些插曲从不同角度反映了某些军人素质及国人状态。

(一)被俘日军少佐

战斗过程中,当时《大美晚报》报道了这样一则消息:日本第九师团第七联队第二大队大队长空闲少佐在江湾战场被中国军队俘获,解至南京,拘留十日,约在两星期前释放。不久后据日方消息,其于星期一下午在江湾西首严家宅当时被俘地点开枪自杀。

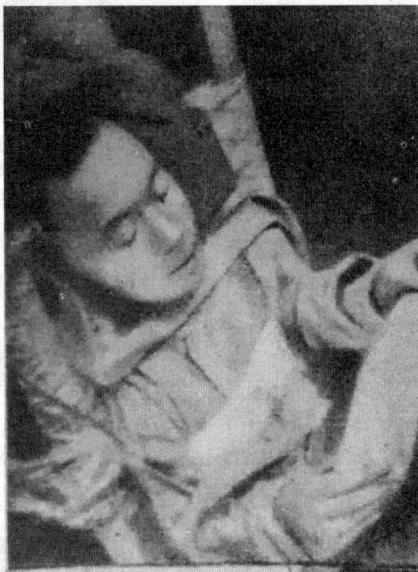

图 4-29　在江湾阵地被俘的第九师团空闲少佐

经查空闲少佐系隶属植田中将部下,2 月 20 日率部开往江湾前线作战,被中国军队包围,日军苦战两日,其图谋未得逞,空闲被手榴弹炸伤胸臂等处,后被俘获,解往南京。3 月 16 日,空闲与其他俘虏数人,经中国当局释放后,即解送至沪。空闲遂经日军军事法庭审问后,于星期一开释。当日下午,即赴被俘地点掏出手枪对准口内开枪,当即重伤,不久死亡。空闲在临死前,写了份遗书,声明其所部兵士,作战极勇。又闻日军当局伤悼空闲自杀,并请本埠日侨及本国人民筹资抚恤其家属。

在空闲被俘,解到十九路总指挥部审问时,空闲只说:"我是日本的军官,我不能把日本的军事告知贵军,我看贵军缺点甚多,不如及早撤退为有利。不然,贵军弱点,将为我军所乘。"其他不论问什么,都以"不知"回答,其倔强如此。闻其自杀前,曾给他父亲写信:"华人的恩怨,使我在尘世上又空过了一天。遵从父亲的教训,我要走武士的路。我将与不结实的花一样而长逝。"

另一则消息:日军第九师团西尾甚六少尉被俘后,押解到十九路军总部受审问时,表面虽非常平和,内心却十分顽强。如问其为何要来上海参加侵略中国的不义之战时,他竟说中国军队要侵略上海日侨租界地,他们是为了保护本国侨民而战,而不是侵略中国。

据此二例,足见日本的军队教育和军人的顽强斗志之一斑。

(二)日军阵地的中国人

2月25日晚9时30分,八十八师某团派兵两班,向江湾敌人阵地进行了一次小规模夜袭,战斗中,俘获一名穿日军制服,名叫钟飞频的中国人。审讯后,他供称其被日军于24日在杨树浦招作小工,当时日军已经强招了几百名中国人。25日,日军将其中较强壮的百余人,强迫穿上军服到江湾前线挖掘战壕,并为战斗日军输送子弹;有的还给发手榴弹,日军指使他们侦探我军阵地;甚至有的接受命令后直接向我军冲锋。日军公然违背交战公法,固然可恨,而我同胞的无知受愚,更是可怜。

(三)战场对歌

2月26日晚,我军在庙行阵地与当面之敌相距只有四十多米,双方都伏在散兵壕内瞄准相持,只要有人稍一露头,就会被击中。然后双方均用手榴弹互掷,但因隐蔽工事较为坚固,也没造成多大伤害,又因为我方与敌方相距太近,日军的飞机大炮也不敢集中轰击。

"闲得无聊"的日军就在战壕内唱起了日本国歌《君之代》,以壮声势。大家都听到过日本的国歌,咿哩哇啦,旋律难听得要死,而且那歌词翻译过来也很特别:"我皇御统传千代,一直传到八千代,直到小石变巨岩,直到巨岩长青苔。"估计对面的国军兄弟也听得受不了了,在"战地党支部"的鼓动下,马上来了个"K歌对抗会",也高声唱起国民党党歌和《军纪歌》,战场上声声相应,此起彼伏。

(四)八十八师独立旅

八十八师独立旅其实与八十八师没有一点关系,战斗中,独立旅的三个团都分别配属于十九军的三个师,每师一个团,其经费和人事也都独立。之所以挂八十八师的番号,一是为了缩小参与面,二是由于其本身的特殊性,而隐去了原来的名号。

八十八师独立旅原来的名号即鼎鼎大名的财政部税警总团。税警总团本是一支非正式部队,是宋子文在出任财政部长期间,利用向国外订购军火的机会,将财政部的缉私营装备改编而成,由宋子文自行节制、自行训练,较之蒋介石的一般正规军,配备和训练更为精良。这支"宋家军"还选用美国军校出身的军官,任团长与总团长。

一·二八事变前夕,税警总团大部分驻守在上海、浦东一带,第一团驻徐家汇,第二团驻南翔,第三团驻闸北,第四团驻浦东,总部设在徐家汇。战事一爆发,宋子文于公于私都要送这支"宋家军"上前线保家卫国。

但是税警总团参战有一难题,因为当时它的一些经费是由八国银行团拨发,如果参加抗战,势必遭到八国银行团的共同反对,面临被停发经费的风险。为此,宋子文绞尽脑汁,想出了一个两全其美的办法——税警总团参战不使用自己名号,而是以八十八师独立旅为番号,以原税警团总团长王赓为旅长。税警总团一参战,便加入了当时在最前线的十九军,因此一直在右翼军作战序列。

税警总团在抗战中,作战也非常勇猛。2月下旬,该部队参加了守卫龙华机场和庙行镇等战役,许多官兵冲锋陷阵,奋勇杀敌。尤其是税警二团二营的官兵,他们在守卫龙华机场的战斗中,几乎全部壮烈牺牲。

八十八师独立旅王赓旅长在战斗期间却出了件丢人现眼的事。说起王赓这个名字也许有点陌生,但他的前妻陆小曼却大大有名,也就是说,这位王赓先生就是陆小曼的前任。2月27日,在日军大批援军不断到来之际,我军召开了军事会议,王赓以独立旅旅长身份与会。散会后当晚,王赓脱离战场,跑到公共租界舞厅跳舞(一说是在虹口礼查饭店),被日军侦知,将其捕获。日军从王赓随身携带的军用皮包中,搜出了"淞沪兵力部署"和"战线配置"图(当时在会场上发放的)。第二天,日本报纸便报道俘虏了十九路军旅长王赓云云。

王赓是美国西点军校毕业的,据说还是艾森豪威尔的同班同学。当晚被日军捕获后,扣押了数小时,后通过宋子文的关系,由美国总领事出面具保释放。王赓被日军放出后,国民政府军事法庭以"擅离戒严地点"判处王赓有期徒刑两年零六个月。当时上海戏剧、文化界还曾编排"王赓献地图"一剧公演,讽刺王旅长丢大了中国军人的脸。也有人说当时王旅长是想到公共租界去看刚刚失去徐志摩的陆小曼。

第五章　烈士不朽

一、阵亡人数

　　所有战役阵亡人数的统计，由于受多种因素影响，从严格意义上讲，或多或少会存在偏差，如当时受伤、之后去世的人员，以及战场上失踪的人员等等。但无论如何，面对一个个逝去的生命，我们应该尽量去找寻，去还原这些当年为国捐躯烈士们的信息，以示后人。

　　一·二八淞沪抗战，国民革命军陆军第八十八师阵亡官兵人数，据杭州市西溪路的纪念牌坊和湖滨公园的纪念碑上显示为 1421 名，经考证，这个人数并不准确。

图 5-1　西溪路纪念牌坊

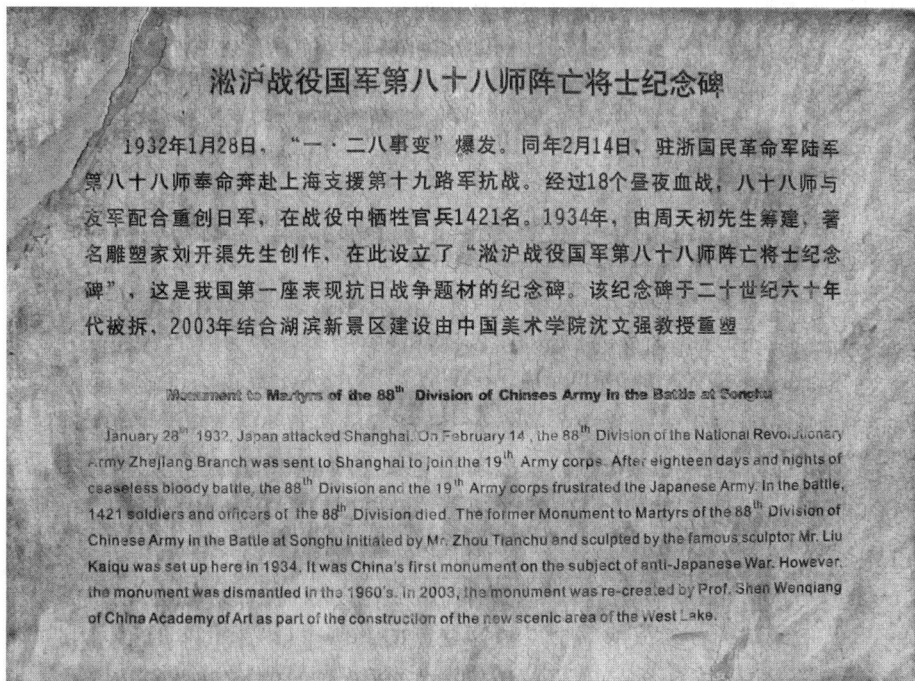

淞沪战役国军第八十八师阵亡将士纪念碑

1932年1月28日，"一·二八事变"爆发。同年2月14日，驻浙国民革命军陆军第八十八师奉命奔赴上海支援第十九路军抗战。经过18个昼夜血战，八十八师与友军配合重创日军，在战役中牺牲官兵1421名。1934年，由周天初先生筹建、著名雕塑家刘开渠先生创作、在此设立了"淞沪战役国军第八十八师阵亡将士纪念碑"，这是我国第一座表现抗日战争题材的纪念碑。该纪念碑于二十世纪六十年代被拆、2003年结合湖滨新景区建设由中国美术学院沈文强教授重塑

Monument to Martyrs of the 88th Division of Chineses Army in the Battle at Sonchu

January 28th, 1932, Japan attacked Shanghai. On February 14, the 88th Division of the National Revolutionary Army Zhejiang Branch was sent to Shanghai to join the 19th Army corps. After eighteen days and nights of ceaseless bloody battle, the 88th Division and the 19th Army corps frustrated the Japanese Army. In the battle, 1421 soldiers and officers of the 88th Division died. The former Monument to Martyrs of the 88th Division of Chinese Army in the Battle at Songhu initiated by Mr. Zhou Tianchu and sculpted by the famous sculptor Mr. Liu Kaiqu was set up here in 1934. It was China's first monument on the subject of anti-Japanese War. However, the monument was dismantled in the 1960's. In 2003, the monument was re-created by Prof. Shen Wenqiang of China Academy of Art as part of the construction of the new scenic area of the West Lake.

图 5-2 湖滨公园纪念碑

据时任八十八师师长俞济时的《一·二八淞沪抗日战役经纬回忆》中一段补充说明提到："第八十八师伤亡人数，另考据民国二十一年出版的《第五军淞沪战役画册》所列，计阵亡军官六十六人（较史政局资料多九人），阵亡士兵一〇五四人（较史政局资料多二〇人），负伤军官一四一人（较史政局资料多五人）。又史政局资料失踪军官十二人，经查重伤送院途中不治死亡九人，负重伤住院四人，按失踪官兵即为阵亡而尸体无法辨认者已如前述，但其间亦有陆续辨认后补报阵亡，故画册所列伤亡人数比较正确。惟《第五军淞沪战役画册》仍有待补述者如下：（1）八十七师、八十八师阵亡官士兵姓名及简历均已登载，惟作战负伤之官士兵部份，八十七师已全部登载其姓名及简历，八十八师则仅登载作战负伤之军官姓名及简历，至作战负伤之士兵姓名及简历，均未登载。济时回忆所及，当时确曾依限造册呈报第五军军部，画册印行后，济时曾提出质询。（2）八十八师后调武汉后，亦曾再度派员分赴上海市各战地救护站，红十字会医院及各民营医院调查本师因作战重伤不治身亡之官兵。济时记忆中计有军官十余人，士兵近百人曾由负伤改列报阵亡，并补呈第五军军部汇印，但是此项阵亡

官兵,亦未列入画册,济时亦曾为此提出质询。"

根据上述,八十八师一·二八淞沪抗战阵亡官兵人数的统计,主要有两个版本,即当时《国防部史政局淞沪抗日战役资料》:军官 57 人、士兵 1034 人,失踪军官 12 人、士兵 318 人,合计 1421 人;《第五军淞沪战役画册》:军官 66 人、士兵 1054 人,未列失踪官兵的具体人数,如依照史政局数据,即 330 人,合计 1450 人。这里需要一提的是此次战役各部队的失踪官兵,按俞师长所述,实际即为阵亡的无名英雄,整个一·二八淞沪抗战,凡是战场上尸体无法辨认者,均列为失踪。可见,这 330 位在战斗中被炮火炸得血肉横飞、尸骨无存的烈士,连名字都没有留下,

因此,《第五军淞沪战役画册》中所列阵亡官兵人数更为准确,再加上俞济时师长所记死于送院途中的 9 人(未算后来伤重不治而追报阵亡的官兵),即八十八师一·二八淞沪抗战阵亡官兵至少是 1459 人,而 1421 这个阵亡人数显然是参考了《国防部史政局淞沪抗日战役资料》,所以是不准确的。

另须说明一点,在一·二八淞沪抗战中,八十八师的伤亡率是所有兄弟部队中最高的。参战的 5 个以师为建制的部队中,第十九军的第六十师(6 团制)阵亡官兵 379 人,伤 367 人,合计 746 人,每团伤亡约 124 人;第六十一师(6 团制)阵亡官兵 939 人,伤 2997 人,合计 3936 人,每团伤亡约 656 人;第七十八师(6 团制)阵亡官兵 1216 人,伤 2079 人,合计 3295 人,每团伤亡约 550 人;第五军的第八十七师(4 团制)阵亡官兵 724 人,伤 457 人,合计 1181 人,每团伤亡约 295 人;第八十八师(4 团制)阵亡官兵 1459 人,伤 1798 人,合计 3257 人,每团伤亡约 814 人。

从时间上看,第五军的第八十七、八十八两师其实是作为增援部队后来加入战斗的,参战时间要短于第十九军的三个师,而八十八师在不到二十天的时间内,竟达到如此高的伤亡率,充分说明其战斗的惨烈和战士的英勇。

二、烈士英容

刻在石碑上的几个冰冷的数字,并不能代表这些牺牲的烈士,因为他们生前都是一个个有血有肉活生生的人。

以下是蒋介石题写"天地正气"的八十八师抗日伤亡官兵纪念相册:

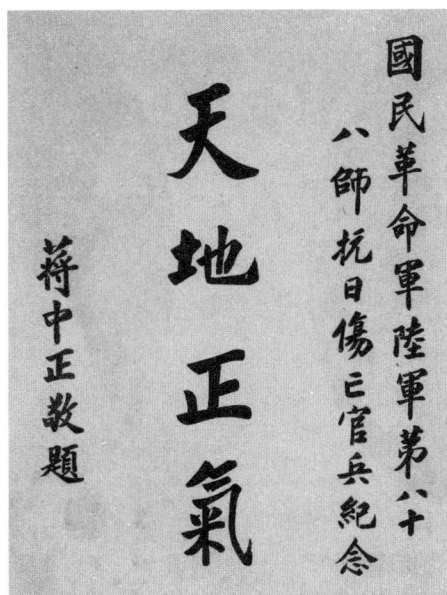

图 5-3 蒋介石题字

八十八师营以上阵亡军官照片：

图 5-4 工兵第八十八营上校营长唐循　　图5-5 五二七团三营少校营长陈振新

图 5-6　五二七团一营少校营附徐旭

图 5-7　五二八团三营少校营附吕义灏

八十八师排以上阵亡军官照片：

图 5-8　五二八团二连上尉连长骆健郎

图5-9　五二三团三连上尉连长雷翼龙

图 5-10　五二四团三连上尉连长周传炳

图 5-11　五二七团十一连上尉连长傅允文

图 5-12　五二三团九连中尉排长钟筱筠

图 5-13　五二四团十二连上尉连长唐邺

图5-14 五二八团十二连上尉连长万羽

图5-15 五二七团三连中尉排长商支宇

图5-16 五二七团十二连中尉连附郑在邦

图5-17 五二七团八连少尉排长陈鼎勋

图5-18　五二七团二连中尉排长朱焕然

图5-19　五二七团六连中尉排长黄茂松

图 5-20　五二八团十四连少尉排长王志英

图 5-21　五二三团二连中尉排长俞善为

图 5-22　五二七团十一连中尉排长刘伯轩

图 5-23　五二三团六连连长许永贤

图 5-24　五二三团一连中尉排长连逸卿

图 5-25　五二七团一连上尉连附赵公毅

图 5-26　五二七团十四连中尉排长任益珍

图 5-27　师部上尉参谋项方强

图 5-28　五二四团十三连中尉排长张熙

图 5-29　五二八团六连中尉排长卢世钟

图 5-30 五二八团三连准尉半排长查英

图 5-31 五二七团十三连准尉特务长何养新

图 5-32 五二四团第二营营部中尉副官章煦东

图 5-33 五二八团二连上尉连长骆朝宗

图5-34 五二七团一连中尉排长李公尚

图5-35 五二四团二连上尉连长李德富

图5-36 五二八团四连中尉排长梁修身

图5-37 五二八团十三连中尉排长胡家骅

图 5-38　五二七团二连准尉半排长陈益　　图 5-39　五二八团十二连中尉排长顾炜

图 5-40　五二三团十二连准尉代排长金云初　图 5-41　五二三团十二连准尉代排长蒋炳龙

图 5-42　五二八团六连少尉排长王伦敦

图 5-43　五二三团八连准尉半排长骆雁行

图5-44　五二七团十一连上士半排长韦友林

图 5-45　五二八团六连少尉排长王良

图5-46　五二八团二连中尉排长周桂标　　图5-47　五二四团十三连上尉连长马骢

三、烈士传记

一·二八淞沪抗战结束没多久，八十八师专门成立了一个"特别党部"及"执委会"，并采取了一个专项行动，即在亲朋好友及战友中征集本师阵亡烈士的个人传记，并将这些简略的传记附上烈士的照片及遗书汇集成册，由俞济时师长、孙元良（时任八十七师第二五九旅旅长，后继俞济时任第八十八师师长）、宣铁吾参谋长、黄梅兴（时任八十八师第二六四旅副旅长兼第五二八团团长）作序，毛圣栋先生撰写叙言。

图 5-48　八十八师特别党部全体人员合影

　　该项活动共征集到 72 位烈士的略传,虽然这只是全体阵亡官兵中的一小部分,但通过这些传记,一个个鲜活的生命,一段段壮烈的事迹,形象地展现在后人面前。

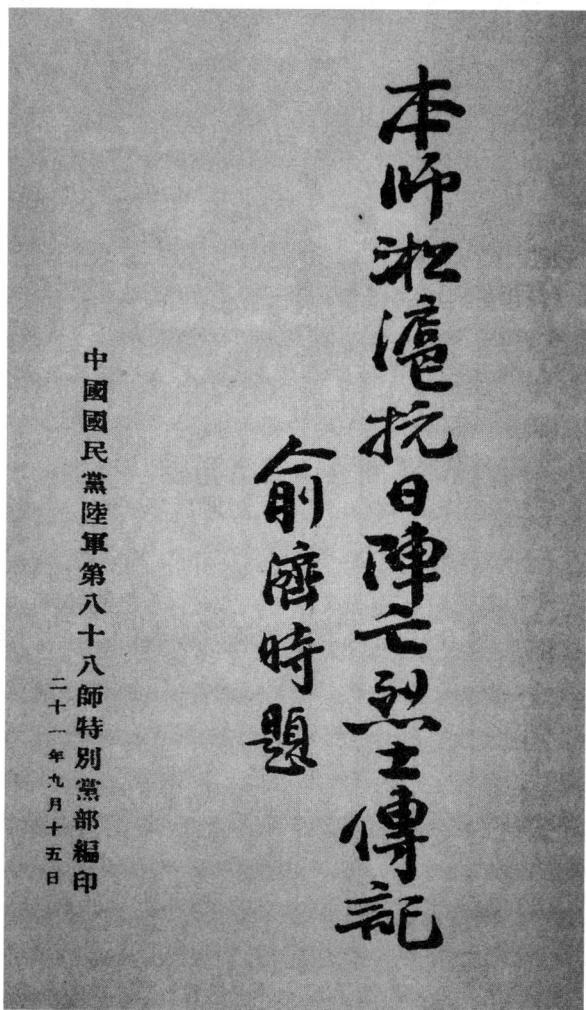

图 5-49　俞济时题写的书名

　　抗战时期,有位记者采访一名抗战士兵,问他如果抗战胜利了,他将会做什么。这位士兵缓缓地摇了摇头,坚定地说:"没想过,因为那时候我已经死了。"有好几篇八十八师阵亡官兵的传记是并肩作战的战友写的,他们在传记中将烈士称为"先死者",把自己当作"后死者"。

　　从这些烈士传记中可以看出,他们大部分是牺牲在 2 月 20 日至 22 日这三天的庙行阵地上的。传记中,有"高大上"的语言,更多的是"家境贫寒""投笔从戎""奋勇争先""上有白发高堂、下有待哺幼儿"等词语。从烈士们的生平中可以看出,既有家境殷实的北大高才生,也有出身寒苦、为了吃饱饭投身行伍的。不管怎样,这些生于乱世的人,都将年轻的生命捐献给了这个民族、这片土地。

　　这其中,有诀别新婚妻子,在战场上与日军持刀搏杀而殉国的五二八团三营十一连连长骆健郎:

　　　　海上事发,八十八师奉命于杭州开拔,五二八团骆连长,跨白卫促伍前行,其新妇以衣两袭,果食数盒,来别,连长携之,行数百步,返,忽掷衣盒于地,探囊所有五十金,尽付之曰:"姑取此去,毋我念也!"妇大号,不知所以,昏颓路上;连长不顾,纵骑飞驰去。连长者,早以身许国,先离绝其新妇者也。大场一役,饮六弹,腹为长刀穿,压卧敌中队长身上,而右手所握长刀尚未于敌胸拔出也。呜呼!壮薄云天,烈撼河山,千古忠烈不仅见矣!计手刃敌中队长二,曹长一;卒年二四。

　　还有五二七团二连中尉排长朱焕然遗孀的来信,悲切中不无哀怨,异常感人:

　　　　朱烈士焕然,殉难时年仅二十六岁。遗子一,名荫华,年六岁;女一,年五岁。烈士致力革命,不暇治家,兹将其夫人王氏来书,附录于后,亦可藉知烈士家庭之困苦状况,及烈士献身革命之经过也。

附录朱烈士夫人王氏来函:

　　　　谨肃者:窃氏夫朱焕然,此次为国抗日捐躯,遗弃老弱,弥增未亡人担负;加之近来地方饥馑,□患频仍,家道艰难,日呼庚癸。所谓死者已矣,生者何堪?每一痛及,何只泣数行下!昨蒙大部寄来《铁血周刊》一份,逐栏捧读,得知氏夫朱焕然之名,已沐与死义诸烈士并列征求传记,尤令人感激涕零。恨氏不但无曹大家之学问,谢道韫之才思,为夫文字表彰,俾光泉壤;且破镜数年,暌隔远地，对夫身入行伍后，一切事迹，都不明了，更何敢妄逞臆度，私撰溢美之言，以贻识者诮？只好付之阙如而已！现时所冀者政府恤金早日颁下。未亡人或来沪觅搬尸骨，或在家追悼魂灵，籍稍尽夫妇之情，俾免为若敖之鬼，幸矣！老小无依，仰天泣血，临颖不知所云。

专此敬覆陆军第八十八师特别党部执委会

难命妇朱王氏裣衽百拜

二十一，八，五

有浪子回头、铁血豪情的五二八团十二连上尉连长万羽：

万烈士羽，湖南武冈人，体身魁伟，目光炯炯迫人，从小习武练拳，并经常惹事生祸，父老乡亲将他视作周处一样的祸害；父亲震怒，将他赶出家门，遂不知所终。几年后，其父亲在广州经商，因纠纷触怒了两个洋人水兵，并遭击打，回家后呕血而亡；五日后，两个洋人水兵被发现杀死于江边的杨树下，面上有刀文，刻"万郎为父复仇"六字，知情者，曾见到烈士身穿军装在湖南殡仪馆旁大哭。孝肠侠骨，堪嘉堪叹也。南北统一，烈士复考入中央军校，卒学于第五期，分发至警卫团，后改编警卫二师，又八十八师，任五二八团连长。"一·二八"淞沪抗战爆发，烈士穿上大礼服拍了照，并请名画家作像，语其妹曰："善藏此像，此乃英雄之遗像矣！"妹大哭，烈士大笑，挥鞭扬长去。庙行一役，天日色变，于杨浼桥头，烈士手刃敌一少佐，一曹长，终至卧血泊。

有炸断右臂，仍奋勇杀敌的五二八团十二连中尉排长顾炜：

沪事发，烈士率部防杨焕桥，敌大举来犯，肉搏数次，不得逞。后用排炮，以势寡故，伤亡几尽。烈士独击机关枪，右臂中弹，截然自肩落，营长泪下，命异后方，烈士怒曰："不见吾有左臂乎？"继以左手击数发，又创。大吼，一跃起，狂突敌阵，从者数十人，呼吼震天地，敌惧，弃壕走。然烈士终颓卧于血泊中矣！

最为感人的是一篇五二三团七连中士班长乔俊卿的发小兼战友写的传记：

烈士安徽蚌埠乡人，与予为比邻，同读家塾中，傻其貌而慧其中。顽而善斗，跨大狗背，挥大葵杆，称大将，大龙头，力大无敢触之者。生平不哭不谎。十五年革命军歌门外，烈士偕予背母随伍走。七年来寒北戍阳，亦老于征战者矣！海上事发，予与烈士伏杨焕桥壕中，激战数昼夜，敌不得逞。二十三日天曙，红霞漫天，敌之坦克车群，复隆隆然来壕中，伙伴谟默如死，伏待不稍动。敌车左右扫弹，然亦不敢直进。烈士忽挺起，去重装，弃钢盔，提十二磅大炸弹四枚，肃然顾我曰："随我来乎！"予诺，匐伏出壕，蛇行前至古树旁伏。敌军三兜，旋至。烈士突起，掷弹颠两车。一弹未爆，复大吼腾车背，投弹入车腹，爆声撼天地，我亦不省人事矣。既而闷甚，觉压土中，努力出，昏疲万状。茫然四顾：败铁遍地，地窟庞然，血腥药臭，他无所睹。枪声渐远，知吾军东逐矣！古树上有小碎骨屑，肉黏树皮上，不知敌也，抑烈士也！予潸然挥泪！春莫，其母年七十，迢迢远来敛骨，予偕至古树下。原上花发，蜂狂蝶乱，古树亦发紫花，固怒结丁香也！烈士之魂不远，当知陌上细马香车，楼头笙歌彻夜，国难者将非其时与？大将也，大龙头也，梦耶？非耶？老妇大恸，风动花飞，烈士之魂不远耶？

(一)《烈士传记》之序言

序　一

歇浦荒郊之夕，烁烁青磷；春申江上之波，滔滔碧血。回忆淞沪守士，决立淮阴背水之动，无如奸憝牵持，未遂谢石渡淝之愿。伤怀往事，难禁涕泗滂沱；蒿目时艰，倍增填膺悲愤！嗟我将士，争殉国以牺牲，留取英名，定传芳于弈冀。惟是翘首东瀛，眈眈依故；白山黑水，久遭蹂躏之区；北塞风云，复告烽烟之警！益以□□披猖，中原板荡，内忧外患，交逼而来。际此否泰一时，存亡俄顷之会，只有淬精励神，矢诚矢勇，抚辑杜会，复我边围。俾锦绣河山，由破碎而重归完整，斯固我诸将士所共期，亦为全国民众所企祷者也！大风泱泱，思猛士兮无穷，鼟鼓逢逢，盼群豪兮继起！凡属后死，应树先声，砺汝宝刀，慰兹忠魂！

中华民国二十一年七月
俞济时撰于汉皋伟雄路师司令部

序　二

"歼倭建国"，是抗日殉国先烈的遗志，为我等后死革命军人必须继续达成的任务。敌我不两存，非歼灭倭寇，不克成就建国大业。我等追悼先烈，我等应十分勉励。

回忆淞沪御倭一役，我第八十八师阵地适当最冲要的江湾庙行一带，为倭军攻击重点。从二月二十日至二十二日联（连）续三天，敌军配置一万五千以上的兵力，尽量使用其重炮飞机唐克（坦克）兵舰等现代新式杀人利器，猛攻庙行一隅！企图中央突破，下大场，占真茹，截断京沪铁路，达到歼灭我军的目的。不意受着我师的顽强抵抗，将士人人存殉党国，殉主义的信念，下与阵地同存亡的决心。前仆后继，奋战不衰，使倭敌卒不能越雷池一步！"牺牲日军人生命，仅庙行镇血战三天，已及七千余人。"（申报月刊张梓生《半年来的中国》）"自经二十二日庙行镇一役，我国我军声誉在国际上顿增十倍，连日各国舆论莫不称颂我军精勇无敌，而倭寇军誉则一落千丈。"（蒋委员长宥酉电）。我师的"庙行镇大捷"，将永占中华历史最光荣的一页，这完全是全师将士的勇敢奋战和伤亡官兵二千九百六十四员名的碧血凝结成功的！

当二月二十二日之役，元良尚服务第八十七师。奉命率第二五九旅增援前线，与济时师长遇于庙行阵地。此时师旅团营长莫不英勇奋发，同士兵一起站在最前线上，誓以赤血涤国耻，以手刃倭寇为乐！仅庙行前红庙五十米达正面内，被我击毙的倭军，纵横陈尸于铁丝网下者达三百余具！当夜敌寇仓皇鼠窜，伤亡过半，狼狈不堪！四易主将，以十万余所谓精锐，攻我不到五万的国军，所得结果如是！"可说是丢尽了自命为世界五强之一者的丑脸！"而肆行杀人放火，滥投炸弹，杀害非武装的中国人民等残虐行为，就是他们皇家军的战绩！

现在辽宁吉林黑龙江三省久沦于暴倭铁蹄之下，而热河又告紧急！淞沪血迹未消，疮痍未复，而平津势又将受蹂躏！内则□□□□□□，贪污土劣未除，人民困苦，达于极点，主义未行，革命顿挫！外则不平等条约尚未废除，帝国主义者谋我日亟！世界则经济凋敝，列强冲突斗争，酝酿大战；弱小民族与穷苦阶级仍度其被压迫的非人生活！——凡此种种，都是我等革命军人的奇辱大耻！我等必须负起责任，以大无畏精神，不避艰险，自强不息；歼除倭寇，建设三民主义的国家；解救界人类的困苦，为正义人道的保障。

纪念殉国成仁的先烈,我等后死者要时时刻刻不忘我们的责任。

中华民国二十一年八月十一日

孙元良序于武汉军次

序　　三

慨自去年九一八倭寇逞兵于东北,数日之内,连陷我辽吉两省,彼寇固以为中国之无人,而不复有所忌惮矣。是以延至本年一月二十八日,又复洞东海之鲸波,翻申江之浊浪。竟振其气吞八表之势,倾国而来!惟时国军率皆结营内地,故当暴日入寇我淞沪之夕,一柱擎天,所恃与抗御者,惟我十九路一军。尔时首都屏障,岌岌堪虞。中枢为避免暴力威胁计,迁都河洛。方是时也,举国震撼,血脉偾张,舆论沸腾,群谋对外。我五军将士,目击时艰,见危授命。迫切请缨,加入前线。江湾大场庙行浏河诸役,以血肉之躯,当暴寇飞机重炮唐克兵舰之压迫,前仆后继,勇往争先。使非应援不继,彼寇虽凶,亦无能为也。综计是役,我八十八师伤亡过半;即暴骨沙场,以身殉难者:官佐六十有六员,士兵一千零五十四名,亦可见战局之剧烈矣!然诸烈士之冒死不顾者,所以伸人道正义于世界,争中华民族之生存耳。自经是役,而世界之视听以新,我国之精神以振;敌人亦知我民族之不可轻侮,而后有停战之议。然此固非我抗日先烈之志愿。盖寇焰方张,而河山之破碎依旧;丑虏未灭,顾烈士之成仁几希!?今我师驻防武汉,日寇又窥伺热边,再图逞暴。当大风而思猛士,盖令人缅怀既往而低徊不置!兹当汇编烈士传记,爰书所感,弁诸卷端,聊以自励,并励我后死同志之奋起救国焉!

中华民国二十一年七月二十九日

宣铁吾序于汉口伟雄路师司令部

序　　四

太史公曰:"死有重于泰山,有轻于鸿毛。"我抗日阵亡诸烈士,岂非重于泰山者乎!?

孔予曰:"杀身成仁,舍生取义。"我抗日阵亡诸烈士,岂非成仁取义者乎!?

总理遗教中唯一诏示吾人者,"对外打倒帝国主义",我抗日阵亡诸烈士,岂非吾党最忠实最勇敢之同志乎!?然世有公论,史有定评,无待吾言喋喋矣。惟梅兴亲与抗日战役,出入弹雨枪林,时阅月余,共尝艰苦,吾目所观,吾耳所闻,自有不能已于言者:当夫我军与倭军陈兵相薄也,诸烈士志保河山,气凌日月,争先拔帜,誓不生还;蹈白刃,流赤血,冒炮弹,冲敌阵,如风之驰,如电之掣,何其壮耶!? 更想夫敌焰高张,惨施辣手也,毒气硝烟,惊沙扑面;飞机轧轧,炸弹纷投,风云为之失色,天地倏忽含愁! 我诸烈士热血沸腾,化作无边红雨;荒郊暴骨,闪流遍地青磷,何其悲耶!? 凡此种种,印象殊深,每一追维,辄深佩仰! 兹者,特党部汇编抗日阵亡烈士传记,用表忠烈,藉勉来兹,立意至深且远。率撰数言,弁诸帙首,敬盼读是书者,努力奋斗,继续诸烈士未竟之志而固吾边圉,光吾党国,则幸甚幸甚。

中华民国二十一年七月二十日
黄梅兴谨序于武昌右旗营房二六四旅旅部

叙　言

毛圣栋

一、"生也死之徒,死也生之始。孰知其纪? 人之生,气之聚也;聚则为生,散则为死。若生死为徒,吾又何患?"

《庄子·知北游》篇有这样一段话,以说明万物的转变即"方生方死,方死方生"的道理(见《齐物论》);而且,又以实际现象证明其奥义,如《至乐》篇说:

"列子行食于道,从见百岁髑髅,攓蓬而指之曰:唯予与汝知而未尝死,未尝生也。若果养乎? 予果欢乎?——种有几:得水则为继,得水土之际,则为蛙蠙之衣;生于陵屯,是为陵舄;得郁栖则为乌足。乌足之根为蛴螬,其叶为胡蝶;胡蝶胥也,化而为虫。生于灶下,其状若脱,其名为鸲掇;鸲掇千日为鸟,其名为干余骨;干余骨之沫为斯弥;斯弥为食醯。颐辂生乎食醯;黄軦生乎九猷;瞀芮生乎腐蠸;羊奚比乎不筍久竹,生青宁;青宁生程;程生马;马生人。人又反入于机。万物皆出于机,皆入于机。"

髑髅是人之死尸,然而竟有"攓蓬而指"的生的摹状;同时并假髑髅以指列子之"未尝生"。我们骤视之,这番话,似乎完全是一种"诡辩"。但是按之生理学上"生元"(即细胞,总理名之为"生元")新陈代谢的道理讲,人的肉体原是时时刻刻在生灭变化的,所以生人虽生,仅是精神之生,其肉体实日日与死为邻。因此,就肉体说,是"未尝生";就精神说,是"未尝死",都有相通的道理。假使有人对于那种生死观有了某种理解,则"果养乎?"("养"通"恙",忧也。)"果欢乎?"的问题,自然不待深究,他自己一定自有其信仰的。至于"种"和"几"的说数,虽然我们并没有取得生物生灭蜕变的实证,可是"生者不能不生,化者不能不化。故常生常化者,无时不生,无时不化"的天演道理(见《列子·天瑞》篇),我们不能不承认其含有近世自然科学的深远的意义。

由如右的引证,至少我们可以了解自然界的所谓"生"与"死",仅是流变不居的形相而已,实在是极其平常的事。

二、可是,我们是人类,人类的生死,除了具有通常生物的流动不居的形相之外,他尚有人类特定的生死意义,这即是说人类的生死,于天演的道理——自然形相之外,还有人事界的哲学意义。

人事界的全行程,虽糅杂万相,莫由究诘,但构成人事界诸现象的每一个人的社会属性的私人活动之始末,是以"生"为开端,而以"死"为归结的。在这一个生死的经界之间,各发挥其人生表演的才能,而自造其一生(以死为终极)的意义与价值,自然是必要的。苏格拉底(Socrates)说:A life un-examined, uncriticised, is unworthy of man.

即此,亦从而知古往今来,一切圣贤豪杰,哲人伟人,以至于社会各方面的人,实在都应该由"认识自己"(know yourself)里有一种自尊自重的觉悟与修养。总理在《军人精神教育》里曾告诉我们说:"人生不过百年,百年而后,尚有生存否耶? 人莫不有一死;死既终不可避,则当乘此时机,建设革命事业。若仅贪图俄顷之富贵,苟且偷活,于世何裨? 故死有重于泰山,有轻于鸿毛者,死得其所则重,不得其所则轻。吾人生今日之世界,为革命之世界,可谓生得其时,予我以建功立名之良好机会。夫汤武革命,孔子且艳称之,彼不过帝王革命,英雄革命,而我则为人民革命,平民革命,乃前不及见后不再来之神圣事业。先我而生者,既不及见;后我而生者,亦必深自恨晚,且不知若何羡慕。故今日之我,其生也,为革命而生我,其死也,为革命而死我,死得其所,未有善于此时者。"

诚如苏格拉底说:"未经审定过,批评过的人生,是没有人底价值的。"然而完成有人底价值的人生,其所需审定批评的手段,正有多种式样。在这许多式样的手段之中,我以为最严重最后的手段便是"死",便是孟子所谓"所欲有甚于生者,舍生而取义者也"的"取义"之死的"死"。这个"取义"之死的"死",便是总理革命的生死观之终极;也就是完成有意义的有价值的人生之最高标的。

三、基于以上所述,我们可以综合为如下两义:

(一)万物生灭无常,不是绝对的而是相对的。即以我们人类说,实际是生中有死态(生元之新陈代谢,即所谓肉体的"机"之生灭相)而死中又有生相的(即老子之所谓"道生一,一生二……三生万物"的"道"之存在;亦即佛家之所谓物质不灭,精神不灭的道理)。我们正不必以生为乐而以死为苦。这是达观的无为的说法。

（二）确认人非仅是物，而是万物之灵的"有精神之用"的物，因此他必须有"我既为人，则当发扬我之精神，亦即所以发扬为人之精神"的信念。于是有注意于生死问题的哲学的意义，以确立其革命的生死观之必然与必要。于是乃重视于"立德""立功""立言"之不朽事业的建树，以求其精神的永生。这是人本主义的思想。

革命军人是"以救国救民为目的，有救国救民之责任"，他们是负着以杀人为救人的职志，抱定以"数十年必死之生命，立国家亿万年不死之根基"的杀身成仁的决心，以完成其三不朽中"立功"的事业的，所以他们的生死观，在右列两义的揭示之下，不但含有第一义，而且严格要求其必须具备第二义。

说到这里，我将根据以上提供，郑重地说：

淞沪抗日战争中阵亡的诸烈士，他们是尽了革命军人最后的责任了！

淞沪抗日战争中阵亡的诸烈士，他们既已尽了革命军人最后的责任；可是我们未死的武装同志以及我们呻吟于帝国主义压迫之下徘徊于生死之间的同胞同志们呢？我们将如何估量民族国家的利益，确定我们革命的生死观，以尽我们的最后责任呢？

呜呼！死者死了，我们除了尽我们的力量，对本师战死疆场的同志，于无穷的悲悼缅念之余，在时间和人力物力的限制下，特搜求行历，广征传记，编印卷册，以彰忠烈外，谨略阐生死微义，贡献之于我们以革命自矢的同志，在形式上，视之为普通之叙言可，视之为特殊之论述亦可；惟于实际方面，切祈我革命之同志同胞勿河汉我言是幸！

二十一年八月二十九日深夜

（二）七十二位烈士的略传

1.唐烈士循传略

图 5-50　工兵第八十八营上校营长唐循

陆军上校唐烈士慎之先生，讳循。世居湖南零陵之邮亭乡。生而颖异，少具大志；家贫，不能为学；及长，工读兼营；年二十四，始卒业零陵县立中学。鉴于时势，南赴广东，考入黄埔军校。勤操苦学，试辄冠萃。校长蒋介石先生，甚器重之！毕业后，分发党军工兵队见习，不数月，由排长升代队长。辗转调至各部，历任连长副官营附营长团附等职；曾参加东征北伐西讨南剿诸役，大小数十战，挫敌奏功，迭著勋名，毫无矜持！去秋调长国府警卫军第二师工兵营，旋改陆军第八十八师上校营长，精忠自矢，气节超人。当一二八沪案突起，先生于一二九即首先驰援，将所部由杭州开赴淞江，策应十九路军。继奉令转向南翔推进，再进守江湾庙行之线。迨二二二倭敌增援，向我总攻，炮火之烈，罕与伦比。我庙行阵地，遂遭重大损失。斯时一般将士，于弹雨饮血之中，飞机重炮，威迫之下，惶恐惊悸，危迫万分！先生独毅然下必死之决心，救党国之濒危，竟率所部士兵，力挽危局。每前进冲锋，必身先士卒，勇往杀敌，所向披靡！正图一鼓歼敌之际，不幸饮弹殒命！同时所属第三连连长施世德，亦告阵亡，良堪惋惜！先生卒年三十有二，远近闻讯，莫不失声悲悼！盖忠勇德信，感人之深，有以致之也！先生治军素严，而待下颇宽，故部属均能诚心悦服，戮力八载，廉洁自励，清风两袖，身后萧条。现遗寡妇孤儿，一家十口，无人赡养，亦云惨矣！其待人甚厚，每遇他人困难，虽当自顾不暇之际，亦常倾全力以济人急，尤足为当世风！且好学不倦，无论平时战时，涉览群书，手不释卷。尝以天下为己任，惜天不假年，赍志以殁；鸿才永逝，黄壤长埋，殊令人追怀凭吊不置云！

附 录

俞师长济时挽联

君竟成仁，想共同奋斗，出入死生，风雨同舟兹八载！

我来致祭，痛莫睹音容，难亲馨欬，精魂何处订三生？

2.陈烈士振新传略

烈士姓陈，讳振新，字文轩，湖北应城人。幼失怙恃，赖兄嫂以扶育。弟兄凡四，烈士居其末。世业农，以俭朴尚。君生性聪颖，且喜读书；诸兄爱其才，且欲成其志，遂合力迎师，为之教读。十五岁，肄业于本邑之高级小学，每遇期试，辄拔前茅，诸教师恒以大器许之！毕业后，感中国政治黑暗，军阀专横，及帝国主义者之种种压迫，每欲效班定远之投笔从戎，以肃清障碍，驱除丑虏。遂于十四年决志赴粤，投考黄埔军校三期肄业。广州沙基之役，曾因奋勇而受伤；杨刘之乱，东江之役，亦负重劳。毕业后分发第一师，出师北伐，而闽，而浙，而赣，而湘鄂各役，盖无役而不有烈士也！

图 5-51　步兵五二七团三营少校营长陈振新

十七年,全国统一,军事上可暂告休养,烈士诵孔氏仕而优则学之言,感总理革命不忘读书之义,复肄业于首都之军官团。对于经国济世之各种学科,奋志研究,曾不少懈!学成任第六师三十一团十一连连长。十八年讨逆之役,烈士每战必身先士卒,勇往杀敌,卒以过劳致疾,辞职休养。甫愈,复任职于国府警卫军一师。旋改编为八十八师,烈士即该师二百六十四旅五百二十七团第三营营长也。此次在沪抗日之役,因报国心切,杀敌过勇,竟以身殉!烈士为人俭朴,作事勤劳,身后遗弱妻一,年未三旬;幼子一,仅九岁。他无藏物,仅破屋半椽,薄田数亩而已!论曰:人孰无死?杀敌以死,成仁也!烈士素负班定远之志,怀岳武穆之忠,虽非班岳之才,而其忠义之怀,实等耳!古云:出师未捷身先死,常使英雄泪满襟!斯语直可谓烈士之写照。是烈士之身虽死,而其精神实亘万古不灭也!其志其行,皆足以昭往者,励来兹!吾辈后死者,倘能继烈士之志以迈进,则倭寇不足平也!

3.卢烈士志豪传略

图5-52　步兵五二四团一营少校营附卢志豪

　　烈士卢志豪,世居浙江永嘉楠溪枫桥之南溪,黄埔军校第三期高材生也。年方二十有八,而从事革命战役者,已不下百余次。盖自其卒业黄埔,充任排连长以来,东征北伐,以至讨逆剿□诸役,烈士无役不从。每战必身先士卒,所向披靡。南北统一后,中央创设革命军教导队,造就国防基干人才,以烈士品学兼优,功勋卓著,选任教官。烈士奉职惟谨,课余努力自修,手不释卷。尝曰:"欲期革命完成,非赖有高深学问不为功。余半生戎马,学殖荒芜,亟宜乘暇读书,以补未学。"其上进之勤,询足为现代革命青年之模范也!教导队扩编警卫军,烈士被任为营附。本年春改编八十八师,仍任五二四团一营少校营附。淞沪抗日之役,烈士亲临庙行前线奋勇指挥,激战数昼夜,弹中头部,犹频呼杀贼救国而逝,可谓壮矣!自烈士之死,而庙行之阵地于以保全;我军之威名于以震撼中外。然则烈士之死,岂不重于泰山哉?!烈士娶同乡金氏女,以奔走革命,未尝家居,故尚无儿女。然闻烈士之风,而继志述事者,正大有人在也,烈士亦可谓不死矣!

郑钟酰

4.徐烈士旭传略

图 5-53　步兵五二七团一营少校营附徐旭

徐君旭,字子歧,貌魁伟,性倜傥,有豪侠风。先世籍隶绍兴,自祖父经商永康,遂家焉。徐君系生长于永康者也。幼失怙,由姨母抚养成人。因家贫,无力入塾,十三四岁时,从事邮务,籍图口食。稍长,尝存乘风破浪之志!乃身入浙江军学补习所,研究军事学术,独见心得;书法亦臻佳境。旋走粤,从事国民革命,民国十三年,革命军成立教导团,徐君职膺排长,二次东征,身先士卒,旋升为监护队队长。后国民革命军第一师成立,被选为连长。努力作战,扫除军阀,所向有功。由第一师扩充为第九师,仍任连长,参与讨伐,无不凯旋!迨十九年因功晋升营长,旋调为国民政府警卫军第二师第七团团附,最后仍任营长。二十年春,因缩编改为营附。今岁一二月间,日寇袭沪,倾国而来,八十八师(即前警卫第二师)出而抵抗,二月二十日庙行一役,敌众我寡,势力悬殊。而徐君奋不顾身,冒枪林弹雨前进,竟以身殉。时年三十七岁!孔子所称"无求生以害仁,有杀身以成仁者",徐君其可以当之矣!徐君家有老父弱弟,此外无多人。尚于民国十六年服务国民革命军二十一师补充团,驻扎杭州,适第一师亦来杭少驻,得识徐君于营次。立谈之下,深悉徐君性情爽直,施与慷慨,公私均适,殊堪钦佩。生平关心民瘼,萦怀国难,尝以杯酒浇胸中块垒。至淋漓酣畅时,则咨嗟太息而言曰："倘无力以济世,当以死报国。"从未道及身家,真所谓因公忘私,诚心爱国者矣!徐君自入伍以来,身经战役,大小不下百余次,未曾少挫,同僚莫不称为福将。此次竟以抗日阵亡,足见其平日抱负之不凡矣!使身列军籍者,尽如徐君之英勇忠烈,则强敌不难歼灭;暴日虽凶横,何能得逞?八十八师特别党部,悯部属之殉国,搜烈士之事迹,编纂传记,昭示后人,俾知某某为国牺牲,民族之英雄也!尚与徐君忝称知己,爰特不揣固陋,直书其事实而传之,庶使徐君功烈,永垂不朽;而后之览者,亦可以闻风兴起矣!

陈庆尚

5.吕烈士义灏传略

图 5-54　步兵五二八团三营少校营附吕义灏

吕烈士,名义灏,浙江东阳人。黄埔三期毕业,第五二八团三营营附。阵亡于民国二十一年二月二十二日庙行抗日之役,年仅二十有六!烈士性刚直,见义勇为,年弱冠时,肄业中学,慨国事蜩螗,军人跋扈,外侮侵凌,内忧日亟,尝谓同侪曰:"吾辈青年,欲拯救国家,非刷新政治,铲除军阀不为功!岂可屈处乡里,与草木同腐,置国亡于不问乎?"民国十二年,烈士决心从戎,负笈之粤,投考入黄埔军校,奋勉勤慎,学术大进。毕业后,值国军北伐,烈士分发部队工作,迭经战役,奋勇争先,所向有功;为上官所器重,由排长而擢升区队长,而连长。烈士生平勤谨,克尽厥职,毋或稍懈;待士兵如子弟,故官兵乐为用命。今年一二八沪变发生,本师驻防杭垣,烈士惊闻恶耗,气愤填膺,以不能即赴前方杀敌为恨！嗣本师奉命出发,援助十九路军抗日,烈士欣欣色喜曰:"此吾辈救国杀贼,千载一时之机会矣！"出发之夕,即与部属厉声而曰:"此去不杀尽倭奴,誓不生还！"其决死殉国之心,如偿夙愿！二月十七日,奉命增援庙行,烈士奋勇杀敌,率领官兵,激战三昼夜,未稍懈怠;士气所振,屡挫敌氛！二十二日,敌以数倍兵力袭击,弹如雨注,炮若流星,烈士奋不顾身,杀敌冲锋,身先士卒,卒以中弹数枚,伤势过重而殉命！呜呼！烈士杀身成仁,死重泰山！谨传其略,以垂不朽。

王　熙

6.项烈士方强传略

图 5-55　师部上尉参谋项方强

项参谋方强,行五,辽西郡平庵仲山公之后,世居浦江城西隅。幼失学,曾往沪上纱厂工作;五卅案起回杭,因自号五珊。遂有从戎之志。发愤入明强小校,兼习童子军,毕业冠同侪。父赞元先生,曾任嘉兴地方厅推事;民国十四年冬至广州,任国民政府财部筹饷总处对校。方强年十九,只身远访,乃由宪兵科进黄埔军事政治学校第五期毕业。历充警卫军连长,淮安征兵局长等职。与王寿贞女士结婚于淮安,生一子正谊。万宝山案起,日本肆毒东省,又加兵沪上;二十一年春,警卫军奉令改编八十八师,方强以参谋随军出发抗日。二月二十六日,由江湾大场冯家宅连寄父书云"儿身在军国,有亏孝养,家内幸有兄长侍奉,内妇及正谊,请速招归家抚养,俾儿得以一心报国。至内妇日后事,则任其良心良性而已。兽日凶横,非内寇比"云云!越半月而里人于队员以噩耗至,云方强三月二日,奉令侦察,于罗店附近,遇敌阵亡!计其寄书到达之日,正见危致命之期,呜呼痛哉!呜呼壮哉!夫中国之耻,四万万人之同耻也;中国之仇,四万万人所同仇也。耻国耻,仇国仇,努力奋斗,为国捐躯者,四万万人所同深震悼而悲痛者也!此次沪上抗日救国战争,我八十八师损失为最巨,吾友方强与于难,吾愧吾友多矣!吾师赞元先生,恒举"武官不惜死"等语以训人者,吾师命余为略书其事迹,若不胜哀。讵独哀少子,实哀中国耳!然中国赖有此次大战,亦藉以略表见其不甘屈服,不惜牺牲,不怕威武,不绝抵抗的精神!四万万人民,爱国心理,如未尽丧亡,则爱国团结,当益以巩固。民心不死,民国不亡;民国不亡,国耻必雪!吾友方强,在沪血光中,岂不与民国同耀千古哉?承命记略,汗愧无似。

同窗弟罗儇拜录

附 录

(一)项赞元先生示方强词暨方强遗作和词各一阕
项赞元先生示方强词二十年秋感　调寄满江红

愤不欲生,东三省被人侵夺,七尺躯,腔血犹红;鬓须斑白。精神老去为斯民,责任肩来存一息。但能够奋斗倒倭奴,吾奚恤!? 高丽灭,台湾割;海军没,条约结。骎骎蛮烟又连及冀北!原来三户可亡秦,期以十年凭吾国;须达到长崎和对马,栽麻稷。

项方强呈复父示秋感倚声满江红调

入耳惊心,听危楼飙风暴急! 三尺剑,振振欲飞,化龙饮血。黄花冈下英气多,五卅案起雄心决。血肉躯从此别爹娘,归军国! 东海浪,滔天雪;中国土,金银窟。逞阴谋欲把支那吞没? 大呼四万万同胞,一致抵抗三岛贼! 除非是杀尽倭奴头,不停歇。

(二)哭小儿方强阵亡

项赞元

为民为国既多忧,丧我佳儿涕泪流。周岁孤雏谁寄命? 两春彩翼怨长秋! 临风洒血吞倭鬼;抗日成仁拟列侯。抚视怀中遗孽在,终当一雪戴天仇！

鲤训时闻大义彰，五卅案起志疆场。斯文企业基初建；讳武空余卷满箱。中国如为外国狗；活人不及死人香！可怜后觉成先觉，白发终天抱恨长！

（三）步前韵并志哀仰

世侄黄方大

何独先生抱隐忧，东风吹海涨横流。沪滨妇女惊戎候；伪国官僚得意秋。抗日有声轰孺子；报韩无策继留侯。执戈幸遂佳男志，弧矢传孙记父仇。

频来外患祸昭彰，策足投鞭入战场。警卫改编为劲旅；参谋学业富缥箱。声悲猿鹤英雄萎；体化虫沙姓氏香。父母妻孥均勿论，未能驱倭憾偏长！

（四）追悼表弟项方强先生忠烈千古

石秉圭

求民族平等而奋斗视死如归精神不死

为抗日救国任参谋舍生临难气节常生

（五）追悼项参谋方强抗日救国惨亡并慰喑　斯甫世伯先生

黄方大

投鞭慷慨赴疆场，赢得参谋勋业彰。红粉怀中泣黄口；白头家学丧青箱。豹亡身死皮毛贵；人去神存名字香。陟岵陟冈嗟季子，暮年蹇叔恨偏长！

年年同室逞威风，枉折栋梁孰见功？御倭幸能成义烈；题坊待为表精忠。名高幸配称志士；马失还须贺塞翁。他日沪滨旌节处，黄花冈血损他红。

7.雷烈士翼龙传略

雷烈士，讳翼龙，字腾飞，四川璧山人也。生于民国纪元前八年，天性聪颖，好读书，善交游；志气远大，品性坚刚，作事不畏艰难劳苦。初入璧山小学肄业，继入重庆中学，毕业后，留学北平大学，精研经史，及各种科学政治等书，又好读古今名人书籍，不数年，才冠于萃！烈士见国事日非，常语人曰："吾辈青年，不能坐视我国大好河山，任人宰割；弱小民族，任人蹂躏！当此国步艰难，正吾人脱颖之时矣！"时值孙总理创办黄埔军校，烈士遂毅然南下，投考黄埔第四期步科肄业。此时正军阀争于内，列强侵于外，内外交加，被压迫民族不堪其苦矣！以是烈士学习武艺之志益坚，救国之志益

图 5-56 步兵五二三团三连上尉连长雷翼龙

切;对本党主义之信仰亦益加纯笃!民国十五年,学业告成,在南昌分发第二十二师工作。后又调至陆军第一二师工作,历任排连长等职。数次北伐,无不参加;且每次遇战,无不奋勇冲锋,身先士卒,以善战斗!自一月二十八日暴日侵我沪滨,屠我同胞,我师奉命调沪抗日,烈士闻之,欣然喜曰:"是正吾辈雪耻报国之时,决与暴日作殊死战!"初在江湾激战旬余;后烈士又奉命调至竹园墩金家木桥等处,担任重要任务,日寇以大军包围,烈士卒能以一当十,击退日军!旋复调至金家木桥,日寇来势凶勇,火力极猛,烈士竟中弹身亡!呜呼!烈士父殁母存,有兄无弟,且未娶婚,亦云悲矣!但人生必有一死,惟其轻重不同耳。烈士为被压迫民族求解放,争光荣,谋生存而死,可谓重于泰山矣!

田　琳谨撰

附　录

(一)哭季弟翼龙

雷人龙

弟命竟如斯,闻耗痛欲死!我生纵达观,晚境谁堪此?频年幼者殇,家运抑何否？吾行负神明，奇祸乃及尔！修短难有数，立身贵无滓。爱国具热肠，居家重伦理。孝友秉天性，母兄虑哀靡。黄埔培军官，学优遂登仕。命以丁年终，功从北伐始；一朝任军职，转战数千里；勇敢著声誉，将帅多称美；倭虏犹未灭，奚暇谋妻子？本期挥天戈，用以雪国耻！时日与偕亡，御侮志同矢！何图霹雳惊，军声忽变征？浴血殉江湾，招魂为剪纸。无尸裹马革，无地埋国士！倘俾老母知，悲痛当何似？予季竟国殇，肠断对江氾。挥泪检遗书，传略付青史。

（二）烈士遗书

（甲）由江西沙溪军次寄长兄雨春书

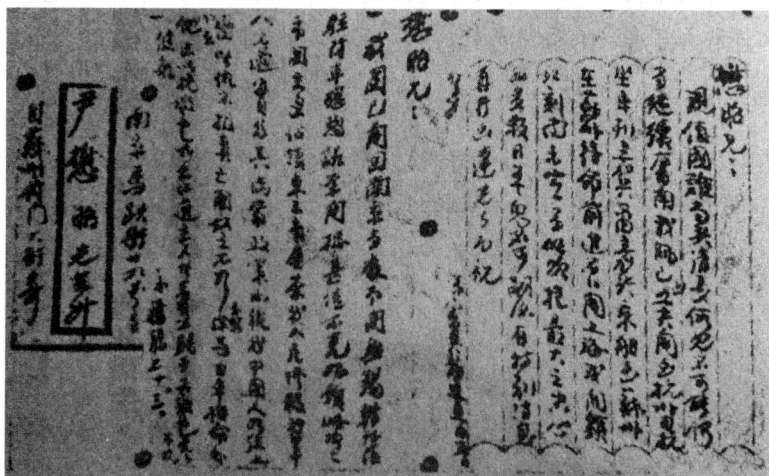

图 5-57　雷翼龙遗书

——本函前两页业已散帙，殊为可惜！

……来地位如果好时，决与兄嫂共同享受，只要兄嫂侍奉母亲，要好，要诚恳，不计小利。至于回川一事，弟早在计划中。如果时机到来，自有相当把握。弟偶一念及将来前程，及母亲百年大事，心中总觉痛苦极矣！刻下当连长，较前次当连长尤困难，责任更重大。在下办事，多不得力；兼之每连有自动抢九枝，每枝值二千元左右，昼夜均提心吊胆，警惕不怠，深恐陨越！弟经过危险太多，差不多九死一生，至今仍在危险界中。然军人志在为国为民，剿□御外乃是军人本职；且天之生人，自有个人造化，何计其他？弟所忧者，惟母亲不得使之得享清闲之福！虽住常州，但心中多不快，兄嫂须设法安慰之！弟在兄生日，决来常一行。专此布覆，即请合家夏安，并叩母亲金安。

弟翼龙上

七月十三日

（乙）由浙江五夫营次寄长兄雨春书

雨春大兄：我团由杭开来五夫，集中训练，距宁波坐火车仅二时半便到。弟在杭时，曾与震东促晤谈，请其吃饭看戏，并照旅费洋十元。弟近年来，颇感学识不足，命运不佳，常遭意外刺激；稍有办法时，无形中又遭失败。弟在军中做事，自问能力经验，未见落人后，但有机会时，总被捷足者先得。近阅佛书，每多憬悟，凡事以恬静态度处之。（中略）弟每日除操课外，不外看书写字，决意屏除嗜好，力养心性，以期身心强慧！决从进德求学着手，将来事业，方有根基而不致倾颓也。弟历年所犯之病，惟能知不能行，能行则无恒矣。以后当痛矫此病。完了，即祝愈安！

弟腾飞谨上

十一，廿三

（三）同学尹懋昭挽词

以身殉国难，为军人尽天职，为民族争光荣，慷慨壮烈，虽死犹生。
用血歼倭奴，替先烈除遗恨，替国家雪耻辱，悲愤激昂，惟战则存。

8.许烈士永贤传略

图5-58　步兵五二三团六连连长　许永贤

烈士姓许,讳永贤,别字思衡,世居诸暨南乡北坞村。幼颖好学,同文高小毕业。后考升诸暨县立中学,名列前茅;修学未满,即慕班定远之为人,投笔从戎。入浙军第三师周凤岐部充当列兵,旋升班长,后周凤岐创办浙江体育师范学校,就其部下优秀班长,考选入学者甚众,烈士其首选焉!在校恪守规例,勤习操课,教务长蔡倔哉先生,颇器重之!毕业后,适值周师长凤岐,受任为国民革命军第二十六军军长,烈士心切革命,即投效。旋入二十六军军官补习所,以蕲深造。十六年春,乡人周济民任国民革命军第十三军第三师副师长,兼第五团团长,电召烈士前往工作,畀以第五团机关枪连中尉排长,后升连长。十七年中央实施编遣,烈士乃乘机退休。十九年二月,国民政府警卫旅在嘉兴成立第二团,现任本师第二百六十二旅旅长杨步飞充任团长,因机关枪人员缺乏,乃嘱第六连连长许尚淦函招烈士前来工作,即委为第二营机关枪连中尉连附,主持成立。烈士悉心规画,致力训练,成绩大有可观,遂擢升为上尉连长。不数月,陇海路发生战事,烈士率队迈进,身先士卒;归德李大庄之役,腿部负伤,乃赴嘉兴福音医院疗养,两越月始告全愈。即回前方仍任连长,继续努力。去年湘赣剿□,烈士亲与其役,不辞劳苦。自警卫旅第二团成立至合编为警卫师第五团,又扩编为警卫军第二师第五团,再改编为八十八师第二百六十二旅第五百二十三团,烈士始终未离职务。其对于本军历史,不可谓不悠久矣!今年淞沪变兴,本团奉令参加抗日,江湾小场庙之役,烈士奋臂一呼,竟以身殉!年仅二十有六!按烈士生平,交友以信,待人以恕;且极殷勤诚恳,故部属胥乐从之。烈士幼失持,奉婶母如生母,曲尽孝道。父尚健在,闻烈士殉难耗,哭几失明!烈士先娶陈氏为室,生一女;旋陈氏因病故,继娶周完玉女士。去婚礼未及一载,遽赋死别,亦云悲矣!余与烈士自警卫旅第二团成立,同事至今,故悉其生平事略綦详。爰为之传,以俟夫政府之表扬也!

赵畴九述

9.陈烈士绍笙传略

陈君绍笙,字伯珍,浙江青田北山人,年二十九岁。暴日侵沪,江湾之役,身先士卒,饮弹而亡,时中华民国念一年二月二十二日也!呜呼惜哉!君家世治儒业,为青田望族,祖兆兴,清贡生;父葆彝,历任长兴塘栖三墩警佐,有政声;兄弟四人,君其季也。幼颖敏,东发受书,讲解异群儿。稍长,就外传;以教师教育不良,心窃鄙之,遂抱负笈游学之志!是时其兄绍霭充警备队哨官,驻扎瑞安。瑞安为浙东文化之地,君乃随兄之任所,入瑞安中学卒业以归。旋其父卒于官舍,闻讣哀毁。既恐伤母心,顺变节哀,痛自振拔,冀得升斗禄以养母。于是整装赴粤,充黄埔入伍生。嗣于中央军校第

图 5-59　步兵五二三团十二连上尉连长陈绍笙

六期卒业,复入机关枪研究班。其志盖以军,事上之学识,务穷究极研,未可故步自封!后派充第十师中尉服务员,参加讨冯唐之役。虽征聘频来,卒不欲就!后愿充警卫团机关枪第二连少尉排长之职,对于训练及整理,以勤谨著称。君是时年方二十有六,即民国十八年。其母以其年已及壮,尚未授室,电促之归娶。归时,仅乞假两星期,道路往还,须旬日,而新婚甫三朝,遂收拾行装,毅然出门,其勤于职守,及恪守上命如此!由是益为长官所器重。旋调升本连中尉排长,十九年八月,调升警卫司令部重机关枪营第三连连附。参加陇海路讨阎冯之役,凯旋后,改编警卫师第五团第一营第四连上尉连附。二十年四月,调升警卫第二师第五团三营十二连连长之职。计所入之俸,略足事亲,遂迎母携新妇就养于杭垣,以便定省。方谓出以尽忠于国,入可尽孝于亲。讵知倭寇日深,国耻难忍,此身许国,遂以阵亡!君固无愧爱国健儿,而足重于泰山矣!惟堂上有年迈之母,哭子心悲;身后产遗腹之儿,哀嫠情惨,此则倍觉伤心。而为之笔述者所为痛哭流泪而不能已者也!

10.黄文渊即李烈士德富传略

图 5-60　步兵五二四团二连上尉连长李德富

陆军第八十八师第二百六十二旅五百二十四团一营二连连长李德富，四川叙州人，本姓黄，名文渊，字慕颜，为余从侄。幼承继舅父李氏，故改德富名。李氏有子，而渊父逝世，老母罗氏，侍奉无人；幼弟文汇文潭，年甫冲龄，亦侍育养，诸叔乃商其舅氏，循例归宗。因军籍历史关系，仍沿用李姓旧名。事母至孝，诚厚过人，读书于岷江边之牛喜场小学，勤敏异常，试辄高列前茅。季叔植文，现任四川屏山邮局局长，早年颇深器之！当思有以教导，送入叙中升学。十三年本党改组，革命空气，顿呈紧张，全国青年，亦多参加组织。故渊于是年径赴广东，考入黄埔军校。十五年，本党出师北上，渊即与列戎行。岳州汀泗桥等处，亦参加战役。十六年，武汉事变，遂返家园。时适帆任滇中军职，师次东昭，兼办各县党务民众组织，文渊随营工作，甚为尽力；文书宣传，尤多供献。十八年春，值全国统一告成，中央正谋训练国防人材，遂有教导队之设。渊平时极喜研究近代式战术，遂又投该队，学习新式兵法。入校后，耐劳茹苦，勤学不懈。毕业后，即分发教导师一团七连，充中尉排长。十八年讨石之役，奋勇异常。十九年调充该团五连上尉连长。讨冯阎归德兰封诸役，以劳顿过甚，致精神感受损伤，时患失眠等症。养病未愈，而济南失守，仍力疾从征，战于大汶口东阿之线，尤为努力！二十年教导师改编，文渊欲暂休养，以待病愈，后编一团服务员，责轻事少，乃随军赴杭仁爱医院诊治，是年七月乃愈。九月调警卫二师六团一连上尉连附,十二月调升二连上尉连长。到连以后,待兵诚厚,全连精神,极为融洽。曾于一月二十八日致书告帆,谓成绩尚未落伍,甚蒙师长嘉许等语。尔后国难日急,而渊报国之念愈坚!自沪战发生,随军由五夫出发,因慨日寇嚣张,携弹荷枪,恒深宵不寐。庙行之役,尚有足疾,仍身先士卒,上马杀敌。当时炮火异常激烈,遂致弹伤颈后;负伤时犹下令坚守阵线,誓死不退!卒以寇众我寡,短兵相接,白刃加身,乃为国捐躯矣!呜呼!渊以十六幼童,稍知国事,便百折不回,献身革命;今以弱冠青年,当内忧外患存亡之秋,忠公报国,奋不顾身,沙场碧血,洒灌民族精神,死得其所,尚复何言?惟望政局得安,寇患早灭;主义实现,革命完成,则吾侄之死,宁不更为光荣!渊母罗氏,年及六旬;幼弟无知,家贫如洗。身后茫茫,更不禁为烈士含悲,而有望于仁者也!

从叔黄云帆谨述

11.周烈士传炳传略

图5-61　步兵五二四团三连上尉连长周传炳

烈士字秉真,湖南浏阳人,现年二十八岁。曾在湖南大学法科毕业,旋痛心国家之积弱,投笔入黄埔军官学校第六期步科,卒业后,历充各师连排长,及其他军事工作。平日训练士兵,辄以救国为前提!手编国耻讲义一本,都数万言;且于忠勇二者,尽力激厉。犹忆民十八秋,奉命剿江苏邳县股□,晚十二时出发,深入□巢,于宿羊山附近,猛力进攻,身受二伤。调治两月,始良于行! 旋调升国府警卫军,仍任连长。去岁改编为八十八师,即任五百二十四团一营三连上尉连长。淞沪抗日之役,烈士愤慨填膺,奋勇死战,士气大奋! 二月二十二日庙行之战,暴日悉力来犯,火力之猛,实近世战争史中所罕见! 烈士身负重伤,犹忍痛指挥不肯退却! 卒之暴骨沙场,保全阵地! 烈士以血肉之躯,作国家堡垒,忠勇英烈,实足光耀千秋矣!

胞兄天君记

12. 唐烈士邺传略

图 5-62 步兵五二四团十二连上尉连长唐邺

> 吾将斩龙足,嚼龙肉,使之朝不得回,夜不得伏,自然老者不死,少者不哭。

又衡于随军抗日之前一日,于戎事倥偬中挥笔为我书一琴条,并告我曰:"邺武人,不善书事,今我军奉命开淞沪,杀日寇,军人生命,原不计朝夕,特节写李长吉苦书短。贻留纪念。……我固深愿与君重相见也!"

呜呼! 壮烈之怀,形诸笔墨;悲伤之情,溢于言辞! 我于又衡缔交仅半载,于又衡个人历史,仅知其为中央军校六期毕业,曾充排长连附连长等职,籍贯为湖南常宁,现年二十六岁。其他如家庭情形如何? 戚属现状如何？因又衡深讳之而末由知之。

今多方证实，又衡已战死矣！大丈夫马革裹尸，自是英雄本色。为民族争生存，为国家争人格，又衡之死，又深觉光荣矣！虽然，暴日披猖依旧，"龙足"未尽"斩"，"龙肉"未尽"嚼"，既未尝"使之朝不得回，夜不得伏"，而"老者""少者""死"与"哭"之情状又比比皆是！呜呼！又衡死矣；又衡之志犹未酬也！我书至此，投笔无次！

柯励群记

13.马烈士骢传略

图 5-63　步兵五二四团十三连上尉连长马骢

烈士姓马，名骢，字安石，湖南湘潭人。短小精悍，沉默寡言。幼有远志，不屑事家人生产，故能效命疆场，得偿马革之愿，有由来也！父桂臣公，以辛亥湖南首义，及民二征蒙功，授陆军步兵上尉；母唐夫人，不幸皆早逝。时烈士刚四龄，与兄鲲鹏，伶仃孤苦，赖祖母唐太夫人抚养成立。年十四，见国事日非，民生凋瘁，非革命不足以图存，乃只身徒步，间关千里，南走粤，依其从父骧于北江军次。从父责其年少躁进，烈士谓古童子汪踦能执干戈卫社稷，窃愿效之！从父嘉其志，命考入黄埔军事政治学校入伍生队。于民国十六年，毕业于本校第五期步兵科；复考入国民革命军军官团高级班，至十七年毕业。历充首都卫戍团中尉排长，暨国民政府警卫军上尉连长等职。转战数省，如豫湘赣讨逆剿□诸役，皆与焉！勋劳卓著，人多以大器期之！二十一年一月二十八日，日兵寇沪，与我十九路军接触。烈士时充八十八师二百六十二旅五百二十四团第三营十三连连长，驻防浙江宁波之五夫，已经其长官保送步兵专校肄业。烈士以日人侵略，关系我国存亡，军人职在救国，求学次之，辞不往。随俞师长济时，参加上海战事，扼守江湾庙行之线。其地形势开豁，又复突出，在战术上为弱点。故寇以数倍之兵力，籍其新式利器，飞机巨炮掩护，日夜冲击。二月二十二日拂晓，烈士连在庙行镇附近任营预备队，因我阵地铁丝网破坏，势甚危殆，奉令增加右翼最前线。沉着射击，奋勇抵抗，战至日中，以炮火猛烈，所部伤亡垂尽；烈士恐阵地有失，牵动全部，乃率残部由战壕内冲出，与敌肉搏。奈孤军深入，遭敌左右机枪扫射，中弹仆地，犹大呼前进喊杀不已！所部生还者仅十余人，烈士亦以伤重殒命！阵地与遗骸，皆为敌有。事后其从父骧悯之，以烈士衣冠，葬之故乡；并于死事地方立碑，俾后之人有所考焉。呜呼，烈矣！惨矣！烈士生于民元前二年庚戌，亡年二十三岁。配同邑朱亭谭丽云，湘潭中学初中生，结缡仅年余！遗子天仇，生甫数月云！

周鼋山

14. 傅烈士允文传略

图 5-64　步兵五二七团十一连上尉连长傅允文

傅允文，字斐然，浙江省义乌杜门人。行六，五岁失怙，受母教，知忠义之道，颇喜武术。年十七，从军入粤，会蒋总司令誓师北伐，允文隶刘峙第一师为连排长。由粤而湖楚，而湘赣，而皖苏，所历大小数百战。无不克敌奏凯焉！国府警卫军第二师成立，烈士任连长，旋该师改编为陆军第八十

八师,仍驻首都拱卫,暴日侵沪,十九路军为自卫而战,义声所播,廉顽立
懦,八十八师将士,莫不义愤填膺,愿为十九路军助。于是请缨长征,以任
左翼之抵抗。允文率所部,驻庙行,日与士卒共处战壕,沉着应战,暴日不
得逞! 其后日军加援猛攻,血肉相搏,历四昼夜,几于无暇寝食! 前后冲锋
九次,日军竭蹶支撑,仅免溃退。而允文以出入枪林弹雨中,身着四弹,致
陷日军阵地,不得脱;狂呼杀敌,士兵为所激动,勇往迈进! 旋日军如潮而
至,不能敌,士卒退守原防,而允文已为国牺牲矣! 时中华民国二十一年二
月二十二日晨七时许也! 允文年二十七,娶常熟陶氏女为室,子名指挥,盖
亦期望其能继父业耳! 故于允文殉国后,命名田难,使长而为国家效忠,不
忘旧仇也! 允文屡役讨逆,身有创痕凡七,可见其奋身不顾,自昔已然,于
今为烈。而碧血常凝于黄土,白骨未返夫故乡;老母倚闾,何来甘旨? 寡妻
画荻,将慰忠魂! 此则令人恻然而深慨者也!

吴县范烟桥撰

附　录

烈士十九年三月自题小像

七尺从戎意气豪,一生效党矢宣劳。

愿将慷慨输他辈,敢谓激昂属吾曹!

15.骆烈士朝宗传略

图 5-65　步兵五二八团二连上尉连长骆朝宗

骆烈士朝宗,字于海,浙江义乌北乡西翰庄人,现年二十九岁。忠勇刚

直,诚实朴素,束发受书,颖悟迈常。民十二卒业浙江第一中学校,名列前
茅。嗣即执教鞭于本乡楂林之汉高小学校,历任三年,蜚声乡里。顾烈士
抱革命之大志,不甘雌伏牖下,遂只身走广州,服兵役。旋考入黄埔军官学
校第五期炮科肄业,始得遂其所愿。毕业后,历充总司令部政治训练部科
员,十六年八月调监护营三连副连长,十月充国军补充第四团九连排长,旋
改第一军第一师第四团,仍充原职。十七年八月,改编陆军第九师四十九
团十二连中尉排长,十八年五月升充该连上尉连长。旋改充国府警卫团一
营二连排长。十九年一月,调升警卫旅一团一营三连上尉连长,二十年一
月调警卫师步兵第二旅司令部参谋。八月七日调警卫军二师八团二连连
长,旋改八十八师五二八团一营二连,仍充连长。本年二月二十二日晨,庙
行抗日之役,奋勇指挥,饮弹阵亡。回念烈士自革命北伐以来,历次战役,
无役不从。十五年八月,湖北汀泗桥贺胜桥武昌之役,十月江西狗子山之
役,十一月南昌牛行乐化车站之役,十七年四月苏鲁韩庄临城滕县之役,五
月泰安之役,十八年三月讨伐桂系平汉路祈字湾之役,九月湖北襄阳老河
口讨冯之役,十九年讨伐阎冯宁陵史集仲堤圈之役,临阵身先士卒,奋不顾
身,屡建奇功。此次竟以抵御外侮而殉国,可谓死得其所矣。烈士曾祖隆
泰公祖父逢春公,俱忠厚长者;父有德,早卒;母金氏,苦节抚之!娶妻傅
氏,生三子:长嘉文,十岁,次嘉行,八岁,三嘉信,三岁;女一,月梅,十二岁。
长子嘉文及女月梅,从父读书于京杭,聪颖可爱,已晓作文书算。闻烈士为
国捐躯,尽哀尽礼,痛哭者累月。烈士本考取步兵学校,已准备入校。嗣出
发抗日,以卫国御侮,军人天职,乃中止。使非为国捐躯,宏其造就,则烈士
前途之所建树,宁有限量?乃竟赍志亡身,岂不痛哉!

张智水

16.骆烈士健郎传略

海上事发,八十八师奉命于杭州前拔,五二八团骆连长,跨白卫促伍前
行,其新妇以衣两袭,果食数盒,来别,连长携之,行数百步,返,忽掷衣盒于
地,探囊所有五十金,尽付之曰:"姑取此去,毋我念也!"妇大号,不知所以,
昏颓路上;连长不顾,纵骑飞驰去。连长者,早以身许国,先离绝其新妇者
也。大场一役,饮六弹,腹为长刀穿,压卧敌中队长身上,而右手所握长刃
尚未于敌胸拔出也。呜呼!壮薄云天,烈撼河山,千古忠烈不仅见矣!计
手刃敌中队长二,曹长一;卒年二四。连长四川古兰望族,少健,以健郎名
之;十六岁,即好游,慕郭解,清浊俱结纳。三年,败其产;不归。浮大江下,
踯躅金陵清凉山侧,饥寒迫;幸善击石,木巅取鸟,鲜或幸兔,敛败枝炙之,
聊以疗馁。山僧饭之而使抄咒,怒曰:"骆某不为此!"曾同里军官某至,顾

图 5-66　步兵五二八团二连上尉连长骆健郎

之曰:"骆兄何之此耶?"偕至营,充副官。不合,学于中央军校研究班。敦忠信,尚义烈,侪辈钦服。历充警卫师排连长。生平事迹,大略如此,漏颖卑墨,难形英烈于万一也。

于　种撰

17.万烈士羽传略

图 5-67　步兵五二八团十二连上尉连长万羽

十五年,革命军将入江苏,北洋军白宝山扼铜官山。白部上校某,从数骑,使一少年樵夫导径,樵夫引之败庙,忽有樵夫数十,弃担出枪,从骑尽歼,上校被虏。少年樵夫者,即今欲传之颂之之万烈士羽。前革命军先趋游击队班长也!烈士湘武岗产,体魁伟,目炯炯迫人,弱冠,习拳击,不修细行,父老目周处一害焉;父怒,遂不使归,不知所踪。他年,父商广州,触二欧水卒怒,遭击,归呕血亡;五日后,二水卒亦被刘江干杨树下,面上有刀文,"万郎为父复仇"六字,知之者,曾见烈士衣戎衣曾大号于湖南殡舍之侧焉。孝肠侠骨,堪嘉堪叹也。南北统一,烈士复考入中央军校,卒学于第五期,分发至警卫团,后改编警卫二师,又八十八师,任五二八团连长。海上事发,烈士御大礼服,留景,并倩名画家作像,语其妹曰:"善藏此像,此乃英雄之遗像矣!"妹大哭,烈士大笑,挥鞭扬长去。庙行一役,天日色变,于杨涣桥头,烈士手刃敌一少佐,一曹长,终至卧血泊,英名成,而壮史铸矣!时年二十八。事后,慈善家杂乱尸掩埋,几茎蓑草,烈士封鬣,黄土一坯,壮士骨埋。清明絮酒,浇飨无人;春秋锢箔,酬祭乏嗣,壮矣哉!亦惨矣哉!

古　劲撰

18.季弟赵烈士公毅传略

图 5-68　步兵五二七团一连上尉连附赵公毅

季弟公毅,幼颖悟,举止异凡儿。童年肄业乡校,师长成器视之。稍长,卒业于定海中校,各种科学,俱窥津梁。时值国家多事,外侮日亟,慨然有定远之志。投入二十六军军官教育团,转入辎重专科,于学术两道,获有相当成绩。历充十三军中尉排长,警卫第二师中尉排长,暨任八十八师上尉连附等职。方期龙阶尺木,飞腾有日,弟之素愿,可于是渐偿。今春,日本启衅沪淞,八十八师奉调,与十九路军连络自卫。庙行之役,弟奋勇冲锋,被敌围攻,竟饮弹阵亡。先是,该部出发之时,弟适染痘症,在假未愈,愤不欲生。慷慨请赴,上峰再三劝令暂留后方医治。疾稍平,即力疾从公,遂及于难。凄凉白骨,欲裹马革而未能。虽为国捐躯,死得其所;第不克竟其志而没,能不酸鼻痛心耶?!季弟年仅二十有七,事亲孝,与兄敬,高堂钟爱之。喜读孙吴诸家兵书,间与人谈及时事,辄愤惋激昂,有拔剑欲赴之概。军籍羁身,未及谋室。今以仲弟之子伯英为嗣,招魂备葬,礼也。爰举平生行事,略述梗概,尚冀鸿儒硕彦,弗吝金玉,俾得表扬休烈,以备史氏之采,则存没均感于无既矣。谨述。

胞兄赵钜恩谨述

19.许烈士培华传略
步兵五二七团十二连上尉连附

烈士名元善,字培华,江西宜黄县人。祖先历代仕宦:曾祖道藩公,前清四川兵备道,祖汝玑公,同治举人,父述祖公,江西南安检察长。均为官廉正,故家境极为清贫。弱冠失怙恃,卒业高小,无力转学。怀抱大志,不肯倚赖他人;鉴于家道之衰落,更愤国势之积弱,乃毅然弃文就武。初在河南陆军第一师步兵一旅任书记官,深觉该师纪律欠佳,缺乏国家观念,是以去职旋里。迄民十五年北伐军到达江西,烈士自请投效,得任军官团中尉书记;十六年随营回粤,转入黄埔军校第五期肄业。迨毕业后,复在南京入教导队训练,嗣奉委充任教导第一师步一旅排长,旋升该旅二团十二连连长。前此讨伐阎冯战事,归德杞县野鸡冈诸役烈士均参与焉。惟隐以内战足召外侮为忧。后教导师改编警卫军,烈士以上尉阶级奉派于一师一旅服务。二十年秋,警卫军第二师增练新兵于杭州,烈士奉委充新兵教育总队二大队九中队队附;未几又值改编调充陆军第八十八师第二六四旅五二七团三营十二连上尉连附。此次日寇侵沪,八十八师隶第五军参加御敌,烈士为国抗战得遂初衷,星夜驰赴前线。别其妻时,无戚容,无畏色。大场之役,鏖战两昼夜,意气益壮,乃不幸竟于二月二十二日中弹殒命!忠骨暴沙场,家属往觅而未得,伤哉!烈士素性沉毅,气宇昂藏,卒年仅三十有一!遗妻黄氏,名淑清,长烈士二龄,读书明礼,伉俪素笃,惜尚无子女。呜呼,惨矣!烈士为国捐躯死足重于泰山,用特沥叙事略藉以表扬,而慰英灵,是为传。

许培兰

20.章烈士煦东传略

图 5-69　步兵五二四团第二营营部中尉副官章煦东

烈士姓章氏,名熙东,字皞如,世居安徽东流县。父韫颔,通法学。祖父筱陆先生,为邑中名宿,文章道德,彪炳一时。烈士幼承家教,力学笃行。年十五,入省立第一工业学校,习土木工程科。越四年,以优等卒业,任本县章氏大兴小学校教员。顾其少年志锐,每谈国事,辄慷慨而将有为,不欲老守于书帷之间! 民国十六年四月,国民革命军第三军,由苏回赣,道经烈士之里百笏村,营长字某,见烈士而奇之,挈与偕行,是为烈士投笔从军之始! 既至赣,入中央军事政治学校南昌分校;卒业后,服役暂编第一师攻城营。十九年五月,国府出师中原,归德之役,烈士率其所属,奋勇先登,城阃遇伏,为手榴弹炸伤,医治数月始愈。旋改隶国民政府警卫军,复改编为陆军第八十八师,时烈士已晋秩中尉副官,随军遍历赣浙诸省平□。虽在行役之中,不荒于学;尝欲出国,精研军事。及二十一年一月,日寇南侵,淞沪战起,国府虑十九路军兵力单薄,檄调八十八师驰赴前方,担任庙行江湾蕴藻浜一带防务。倭奴逞暴不已,激战兼旬,死伤积野。二月二十二日,烈士手握短枪,在庙行前线,喋血督战,寇军炮弹雨下,脑部为穿,遂殉焉! 烈士赋性笃厚,乡党同称之。果敢而有识,于常人处,尚见义勇为;国事至此,日难抑其生平英烈之气。及出发赴沪,与家人书,每以得从御侮为快;且分赠照片与故乡朋旧,而缀激昂悲壮之语,盖已不愿生还矣! 烈士殉国时,年二十七,尚未娶!家贫亲老,两弟稚幼,然"匈奴未灭,何以家为",在烈士之心,当不以此为深憾也!遗骸稿葬于大场,去其阵亡之地不远,须俟日寇退去,方可前觅也。

河北省党部干事族兄曙谨述

民国二十一年四月

21.郑烈士在邦传略

图 5-70　步兵五二七团十二连中尉连附郑在邦

　　郑烈士在邦,年二十六岁,籍隶浙江宁海,少有革命大志,尝谓同学曰:"当今军阀专权,政治腐败,非革命难以救中国之危亡,非打倒军阀,难以救人民于水火。"民国十六年,我革命军抵定大江南北,烈士投笔从戎,入第一军参加北伐,因得与余同事于战线焉。民十七年二月,烈士鉴于欲作伟大之革命事业,非有高深学问不为功,故与余同入洛阳第二集团军军官学校求学,在校八月艰苦备尝,而烈士甘之如饴,其好学之诚心,良足为同侪之矜式!卒业后,烈士以所受军事教育时间之短促,复投考中央军校第七期,于十八年十二月毕业,分发本师见习。以奋勇勤劳,屡功擢升中尉排长。今年一二八沪变发生,烈士任八八师五二七团十二连中尉连附,迨余抵汉时,始悉烈士已于三月一日殉身于沪西孟家宅抗日之役矣!噩耗惊闻,不禁为之放声大哭也!呜呼!烈士死矣!烈士为国家争人格而死,为民族争生存而死,其忠义之精神与英烈之浩气,实足炳耀千秋,亘万古而不泯,则烈士岂不虽死犹生乎？惟余以百战余身，视烈士之成仁，悲国家之多难；革命健儿，又弱一个；益觉继续努力，完成遗志，其责任已属于吾人之身。今后惟有勉竭努钝，追随烈士血迹，以少慰英灵于九泉耳！挥毫哽咽，不知所云；烈士之灵，实式凭之！

施其程志

附　录

烈士遗著

节由镇江军次寄族弟永春书

……吾弟敏勉求学经济，当望成名！我则为国效劳，报仇雪耻，具有决心，万死何惜？兹附录寄怀诗二绝，聊资纪念：

十年壮志负同仇，何物矮儿缠不休？
莫雪狼烟禁一扫，还看洗马到瀛洲！

一夜腥风卷地来，八方告急羽书催；
此行若不犁庭穴，忍见低头负盾回？

宗兄在邦未是草
郑邦丙抄

22.连烈士逸卿传略

图5-71　步兵五二三团一连中尉排长连逸卿

连君逸卿，一名伟英，广东潮阳县大布乡人也。幼聪慧有大志，曾肄业于汕头角石中学，父兄素业商，屡命其舍学就商弗愿也，曰"大丈夫当马革裹尸,为国家社会建功业谋幸福,何必汲汲货利为?"迨民国十六年秋,入黄埔陆军军官学校第七期肄业,成绩甚优。毕业后,入国府警卫军实习。嗣警卫军改编为第五军,君在该军第八十八师部属,先后任训练员及排长等职,勤于任事。自九一八东省事件,至一二八沪变发生,君无日不痛恨暴日之凶横,思为国雪耻!二月十七日,第八十八师移防上海江湾庙行张华浜等处,正值暴日准备总攻之时!至二十日,敌突以数万之众,环向该处猛攻。君素具忠勇,视敌炮火若无所睹;每战身先兵士,竭力抵抗,毙敌无算!乃敌以屡攻不逞,遂于二十二日集中全力,用唐克车铁甲车飞机掩护,猛向庙行阵线进攻,激战竟日,肉搏者数次,伏尸遍野,流血成渠,战争剧烈,为一二八以来所仅见。当时其连长已受伤,君被选代理连长职务,带队应战,深入敌阵,所向披靡。而君竟因此为敌弹击中喉管!仍复奋其勇敢精神,忍痛冲锋,疾开步枪一排,连呼前进杀敌数语而卒!阵上士兵,闻此悲壮口令,莫不感奋,敌胆为寒!其死事之烈,该军至今犹称赞不已!君殉难仅二十六,使天假之年,必有所建树,奈志未酬而身先死,令人感慨唏嘘而不能置!然君之勇于御侮,为国捐躯,浩气英风,实足以昭垂青史,振顽立懦;于国家民族之关系,殊非浅鲜!是身虽死,而精神仍不死也。

黄廉卿

23.俞烈士善为传略

图 5-72　步兵五二三团二连中尉排长俞善为

　　俞烈士,讳善为,字维仁,浙江金华之月潭村人也。生而敏,性好学,惟因家境清寒,无力就学;其姑母见其甚可深造,前程无限,乃慨然资助入学。

烈士因有聪颖之天资,猛进之精神,旦旦孜孜,成绩斐然,颇得师长之赞嘉,未几由小学而中学。于民国十三年,卒业于浙江省立第七中学,名列前茅,成绩优良,擅国英算三科之长,尤以英语为最。然以经济困难,不克上进,中途辍学。不得以乃服务本县秀峰小学,从事国民基本训练,籍维持个人生活。但烈士进学之志,未尝稍有灰心。烈士执鞭该校,爱护子弟,竭心尽力,谆谆教导,三年来如一日。不特得学生之信仰,即同事亦莫不敬且重之!其个人生活,处处亦惟勤勉自持,每每于教务之暇,即执卷攻读。其卧房之壁上,常贴有"英雄气短,儿女情长"之字条,引为自惕!洎乎北伐军抵浙,烈士认为正男儿救国良机,应合群策群力,完成革命,再造中华,遂慨然投笔从军。既因无军事知识,只能随军宣传政治工作。旋于十六年六七月间,考入二十六军军官团,受高深之军事训练;翌年四月卒业于该团,即在第六师充任少尉排长之职。西征北伐,转战数年,军阀□□,次第荡平,乃凯旋而还。十九年调充国府警卫第二师(即今八十八师)擢升中尉排长,去年九一八案发,东北二十余万貔貅,卷甲而退;三省国土,转瞬沦亡。暴日尚不知厌足,得寸进尺,重兵环锁沿海,连年自相残杀之将士,均按兵不动,不敢倡议请命。大好河山,一任倭寇猖狂;俞烈士因无命杀敌,位卑职微,不获有所表示,惟有悲愤之余,向隅长叹而已!自一二八沪战爆发,十九路军尽职守土,八十八师奉命往援,俞烈士闻此消息,扬眉吐气,手舞足蹈,其英壮之气概,使人肃然起敬!当其出发之日,余姐徐醉仙女士(即烈士之妻),亦在杭垣,因其少年伉俪,不免有儿女缠绵之情。余姐勉其此次身冒锋镝,与强敌对阵,前途善自珍重,早日凯旋而归。俞烈士则高声奋然曰:"汝不闻日军夫人之故事乎?日军出发之时,其妻犹能自杀以勉其夫,使夫决心无恋;汝畏余为国牺牲耶?!"余姐含悲无言,挥泪而别。余感佩其志,而壮其行,动员之日,亦与烈士设酒饯行,去后心尝念念。旋于二月十九日,接其来书,函中略谓"到苏州勾留二天,即向上海移动;现敝团驻南翔,在附近筑工事;前方屡获胜利,前日日军总攻,被我军包围,杀死敌二千余……"展读之余,私心堪慰。二十九日接读第二封来函,略谓"我师奉命开拔南翔,构筑工事后,即于本月十九日,调防江湾火线。二十日起,日军向我阵地总攻,四天未能下;当其总攻时,飞机炸弹大炮,不能胜计,胆稍小者,能使胆破!其余日军,均用手提机枪冲击,火力甚猛。但我方沉着应战,虽敌军器利害,亦未能破。……弟自入军以来,每次参与战役,未有此次之甚也!……但为我祖国争存亡,为民族争生死,虽死犹荣,想亦为吾兄所同意也!……弟善为二,二十六日于战区预备队之乡间",读后心为之雄,而胆为之壮!孰知事有不尽然哉?书到之前一日.而烈士身已作古!

噩耗传来,心胆俱裂,几昏厥者再,是诚悲歟惨歟!!缘二月二十八日傍晚,烈士与同事等,在江湾竹园墩浴血死战,当时敌军用火炮猛烈轰击,突然飞来一弹,轰然炸裂,同事俱伤,以俞烈士为最重!闻当时尚匍匐一箭之路,始伏地长逝,僵于交通壕中,时年仅二十八岁!烈士本乃佼佼学子,平时著作甚多,惜皆散乱各处,一时难以汇集。且善诗词,信笔写来,富丽堂皇,至情至景。又精笔法,握管挥毫,雄健矫秀。并好运动,当在校时,虽尚髫龄儿童,然活泼矫捷,烂漫天然,即为足球健将。其待人接物,谦让和蔼;性慷慨,经济虽甚困难,若朋友求急,无不倾囊相助。能耐苦,有大志,常语余曰:"我甚觉学识不足,颇愿入步兵专门学校,再加探讨;尤望派遣出国留学,研究军事学识,以为祖国效劳。"无如雄志未达,此身已去,能毋悲乎!凡亲朋世谊,骤闻烈士杀身成仁,为国捐躯;睹此二老弱妻,身后萧条,莫不同深悲悼!尤以余姐,痛哭失声。常饮泣语余曰:"余此生无复他想,惟决心守节,抚赤子以成人,教导以继父志,此愿已足。"设烈士有知,亦当含笑九泉。余与烈士幼为师生,及长又为姐倩,余素以长者视之。此次奋勇御日,以众寡不敌,卒至血染浏河,尸留黄埔,为国为民,成仁成勇。而今倭寇未除,三岛未平,愧我偷生人间,难成烈士之遗志!悲痛之余,谨将烈士生平事略,举其所知,登诸册末,使英名永留青史,忠胆常昭白日,聊以慰死者于地下!是为传。

徐金溪谨述

廿一年四月

附 录

(一)题俞维仁烈士遗像

人生若是无智勇,空存躯壳亦何用?人生若是无仁义,空谈国计与民利。兽军暴日侵无厌,爱国男儿誓死战!烈士入世生而英,七载从戎战术精;无如矮寇炮弹妙,万千兵卒归幽渺;虫沙骷髅先烈士,未若这番抗日死。生而效忠死报国,裹尸还葬媲马革。烈士智勇勖生前,躯壳何须保得全?君能取义又成仁,耿耿可挫日狂侵!身先士卒赴疆场,英勇流传史册光!嗤嗤死者等鸿毛,烈士捐躯为效劳。轻生重死死犹存,重死应归烈士门。

时在一九三二年四月二十九日傅宾嘉作于杭市上仓桥警校

（二）挽俞烈士善为姊丈沪战殉难

兼旬惟苦战，杀身成仁，赤血千秋留黄浦！

三岛未踏平，捐躯为国，忠魂一缕绕白川。

姻弟徐金溪再拜挽

24.钟烈士筱筠传略

图 5-73　步兵五二三团九连中尉排长钟筱筠

钟烈士筱筠，江西之清江人也。幼年随其父少雅先生入湘，经管商业，与商中学子过从往返，甚相欢洽。乃弃商就学，肄业于湖南修业中校。天质聪敏，过目即有心得；发愤学书，日以继夜。习麻姑坛，笔力挺秀，酷似鲁公。每于灯下看书，致患目疾。民国十四年，帝国主义张牙舞爪，激成上海之五卅惨案、湖南之六一惨案，相继而起。湘中学子，愤慨异常，群起组织，抵抗仇货。烈士得同学信仰，被选为检查员，不避艰险，不徇私情，故为黠者所恨！或绐之曰："君为检查员，君家之物多仇货，将何以处之？"烈士毅然归家，将家用之舶来品，悉付焚如。家人以非仇货阻之，烈士曰："纵非仇货，家人亦应谅余之地位，以为邻里倡！"嗣以天下扰攘，军阀代起，非武力无以求平等，遂偃文修武，入中央军校武汉分校。毕业后，奉派至警卫旅见习，旋升为中尉排长。二十年，日寇东北，复侵淞沪，八十八师请缨抗日。

受命之日,烈士诫其部下曰:"国家存亡,在此一举!尔等毋怯!余誓以生死相共也!谁敢稍退者,有连坐法在!"士卒皆感激泣下。二月十九日,烈士率机枪两挺,与敌周旋于小场庙,敌有犯其锋者,毋不披靡,凡三昼夜,愈战愈勇,突有士卒告曰:"吾机枪两挺,悉为敌火所损,将如之何?"烈士曰:"俟敌接近,以枪身枪架击之可也!"言未毕,敌弹贯其脑部而亡!少雅先生闻讯,哭之恸。来函嘱余代求尸首,不得,余深愧焉。特以后死之身,为烈士传略,亦所以慰九泉也!

罗育真撰

25. 张烈士熙传略

图 5-74　步兵五二四团十三连中尉排长张熙

　　张排长熙,湖北蕲水人也。秉赋卓越,聪颖过人,自幼即以好胜称。髫龄时与村童角力,每蹎仆四五次,犹事挣扎;九岁入小学校,凡一课业,苟不得八十分以上,必引为憾事。张以家寒,弦歌甚暂。然以其天资既佳,而又力学有常,亦略得造就。十五年后,国民革命军旌旄北指,赫赫声威,震撼南国。是后国府北迁,中央军校并在武昌设分校。张本满怀懭悢,莫由凭诉,斯时也,乃认为男儿建功立业之无上机会,于是"见买若耶溪水剑",竟擗却"归事猿公"之念而矢志报国,来投军校入伍。十八年二月毕业后,分发军中,由见习官而实任中尉排长职。一二八后,淞沪抗日战酣,八十八师奉命应援,接替江湾北端经庙行以至蕴藻浜南岸之战线,张排即配置于庙行阵地。于二月二十二日之战,敌军炮火猛烈,弹飞如雨,张及其全排士兵,悉成国殇! 张时年仅二十有一也!

卜铁铮记

26.高烈士鹏翼传略

图 5-75 步兵五二四团十四连中尉排长高鹏翼

高君,讳鹏翼,字国光,鄂之武昌人也,生于民国二年。父服务军役,历有年余。君八岁就傅,敏而好学,不耻下问。天性之活泼敏慧,为一般同学所赞佩。民十二年,转入湖北武昌第十高级小学肄业,专心研究国文及普通科学。每因教员讲授帝国主义侵略中国之事实,即拍案大叫曰:余一日不死,誓与帝国主义拼命。同学皆笑君为神经病,而君不顾也。由此学益勤,而志益决。民十三年由高小毕业,升入中学,求学之志,仍始终如一。尤好运动,爱音乐。盖其天性活泼然也。民十六年,中学将届毕业,不幸失怙,家庭因日渐萧条,遂辍学,服务社会。以每月俸薪所入,奉养老母。母有训示,则躬身静听,不敢稍违,邻居咸有高孝子之称。民十八年,君见社会黑暗,□□猖獗;残余军阀,尝为帝国主义者所操纵。争夺地盘,括民脂膏,将国家之军队,作私人之工具。以致酿成内乱,外侮日亟,国家危亡,迫于眉睫。君夙抱天下兴亡匹夫有责之志愿,以为欲改善国军,抵御外侮,拯救民族,非投笔从戎不可。会是年春,中央军校武汉分校招考入伍生,君踊跃与考,取列上第。在校忍苦耐劳,奋励求学,对于各科军事政治功课,均能细心研究。民十九年毕业，分发国府警卫旅见习。民二十年授职排长，训练新兵，昼夜操劳，不觉疲乏。每对士兵训练，多述帝国主义侵略中国之事实。言下悲愤疾呼，士兵多为之感动。是年夏随军出发江西湖南，剿灭□□，其勇敢咸为同学及兵卒所称许。八月，晋升为中尉排长。每月必积金汇家，济老母及未婚妻之用。戚党同事，皆称为难得。九一八暴日蹂躏关东，东北长官，抱不抵抗主义，致数千里沃壤，拱手让人。君每与人谈及，辄深切齿，曰："养兵千日，用在一时，现祖国领土丧失大半，而国军岂可不恢复耶？我神灵之胄，岂忍被矮奴所欺耶？"其爱国热忱，于兹可见！未几，上海事变复起，而一般军阀工具之军队，均面面相觑，幸在沪有十九路军，始终抵抗。君私以不得参加前线与矮奴决一生死为恨，神经震荡，如癫如狂。二月，该师奉命参加抗日，君跃然大喜曰："余之志愿得伸矣，成功成仁，此其时矣！"二月二十二日，日军向我阵地总攻击，以陆海空军主力，三面压迫庙行，君以机枪两挺，附属第六团二营指挥，以抗庙行之敌。斯时，日之炮火，集中射击，君指挥之机枪两挺，均被日军炮弹所炸坏，君遂手握自来得，督率士兵，猛力冲锋，不准退后一步。忽敌弹射来，炸伤胸部，君仍指挥自如，正色曰："虽一兵一卒，仍须抵抗。"不料正言之际，腰部又中一弹，流血不止。士兵请君至后方治伤，君曰："我等当死命抵抗，遑顾其他？"乃复抗战如故。旋一弹中于脑袋，遂不支！临死时，对士兵曰："余不能再与诸同志共杀敌也，望各同志努力杀贼，为国家争光荣，为民族争生存，余虽死，亦瞑目矣。"呜呼，君少年英勇，舍身杀贼，可谓求仁得仁，死重泰山矣！夫复何恨？惟是国难方殷，失此干城之具，不能不为祖国前途痛哭矣！尤可惨者，君上有老母，终鲜兄弟，惟一未婚妻在堂。君虽成仁以去，而依闾悲望，寡鹄孤鸣，九原有知，能无眷眷乎？呜呼，惨矣！莘忝后死，于君生平敦品励志，及其死事之烈，知之较悉。因恐日久湮没，致令毅魄忠魂，不能安于地下，爰志其事略如此，且以俟后之修史者采择焉。

蔡祖莘

27.李烈士公尚传略

图 5-76　步兵五二七团一连中尉排长李公尚

烈士氏李，讳公尚，一名佐卿，字人亮，浙江永康李店村人。世业农，兄弟三人，烈士其长也。烈士好读书，禀资聪颖；少怀大志，乡里咸器重之！民国十一年，毕业于浙江省立第七中学校，以家贫，历充华溪祥川等各小学教员，郁郁不得志。十六年春，考入黄埔军官学校肄业，嗣复转入南京中央军官学校第七期，精研军事学。十九年卒所业，遂充陆军第八十八师五百二十七团一营一连排长。其为人也，事亲孝，临财廉，取予义，交友信，为学专，治军严；居常以救国自任。去年九月十八日，暴日侵占东北，烈士异常愤慨；本年一月二十八日，沪变事起，烈士誓死抗日！二月二十二日，日军以全力攻庙行，烈士身先士卒，于麦家宅前浴血激战，卒致杀身成仁！死之日，年只三十二岁。老亲在堂，中馈犹虚，烈士其能瞑目乎？呜呼痛哉！烈士大志未伸，而身先死难；倭寇未灭，而血洒沪滨。然其死也，为民族争生存而死，为国家御外侮而死，为正义而死，虽死犹生也！某不文，固不能彰君之烈，只以悲切之余，聊抒其梗概耳！

俞章睦谨述

28. 朱烈士焕然传略

图 5-77　步兵五二七团二连中尉排长朱焕然

　　朱烈士焕然,湖北江陵人。初入总司令部教导营充当学兵,旋因功擢升班长、排长、区队长等职;二十年调任本师五二七团二连中尉排长。赋性果敢,忠勤于职,为全团官兵所钦仰。九一八事起,不崇朝而失地千里,烈士悲愤填膺,深以不能杀敌雪耻,收回失地为恨!一二八日军侵沪,本师奉命抗日,烈士以为民族效力之机会已至,督励部下,奋勇杀敌。二月二十二日竟殉于朱家宅之役!殉难时年仅二十六岁也。遗子一,名荫华,年六岁;女一,年五岁。烈士致力革命,不暇治家,兹将其夫人王氏来书,附录于后,亦可藉知烈士家庭之困苦状况,及烈士献身革命之经过也。

金永森撰

附　录

朱烈士夫人王氏来函

　　谨肃者:窃氏夫朱焕然,此次为国抗日捐躯,遗弃老弱,弥增未亡人担负;加之近来地方饥馑,□患频仍,家道艰难,日呼庚癸。所谓死者已矣,生者何堪?每一痛及,何只泣数行下!昨蒙大部寄来《铁血周刊》一份,逐栏捧读,得知氏夫朱焕然之名,已沐与死义诸烈士并列征求传记,尤令人感激涕零。恨氏不但无曹大家之学问,谢道韫之才思,为夫文字表彰,俾光泉壤;且破镜数年,暌隔远地,对夫身入行伍后,一切事迹,都不明了,更何敢妄逞臆度,私撰溢美之言,以贻识者诮?只好付之阙如而已!现时所冀者政府恤金早日颁下。未亡人或来沪觅搬尸骨,或在家追悼魂灵,籍稍尽夫妇之情,俾免为若敖之鬼,幸矣!老小无依,仰天泣血,临颖不知所云。

专此敬覆陆军第八十八师特别党部执委会

难命妇朱王氏祯祉百拜

二十一,八,五

29. 商烈士支宇传略

图 5-78　步兵五二七团三连中尉排长商支宇

古人有言:"死有重于泰山,亦有轻于鸿毛,"同一死也,而重轻之判,有若天渊者,何战?亦视其死之价值如何耳!往古来今,林林总总之伦,鹿鹿鱼鱼,芸芸举世,其生其死,何可胜计!求其死之足以重于泰山者,非忠勇义烈之士其谁乎?若吾浙江剡溪商烈士支宇者,其可以当夫忠勇义烈之称,而死重泰山矣乎!?商烈士本世家子弟,卓荦倜傥,轩昂奇巇;忧国事之颓败,愤军阀之专横,弃浙江大学而转入中央军校。英雄壮志,岂甘咕哔穷年?投笔请缨,誓愿裹尸马革!是以军校七期卒业而后,率师剿□,迭著丰功。凯旋酬勋,晋级中尉,盖其英挺犀利,未有处囊而不脱颖也!倭日寇边,烈士闻耗痛心,"偕亡"与誓!迨奉檄赴援淞沪,慷慨率师,奋勇鏖战,自二月十九至二十二日三昼夜间,寝食不遑,屡经肉搏,烈士身中数弹,血渍戎衣,犹复振臂奋呼,争为先登。血花弹雨之中,第见顽寇披靡,陈尸累累。而烈士亦竟于是时以负伤过重,流血过多,殉身于麦家宅!年仅二十有三,呜呼烈矣!自经是役,而我大中华民族铁血抗暴精神,遂震撼于世界;日寇蟒蛇吞象之兽欲,亦知所惮而不能逞矣。吁嗟!此烈士之死,所以为国家争人格,为民族争生存;为不抵抗军人吐气,为全国同胞雪耻者也!岂不重于泰山耶乎?向使烈士不奋志而投军,或畏死而偷生,则亦瞢瞢默默,与草木同腐已耳。纵令善终床第,亦不过鸿毛飘逝而已,其能轰轰烈烈昭彰忠肝义胆,以动天地而泣鬼神耶乎?噫唉!"国难方殷,匹夫有责",有志之士,闻烈士之风,当亦不屑苟且偷安,死其身于儿女子手中也欤!?

居长民

30. 黄烈士茂松传略

图5-79　步兵五二七团六连中尉排长黄茂松

黄君茂松,字志群,广东兴宁县人。父凤生,母刘氏,侨居南洋荷属坤甸而生君,故君生而富于爱国性。四岁,母殁。民国建立后一年,甫十岁,随父返国,就学乡中黄族咏春小学校,天资聪颖,性情活泼,为乡里所称。

闻人谈武事,辄喜;自谓他日必入军事学校,为国服务。年十二,又丧父,家益贫,无力升学,居常郁郁!久之,军事起,乃游汕头市中,冀有所遇。后随军至广州,因友人谒南海关道先生,一见,异其为人,即予拔擢。历在粤军第四师、中央兵站右翼兵站处,暨粤军总司令部、国民政府军需局等机关服务。凡民十一北伐之役,及民十四东征,与夫扑灭杨刘诸役,无不参加,备尝险阻艰难。君以少年能临大事而不惑,见危难而无惧,盖基于此矣!民国十六年,广东军事厅开办干部教导队,君曰:"吾素志也!"遂入队,刻苦励学,成绩特优。毕业后,送入黄埔军校第七期,学术两科,精研深造;且热心校内党务,历充区分部常委,及区党部执委兼训练部等职,具有条理!值桂军侵粤,广东奉中央命,出师讨逆,君服务该校迫击炮队,防守省河,上官知其能。未几,军校教育长林振雄先生,膺惠州警备司令,调君随同赴惠。君在惠之日,与惠阳中学诸生相往还,常以军国民相劝勉,感情极洽。去惠之时,中学开会送君,留摄影纪念。迨军校毕业,君自以为学未足以报国,亟欲留学外洋,困于资斧,未遂厥志。乃赴京投入陆军教导第一师教育大队军官连,学习新式兵器。期满,于二十年三月奉派充任国府警卫军第二师步兵第四旅第七团第二营第六连中尉排长。后改为陆军第八十八师二百六十四旅五百二十七团二营六连,供职如旧。今年一二八,暴日侵沪,君闻愤甚!及奉令参加御侮,于二月十八日抵江湾,担任前线防守。翌日,于战壕内,寄书其兄倬群,曰:"昨晚奉命由镇江来沪,接替十九路军防地。弟抱必死决心,与敌周旋,国家兴亡,在此一举,不幸战死,则为党国牺牲!毋念!"君之誓死报国,至今如闻其声,实足使懦夫兴奋!君在江湾,每战必身先士卒,连战皆捷,杀敌无算,俘倭奴千余;敌大惧,遂变更方略,潜出生力军,向庙行镇以抄江湾,图断我军淞沪联络。当事者,知敌狡谲,议派谍报而难其人;以君机警,且善操南北各地方言,乃选君与吴继善、陈少秋、张展四君,分途刺探。君奋不顾身,冀深入虎穴,以得敌情。竟于二月二十二日,庙行镇之役,中弹阵亡!年仅二十九岁!呜呼,烈矣!君自幼忠谨,有侠气;家虽贫,取与不苟,轻财好义。民十五年,由广州归里,途遇海盗截劫,仅余衣服数袭,港币五元。其时,同被劫中,有厦门大学学生金仁洙,孑然一身,与君不相识,君分币与金君同用;抵汕埠,尽以所余衣服付质,资助金君归厦;君则不名一钱,仅着旧衣一袭返家。其待友以诚,好济人之急,类如此!君耗至粤,闻其事者,识与不识,皆为流涕!倬群哀哭之余,特为之立嗣,命名镇日,以慰英魂,且志复仇也!

胞兄倬群泣叙于广东财政厅

中国华国二十一年五月二十五日

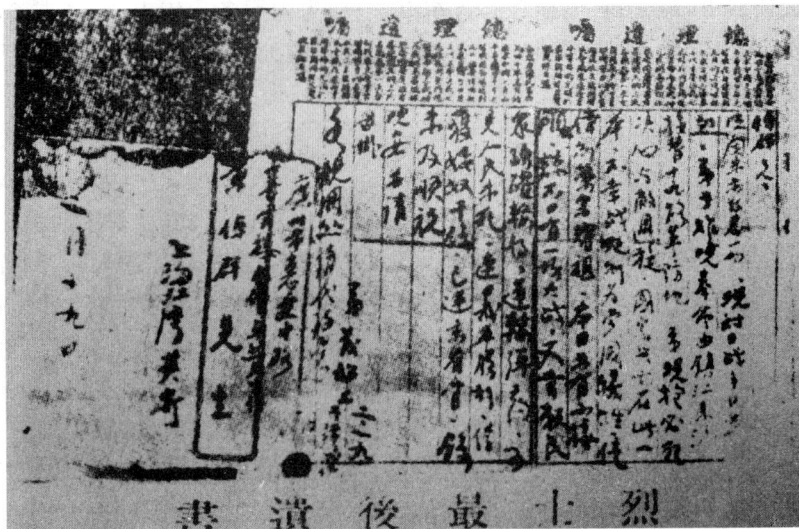

图 5-80　黄茂松遗书

31. 刘烈士伯轩传略

图 5-81　步兵五二七团十一连中尉排长刘伯轩

烈士姓刘,名伯轩,号秉正,湘之邵阳人也。曾毕业于县立中学及中央军校第七期。自幼长簪缨门第,素封家庭,而父早背,依寡母抚育以成人。

当其就小学,年尚轻,素秉聪慧,好勤学,每次考试,成绩冠同侪。群誉之不绝口,从未满意;恐盛名之下,其实难副,益自奋勉不稍懈! 谦虚至若是者,故年未弱冠,早毕业于县中。而其所造就,实超中学程度而过之! 及长,具大志,感军阀之纵横,恨强邻之压迫,欲致国家于强盛,苏斯民于安乐,常奋臂慨然曰:"靖内乱,攘外侮,雪耻辱,救国家,保民族,实当前急务,亦吾人紧要工作。凡吾热血青年,应效班生之投笔从戎,以共济时艰。"听者皆服其胆识,壮其言辞,殊不知待时脱颖,其动机久着于中。十五年秋,党军入湘鄂,革命呼声,高透云霄。值办义务教育于地方,毅然辞乡关远跋涉,单身走百粤,入黄埔。盖欲受革命洗礼,求主义真谛,习应用技术拯国家危亡也! 胡意张黄捣乱于前,□□暴动于后,以光明灿烂素有组织之埔校,斯时顿呈紊态,济济学子,离散殆尽,烈士独泰然处之不为动! 磨难至再,方拜别黄埔,转徙数省,就学杭城。气不馁志不移,自非常人所可望及! 十八年冬季,白梅盛放,雪花逐飞,正毕业于南京军校,有志者学竟成时也! 十九年春,分发警卫旅工作,时未几,阎冯反动,中央张伐,该旅与焉。津浦陇海诸役,役役参加,无战不前,大小数十阵,卒完体而复员。二十年夏,偕亚农行,归省亲,经白下。时徐君造新亦自江右来,为设宴洗尘。久别相聚,各痛饮狂欢。席间谈去年战事极激烈,伤亡枕籍,独安然凯旋。吾人举杯相庆,但谓吾已以身许国,死伤早置度外,惟愿吾五尺躯,一腔血,为中华国土,为中华民族,马革裹尸还,则瞑目无遗恨。时隔一年,言犹在耳,何期二十一年春,东邻倭奴,横肆暴力,既占我关东,复犯我上海,凡吾国民,孰而可忍? 我国出师抗御,八八师与之。君系该师中干部也。一日遇敌于沪上附近,两军接触,血战恶斗,骨肉横飞,相持不下,经长久时间,多次力攻,敌始不支。歼敌军,雪积耻,其在此乎! 乃身先士卒,举指挥旗,高呼前进杀敌。正勇冠三军,气压强敌之时,忽饮弹仆地。枪炮声与喊杀声中,犹隐隐闻"打倒日本帝国主义! 中华民族万岁! 吾今得其所矣!"等语,其勇敢杀敌之精神,爱国牺牲之价值,实军人无上光荣,何痛惜之有! 顾遗慈母倚间,爱妻伤叹,孤孺在抱,将何以堪? 而年仅二十有五,积所学毫未运用,大好才具,竟埋没地下,又不禁为之惋惜! 然综其平生,虽为军人,不改儒者风度,内含英气,流露眉目间;性沉静,机敏果断,临事立决。待人接物,满面春风无虚假,人皆乐与交近;驭下济宽严,平赏罚,所属无怨望,而乐为之用。举目社会中,可望如君者有几人哉? 天不假以永年,仅留烈士之名,真夺之太速! 为之浩叹不置。

　　　　　　　　　　　　　　　　　　　学弟伍斌谨录

32.任烈士益珍传略

图 5-82　步兵五二七团十四连中尉排长任益珍

　　任烈士益珍,字席儒,籍隶永嘉。赋性聪颖,幼入永嘉县立第五小学肄业,成绩辄冠侪辈。毕业后,考入旧温属公立商业中学,朝夕勤求,孜孜不倦。旋迫于家境,中途应友人之聘,执教于乡村小学。历二寒暑,虽循循善诱,深得学生信仰,然其所志终不在此。目击中国内被军阀摧残,外受列强压迫;而社会人士,复受封建思想之束缚,萎靡不振,深知欲唤醒民众,共起救国,非以武力扫除障碍不为功。遂于十五年夏,毅然投笔赴广州国民革命军宪兵团,参与戎行。至十六年三月,考入黄埔军事政治学校第七期,充当入伍生。是年冬,升入该校预科。旋因广州发生政变,黄埔军校,被迫解散。乃偕诸同学回杭,入浙江省政府军事训练班修业。十七年原校恢复,转道至京,继续求学。十八年十二月,修业完竣,派赴陆军教导第二师辎重团,充任排长。参加西北战役,颇著功绩。同年十二月,辎重团缩编,转入教导第一师军官连,再受训练。二十年五月,分发国民政府警卫军第二师第七团十四连,充任少尉排长。以督率有方,十一月间,即擢升中尉排长。二十一年一月秒,由杭出发赴沪,参加抗日战争,努力杀贼,奋不顾身。于二月十九日在竹园墩,中弹阵亡,年仅二十有七! 所遗仅有一子,父老妻寡,身后极为萧条。然为国捐躯,舍生取义,其精神与功绩,自足永垂于不朽矣。

堂兄任明达谨述

33.周烈士桂标传略

图 5-83　步兵五二八团二连中尉排长周桂标

　　烈士周桂标，三湘宁乡人也。秉性刚直，慕武侠，好公益，乡人均以里中善人目之。好读书，不求甚解，每有会意，辄欣然作色言曰："读书之乐，乐也融融。节嗜欲，屏邪愿，孰有逾此者？世人何故呕呕于名利也！"烈士之高尚人格，盖有自来矣！民年十五，革命军师次衡阳，烈士背井离乡，悄然奔岳阳，秘密运动农工，谋乡应。尝谓人曰："国事蜩螗至此，非吾侪奋起自救，庶众将永无宁日矣。革命军来，吾侪当力助之！"言时声色俱震，同坐无不赞服，数日革命军至，烈士率领同志攻北军营垒，北军大恐。革命军不旋踵而下岳阳，烈士有功也！旋为当局闻名，召而置之帐下，烈士面有难色，且告"不学而遽士，必贻羞；愿就学军法，俾为后用"。当局坚留之，烈士不允。呜呼！趋炎附势之徒，钻营之无孔不入，闻烈士之风，当知自愧矣！烈士后入革命军军士队肄业，夙夜操作，孜孜不倦，师长咸器重之。学成，派充少尉排长职务，旋因功擢升八八师五二八团一营中尉排长。民二十一年二月，倭奴压境，侵我淞沪，八八师奉命抗敌，苦战匝月，屡挫敌锋。烈士精神倍觉奋兴，促伍冲锋，叠奏奇功。倭奴见而裂胆，惊为飞将！终以塘家宅一役，中弹阵亡！呜呼哀哉！余与烈士同学而同事，情谊最深，不敢有没烈士事迹，故为传以志之。又从而歌之曰：

衡山巍巍,湘水汤汤;烈士之功,山高水长!

白　武记

34.梁烈士修身传略

图 5-84　步兵五二八团四连中尉排长梁修身

号角声急,爱国健儿,群越阵头,挥戈浴血,前仆后继,莫不挺身迈进。
"杀!杀!杀!卫我社稷,保我疆园,以醒我国魂!"

二月二十二日谈家宅一役,梁排长于火线上激励吾人杀敌时之声色神情,犹在目前,而梁排长则从此已不复归矣!

梁排长名修身,字建刚,年二十有五,湖南安化人也。中央军校第六期毕业。为人刚毅果敢,御下以诚。全排各班生还之士兵,无不缅念之。

王　凯敬记

35.卢烈士世钟传略

图 5-85 步兵五二八团六连中尉排长卢世钟

卢烈士世钟,讳鸿熙,广东兴宁人。民十五,毕业于兴宁县立中学,睹国内军阀之未除,外患之日迫,慨然抱班定远投笔从戎之壮志。是年八月,考入黄埔第六期;十八年五月毕业于南京中央军校,即分派至四十六师见习。嗣调国府警卫军第二师(现为八十八师)充中尉排长,常在宁杭间担任绥靖事宜。自九一八暴日侵占东省后,烈士眦裂发指,忿然叹曰:"日奴不灭,何以生为?"迨沪事发生,八八师奉命抵抗,烈士遂得引伸素志,冲锋肉搏,身先士卒。庙行之役,竟致为国捐躯!呜呼!壮已!推烈士平日之难忘者,厥为白发双亲,紫荆两株!乃烈士为国家民族计,竟不顾一切,捐躯疆场,实足振起吾民族精神者矣!兹为八八师征辑烈士经历,谨略述梗概,籍垂不朽焉。

曾正我谨述于中央党部

36.顾烈士炜传略

图 5-86　步兵五二八团十二连中尉排长顾炜

　　烈士家微,十三岁从老僧读春秋于深山古庙中,诵吟之外,不知有世界。一日有客过憩于庙,与僧坐谈槐下,论家国多难,外侮濒临,不胜慨叹。烈士窃听,有所得焉。翌日晨,僧呼烈士盥沐,已不知踪迹;大索三日,得于县。诘之,曰:"吾觅招兵所也!"僧奇之。

　　旋肄业县中,以志未遂,复读于中央军校,卒业于第七期,分发至警卫二师,即今之八十八师也,任五二八团排长。为人猷默寡言笑,视部下以子弟,长官嘉之,欲他擢,部下尽哭,烈士不忍去。沪事发,烈士率部防杨焕桥,敌大举来犯,肉搏数次,不得逞。后用排炮,以势寡故,伤亡几尽。烈士独击机关枪,右臂中弹,截然自肩落;营长泪下,命异后方,烈士怒曰:"不见吾有左臂乎?"继以左手击数发,又创,大吼,一跃起,狂突敌阵,从者数十人,呼吼震天地,敌惧,弃壕走。然烈士终颓卧于血泊中矣!

铁剑钢撰

37. 胡烈士家骅传略

图 5-87　步兵五二八团十三连中尉排长胡家骅

　　胡君家骅,字道生,湖北荆门人。少孤,事母至孝。天资颖悟,有大志。痛国势凌夷,遂投笔从戎。十八年考入中央军校武汉分校,专心学术,颇有心得。亲友之间,咸期以大成!毕业后,奉派充国府警卫旅见习,旋擢升警卫二军八团十三连排长。二十年冬,改编为八十八师排长。沪变之先,寄书其家,有云:"此次暴日逞凶,人神共愤!男儿身许党国,倘能参加抗日,自当勇往杀敌,痛饮黄龙;虽断头捐躯,亦所不辞。宁为抗日鬼,不作亡国奴。"其言之壮烈,闻之令人兴起。讵胡君本年二月庙行镇之役,竟不生还矣!古人云:"出师未捷身先死,长使英雄泪满襟。"不禁为胡君咏也!然胡君为保卫国家领土而牺牲,其价值为何如耶!?

民国二十一年江陵任时霖述

38. 陈烈士鼎勋传略

图 5-88　步兵五二七团八连少尉排长陈鼎勋

陈君鼎勋,现年二十四岁,广东茂名人。家业农,甚贫。少读乡塾,天资聪颖,寓目悟解。故仅十龄,已能简文诗对。塾师里耆,胥异为神童。其严慈缘而越加钟爱,常以为其家中千里驹也。鼎勋健体格,貌奇伟,沉毅寡言,待人接物,和蔼殷诚。民十七,愤国事萧条,外侮日迫,乃曰:"大丈夫当效死疆场,为国争光,为民谋幸福。焉得偷闲忍辱,以湮灭乎?"遂入黄埔军校第七期步科肄业。民十九毕业,成绩斐然,颇为师长所器重。后奉派充国府警卫师军官连见习,翌年,调升八十八师中尉连附。此次倭寇犯沪,我军为捍国卫民,维护公理之责任,毅然起抗,敌终不得乘。而陈君则于枪林弹雨中,身先士卒,奋勇应战,竟以阵亡!夫陈君之死,义死耳。古所谓杀身成仁,见义不辞,陈君得之矣。然君家尚有老母寡妻,上无伯叔,下无弟妹,家中生计,夙赖君微俸维持。今君不幸义殉,其后家计,更加艰涩,不言可知,惨哉!忝列知己,斯为传。

徐炳森记于汕头大中大学

39.王烈士良传略

图 5-89　步兵五二八团六连少尉排长王良

　　烈士王良,浙江仙居人也。幼有大志,常以改造现社会为己任,行年十三,升学于高等小学校。天性聪敏,每考辄冠群曹。课余之下,好谈中外革命事略,每有感触,便大声疾呼,既而欣然作色曰:"此革命青年应有之态度也,君等毋笑吾痴愚。"众皆唯唯,不敢与之抗。年十五,升学于省立第一中学校,夙夜勤读写,孜孜不倦,三年如一日。毕业后,即从事于革命运动。秘密组织民众,口传笔授,不遗余力。民众受其感化而认识革命主义者,比比皆是也。民十五年,革命军得于短期底定杭浙者,烈士潜助之力不少也。呜呼!革命青年能勇于任事而又不忘读书者,其烈士之谓乎?烈士年十八,舍笔投身于军伍。初入革命军教导总队肄业,以学术优良派充准尉枪长职务。旋又升充陆军八八师五二八团一营三连少尉排长。不数月而擢升数级,烈士之勤劳可想见矣。本年二月间,倭奴蔑视公理,违犯国际公约,毅然出兵,侵我东北,继又派队,犯我淞沪。我革命军守土有责,奋出抵抗,鏖战匝月,屡挫敌锋。烈士挥刀前进,杀敌盈野。太仓之役,敌军增援数倍,烈士奉命死拒,敌终不得逞。且复领队冲锋,破敌前线。然不幸于陷阵之际,为敌弹所伤,舁院为之医,卒以伤重不治,呜呼烈矣!夫成仁取义,古今尚之,烈士殆足当之无愧矣,余与烈士为莫逆交,不敢没其功绩,故特为文以纪之。

鹤记

40. 王烈士伦敦传略

图 5-90　步兵五二八团六连少尉排长王伦敦

余与烈士数年交,未尝闻其一谈淫词丽色,其所以自励者,终年孜孜于学业之进取,与夫修身立己之道之修养!且常以此勖于人,谆谆教诲如师兄。余感其人格之伟大,引为终身唯一良友。今也不幸,烈士死于枪林弹雨之中矣!悲痛之余,又复何言?兹以本师党部搜集烈士传记,付梓在即,余以情谊所寄,爰特记其平生事略,以垂不朽。

烈士王其姓,伦敦其名,四川成都人也。十五好剑侠,勇武逾常人,二十成文章,佳名布乡里;身长七尺余,赳赳一武夫!待人以诚,事上以敬,立己以恒,交友以信,知其名者,无不称道焉。

张　策

41.王烈士志英传略

图 5-91　步兵五二八团十四连少尉排长王志英

　　烈士王志英,广东兴宁县和山乡雯峦岭人,王耀堂侧室陈氏之长子也。生时父年既四十有七,爱之如掌珠。烈士性秉纯良,质具英挺,八岁入小学,聪慧异常,所学则冠其曹,师长称赞知为英物!奈父营生失败,又连生三弟,家道日落,小学毕业后,仅入高等一年。虽有就学之志,而父年既老,苦无学费,遂辍学。家居稍有余闲,每看三国志及各种书籍,手不释卷,羡古今英雄,名垂宇宙,怀抱大志,不愿以工商自役。年至十八,即赴广州考入干部教导团。毕业后,又考入黄埔军官学校,第七期步科毕业,奉派至国府警卫军第一师大队连服务。旋调往杭州警卫二师充任副官,改编入八十八师,充任排长。在黄埔肄业时,其父及嫡母,相继亡故,家中但余一母一妻二弟,常致书促其回家,而累次覆书,亦言有待。盖其救国之心急,而归家之意缓也!此次倭奴犯沪,烈士愤慨异常,誓死抵抗,为国争光。屡于枪林弹雨中,冒险杀敌,不幸竟于二月二十二日庙行之役中弹阵亡!年仅二十有四!离妻别母,未育嗣媳,闻厥讣者,族邻父老,莫不为之痛悼焉!然烈士为国牺牲,求仁得仁,不仅死无遗憾,且其忠勇壮烈,亦足传之千古矣!

　　　　　　　　　　　　　　　　　　宗叔俊祥记

42. 胡烈士凤翔传略

步兵五二三团六连少尉排长

烈士姓胡,名凤翔,江苏丹徒人也。身体魁梧,天资聪颖;作事勤明,恒逾常人。幼时学习商业,蓄有大志。适逢革命军兴,烈士毅然弃商从戎,效忠党国。初入伍,乃二等列兵,因其学术品三者均优,按级升充排长。客岁九一八,日寇侵我东省;今春又犯我淞沪,烈士闻之,毛发俱裂!迨援沪令下,欣然率队出发;一进阵地,则奋勇当先,杀敌无算。卒因敌火凶猛,竟于二月二十一日中敌弹而亡!烈士之死,为国家争地位而死,为民族争光荣而死,为同胞争人格而死,可谓死得其时,死得其所!虽壮志未就,而已成仁!千秋万世,永垂不朽;忠魂不昧,当含笑于九泉矣!

刘绳邦敬撰

43. 骆烈士雁行传略

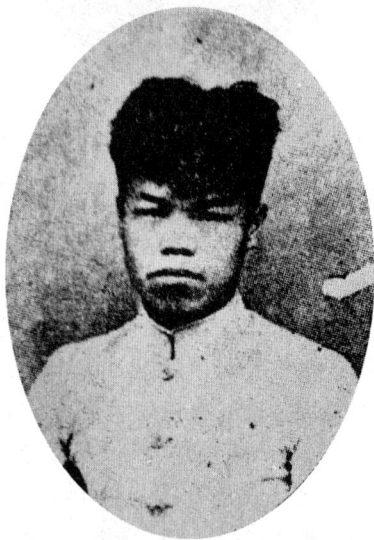

图 5-92　步兵五二三团八连准尉半排长骆雁行

骆烈士,名雁行,字显瑳,浙江永康县油仙区寮前村人也。赋性刚直,天资颖异,好学不倦。民十三毕业于永康县立培英高小学校,成绩甚优。烈士少怀大志,尝曰:"读书固足以救国,然当此军阀横行,国事日非之秋,非人人精习军事,则不足以图挽救。"故于民十五党军克浙江,烈士即效温峤之绝裾,只身走杭州,入浙江宪兵营。勤习操课,为上官所器重,得提升为中士班长。民十九,国府警卫团扩充为旅,乃转入警卫旅第二团第一营机关枪连,充当班长。旋值西北军谋叛,随军出征,转战数阅月,每役必奋勇当先,屡立奇勋。十月凯旋,论功行赏,得擢升为上士半排长。二十年一月,与教一师合编为警卫师第五团,调烈士赴第八连服务,驻防嘉兴。烈士不辞艰苦,努力工作,又得擢升为准尉半排长。自去年九一八沈变突起,烈士无日不怀杞忧,每与人言及倭寇横暴,辄愤慨异常!屡欲自杀以报党国。至一二八沪案发生,本师奉令参加讨日,烈士每战辄身先士卒,奋勇力击,卒于二月二十二日江湾之役,中弹身殒!断胆洞胸,状至惨酷,悲夫痛战!烈士生于宣统二年四月十六日,年仅二十有三,尚未授室!上有双亲(父绥之母程氏),年迈多病;弟妹四人(兄成章弟根学姊秀爱妹香圭),均未成立。烈士自奉素俭约,每月薪饷所得,如数寄归。家人赖此以生活者久矣!现烈士已矣,生者何堪?余与烈士同邑里,故能详悉其家世,及其过去之历史,乃援笔而为之传。

吕汉洲谨撰

44.金烈士云初传略

图 5-93　步兵五二三团十二连准尉代排长金云初

金烈士云初,浙江永嘉人也。性刚直,喜交游,精拳术,勇敢有为。年十八,投身入行伍。阎冯之役,烈士鏖战沙场,屡著功绩,由列兵而擢升班长。此次沪上一二八事变,本师参加抗日,烈士充当五二三团十二连代排长,布防江湾庙行一带。二月十八夜,开始与敌接火,烈士奋勇杀敌,激战三昼夜,肉搏几数次,杀贼无数,获战利品甚多,生擒曹长一。连长嘉其神勇,奖许者再,烈士雍如也!二月二十一日,敌集数倍兵力,以犀利之枪械,向我总攻,弹如雨注,血肉横飞,烈士置若无睹,身先士卒。竟于严家宅冲锋迈进之际,敌以机枪扫射,烈士饮数弹而殒命!吁!如烈士者,为国效命,视死如妇,堪称革命军最革命之军人矣!

王黄岩

45. 蒋烈士炳龙传略

图 5-94　步兵五二三团十二连准尉代排长蒋炳龙

烈士,浙之枫泾人,初业商,并服务于保卫团。热心公益,任侠好义,夙为地方人士所称许!继愤国事日非,投身行旅。以烈士对于军事曾经训练,故即蒙擢升为班长排长等职。几度出征,屡建奇勋!暴日侵沪,本师奉命抗日,时烈士任第五二三团第三营第十二连代排长职。出发前,烈士欣然语人曰:"此行吾人可实践打倒帝国主义之口号矣!"及抵前线,血战旬余,烈士莫不身先士卒,敌人所向披靡!三月一日,庙行之役,敌人倾全力来犯,烈士奋勇抗战,然不幸头部中弹,于高呼"杀敌"声中,倒地长逝!呜呼痛哉!殉国时烈士年仅二十五岁也。谨此传略,以垂不朽!

李　时记

46.陈烈士益传略

图 5-95　步兵五二七团二连准尉半排长陈益

　　陈烈士讳益,世居湘之祁阳,少有大志。民十五本党出师北伐,大军过湘,时烈士年仅十八,即加入行伍。随军北上,转战万里,辛劳不辞。十九年北伐告成,大局统一,奉命改编入警卫团,旋被选送军士补习班。烈士本其数年来作战之经验,又益以学问之陶融,于毕业时对于军事已为学问经验两者俱备之人才矣。上官鉴其能,即擢任为排长。烈士既感知遇,又深悉士兵之痛苦,故事事更勤,而对部下亦更为体恤。任事教月,上下爱戴。东北事变起,烈士深愤日帝国主义之横暴,又以东北军人之不抵抗为羞。暴日侵沪,本师奉命开驻京沪路,烈士欣然有喜色,对部下言:"吾人虽不能出关杀敌,复吾国土。然保国卫民,此其时矣!"二月十八日,烈士于机声轧轧炮声隆隆之中,出现于江湾前线,鏖战三日,杀敌难以计算。二十二日朱家宅之役,敌人以数师之众,攻我军阵地,烈士抱决死之心奋力应战。是役也,敌人终于溃退,惟烈士已不幸身中数创!虽经救护队救送后方医院,但未达医院前,已长逝于运送受伤官兵之汽车中矣!呜呼!决死御侮,果为烈士之素志,惟暴日之侵凌,仍无已时,吾人应如何以继烈士之志而复我国土?谨志其略,以垂不朽!

金　森撰

47.查烈士英传略

图 5-96　步兵五二八团三连准尉半排长查英

　　君讳英,一名冠亚,字学昌,世居海宁之袁花。少孤,性刚直,有大志。尝语人曰:"大丈夫生当雄飞,安可雌伏?"乡之识者,咸以可儿目之。家清贫,无力就学,年十四,贾于临平。羁于琐务,日无暇暇,而向学之志,未尝稍懈。每鸡鸣而兴,攻读经籍,历旦无倦容。如是者有年,学乃大进!唯厄于处境,未能遂其颖脱之志,五中抑郁,无或已时。是所谓荆棘之中,实非龙凤所栖也!十六年春,革命军底定浙江,二十六军凯旋经袁花。人民启户而观,君乃晓然于从军之乐,遂入伍焉。十九年夏,余游学白门,与君邂逅于玄武湖滨,询以近况,得悉从军行役,已四载于兹。初为士卒,嗣与唐伟舜等。于十八年同入国府警卫团教导队毕业,分发充班长。以九江南昌诸役致功,上峰擢之为少尉。其艰苦卓绝,同辈中实罕其匹!此次倭寇袭沪,举国上下,敌忾同仇,君慷慨激昂,以为报国之期已至!随八十八师赴江湾前敌,每临阵辄奋不顾身,当者披靡!卒于二月二十二日庙行一役,以援绝就义于塘家宅前。呜呼烈哉!当其赴沪之先,曾贻书于余曰:"男儿生也为国,此时不灭倭寇,誓不生还!不为亡国奴,宁作沙场鬼。"读之令人忠义之心,油然而生!方诸怯于公战勇于私斗之军人,诚不可同日而语。残编宛在,触手生悲!追思猛士,憬来日之大难,特叙其梗概于此,俾后死者知所法焉!

海宁施寿庆幼敷撰

廿一年五月十日记于中央大学

48.何烈士养新传略

图 5-97 步兵五二七团十三连准尉特务长何养新

　　烈士何养新,浙江新登人也。少负大志,品性笃厚。家清贫,无力求学,投身入行伍。忠勇耐劳,为上官所称许。后毕业于总部宪兵团军士连,分发充当司书,克勤克尽,毋稍或懈。其修身养性,数年如一日也!今年一二八沪战发生,本师参加抗日,时烈士任五二七团十三连特务长职。出入枪林弹雨之中,履险如夷。二月二十二日,敌以数倍之众,尽海陆空军之力,向我沈家沟阵地袭击。烈士冒炮火输送军实于阵地,身中数弹,犹举所携木壳枪,向敌猛击。卒以伤重殒命!呜呼!如烈士者,其可以为佐理戎幕者之表率矣!年仅二十有四而殉国,壮志未成,英魂已杳,可胜慨夫!

王纯熙

49.乔烈士俊卿传略

图 5-98　步兵五二三团七连中士班长乔俊卿

　　烈士安徽蚌埠乡人，与予为比邻，同读家塾中，傻其貌而慧其中。顽而善斗，跨大狗背，挥大葵杆，称大将，大龙头，力大无敢触之者。生平不哭不谎。十五年革命军歌门外，烈士偕予背母随伍走。七年来寒北戍阳，亦老于征战者矣！海上事发，予与烈士伏杨焕桥壕中，激战数昼夜，敌不得逞。二十三日天曙，红霞漫天，敌之坦克车群，复隆隆然来壕中，伙伴谟默如死，伏待不稍动。敌车左右扫弹，然亦不敢直进。烈士忽挺起，去重装，弃钢盔，提十二磅大炸弹四枚，肃然顾予曰："随予来乎！"予诺，匍伏出壕，蛇行前至古树旁伏。敌军三兜，旋至。烈士突起，掷弹颠两车，一弹未爆，复大吼腾车背，投弹入车腹，爆声撼天地，予亦不省人事矣。即而闷甚，觉压土中，努力出，昏疲万状。茫然四顾：败铁遍地，地窟庞然，血腥药臭，他无所睹。枪声渐远，知吾军东逐矣！古树上有小碎骨屑，肉黏树皮上，不知敌也，抑烈士也！予潸然挥泪！春莫，其母年七十，迢迢远来敛骨，予偕至古树下。原上花发，蜂狂蝶乱，古树亦发紫花，固怒结丁香也！烈士之魂不远，当知陌上细马香车，楼头笙歌彻夜，国难者将非其时与？大将也，大龙头也，梦耶？非耶？老妇大恸，风动花飞，烈士之魂不远耶？

曲笔子

50.邵烈士南传略

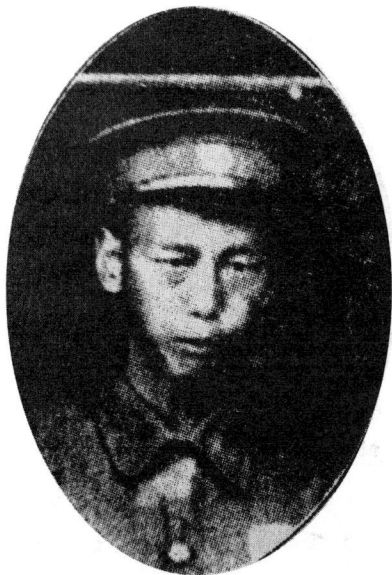

图 5-99　步兵五二三团十一连下士班长邵南

　　烈士邵南,浙江汤溪人也。志行卓荦,不苟言笑;待人和蔼,诚信不欺,同事咸亲之重之,目为严师益友也。沪变初起,烈士尝勖其同事曰:"我堂堂中国,竟为蕞尔倭奴蹂躏至此!吾人若不能驱逐倭奴出境,复何面目自立于世界?"英壮之气,溢于言表,闻者咸为兴奋。迨本师奉命出发,烈士欣然就道,尝作势语同事曰:"三数日后,会见倭奴负伤匍匐于吾人之前矣!"其杀敌之念,虽寤寐亦萦回于脑海之中也!不期于二月五日途次溺毙,竟未克与吾辈同歼暴兽于沙场!"出师未捷身先死,长使英雄泪满襟",其可以为烈士借咏矣!

邬宏发

51.陈烈士得魁传略

图 5-100　步兵五二三团十二连中士班长陈得魁

　　烈士陈得魁,世居东海之滨,以捕鱼为业。某年春,烈士从父渔于三门湾岛上,遇日本渔船越海来捕鱼,烈士以其非我族类,鸣鼓而攻之。倭船发炮,射杀烈士父兄及同事多人,自是烈士知非促进国家之强盛,无以谋生!遂决心弃业投军。适值国府警卫司令部募兵于浙东,烈士遂应募入京,受军事学术,津津有心得。由是烈士技益进,被选充班长。从征陇海赣南,颇著勋绩。抗日之役,烈士如遇夙仇,勇猛前躯,杀敌无算。二月二十一日平明,烈士袭攻倭营,夺获太阳旗而归,日兵为之丧胆!会敌弹雨下,遂致殉义!呜呼烈矣!

范效文志

52.陈烈士洪传略

图 5-101 步兵五二三团十四连上等预备兵陈洪

陈烈士洪,广西桂平人。幼怀大志,读史至班超投笔,奋然而起曰:"方今国家多难,男儿若不投身革命,荷戈靖国,非丈夫也!"后值国府设立警卫军,烈士遂应募入伍。平日服从纪律,勤求学术,黾勉孜孜,颇得长官器重。今岁春,本师参加淞沪抗日之战,烈士尝勖其同侪曰:"中国内战频年,军人每为无价值之牺牲。今得以热血溅倭寇,抗强权之侵侮,争民族之生存,实为我辈效命之绝好机会!吾人宜奋勇杀贼,以取得革命军无上之光荣。"闻者咸为感奋。二月二十一日,倭寇增援,悉力来犯。烈士身中数创,犹镇静如恒,伏身壕沟内,瞄准射击,不肯退后就医。旋为暴日飞机炸弹所中,遂殉于朱家宅阵地,伤哉!烈士卒年仅二十有一,英才殂丧,闻者咸为痛悼不置云。

天台樵记

53.吴烈士忠祥传略

图 5 102　步兵五二四团三连中士班长吴忠祥

　　吴烈士,名忠祥,年三十二,上海人也。一二八变起,烈士愤强邻之蛮暴,悲桑梓之凌迟,忠勇奋发,感慨涕零。自奉命参加抗日后,勇猛恶战,杀敌无算。三月一日,我军变更战略,退守第二道防线,烈士以为日寇屡次增援,均为我军歼灭,正宜乘胜掩杀,驱彼虏于东海,而忽奉命背进,良非所愿。遂尽其所有子弹,对敌剧烈射击,不幸于陈家桥附近,中流弹阵亡,哀哉!

石梁僧记

54.张烈士培恩传略

图 5-103　步兵五二四团八连中士班长张培恩

　　张烈士培恩,年二十三,江苏镇江人。二月二十一日庙行之役,烈士率全班突破重围,进迫敌壕。敌弹落铜盔,纷纷如雨点,烈士毫无惧色,并挺身向敌人冲杀！全班弟兄咸贾勇向前，无一生还者。可谓烈矣！

余不敏记

55.曹烈士文斗传略
步兵五二七团一连中士班长

烈士曹文斗，江西湖口人也。家贫穷，无以为学，自幼习手工业，血汗所入，悉数以充家用。十九年春，慨国事蜩螗，民生凋敝，乃毅然投入国府警卫旅第三团，执戈卫国，居然一时代之勇士矣！警旅扩编成师，参加讨逆，开封归德诸役，烈士亦与有劳焉。自一二八上海事件发生，烈士即慷慨随军开拔。师次苏台，曾晤谈一次。其言曰："不征服日本，难以自决图存！国危矣，势迫矣，大家切莫苟且因循，致作亡韩第二；务期戮力同心，打倒日本，方可为自由之国民。"吐词豪壮，足以激励军心者，良非浅鲜矣！二月十八日，本师奉命全部开拔前线，布防江湾庙行之间。二十日即开始攻击。二十一、二十二两日，战事激烈，为亘古所未有！烈士骁勇过人，屡摧强敌，竟于二月二十二日拂晓，冲锋阵亡！

曹君植志

56.韦烈士友林传略

图5-104　步兵五二七团十一连上士半排长韦友林

韦烈士友林，广西修仁人也。年十八，卒中学业；列名前茅，成绩卓异，师友咸以大器望之！烈士愤军阀之祸国，喜统一之垂成，遂只身北上，间关入首都,投身警卫队。操课之暇,读总理遗著,手不释卷,自是学术科俱有长足之进步。及警卫军成立,烈士被擢升班长,兼选任连党部常委,对于党义之灌输,尤多致力。警卫军改组八十八师,烈士升充上士半排长,出发镇江,筑壕防寇。烈士负土运石,与士卒同劳苦,未尝少自暇逸。以是淞沪抗倭之役,用能善得军心,而一致效命。二月二十日,烈士扼守竹园墩阵地,目标显露,隐蔽无方,烈士竟以身殉,呜呼!此总理所谓"不成功便成仁"之革命努力份子也!吾知烈士以少壮之英才,与睥睨世界之日帝国主义军阀相搏战,烈士其亦足以自豪矣!

周　行

57.卢烈士梓威传略

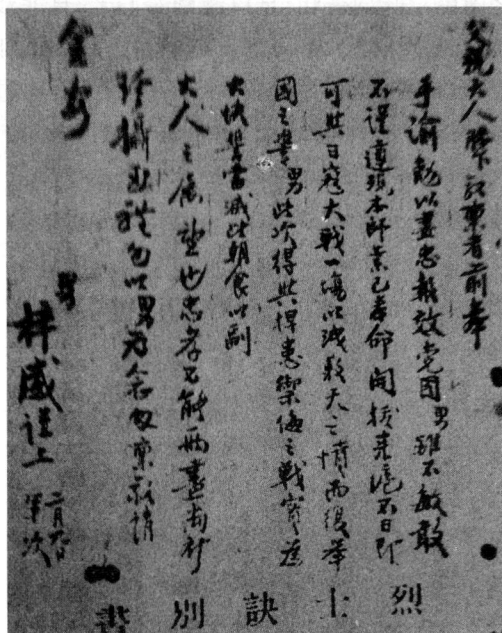

图 5-105　步兵五二七团十二连下士班长卢梓威诀别书

卢甥梓威,浙江黄岩籍,前清优庠生望云君之子也。方其幼时,聪颖和霭,迥异常儿。余见而喜曰:"是吾家之魏舒也。"及其就傅,好学不倦,过目不忘,师友咸器许焉。迨高小卒业,赴县会试,文题为"关岳合论"。其论中有曰:"亭侯仇曹,徒以汉贼不两立耳。彼之所谓贼者,尚属同胞,其所忠者,刘姓耳。武穆不仇秦桧,而仇金邦,其目光高出万万焉。"邑侯嘉之,拔诸前茅。第迫于环境,弃学习商。常自叹曰:"吾失学习商,难祈厚望;男儿在世,岂可碌碌而终耶?"适赴宁之际,即应镇海警卫旅之募。于家书中,每歌颂党国之功,痛陈□□之暴。数年间,历鲁豫湘赣京杭。迨沪变起,奉命调沪,曾寄我一函,曰:"外忧内患,莫甚于今;保上为民,乃军人之天职! 暴日侵我东省,恨难亲临前敌,血溅倭奴,今得与日贼相驰驱,正国民雪耻杀贼之时,男儿立功疆域之日也。吾当拼此微躯,为吾民族争光。"余观其书曰:"姊有子矣!"讵料家书遽绝,噩耗频传,金谓梓威于冲锋杀贼之时,身殒疆场之上。伤哉! 伤哉!(编者按:烈士系二月二十一日阵亡于孟家宅,年仅二十有三云)敌忾方张,健儿先死! 沙场暴骨,魂魄何依? 今也,余乞假旋里,阅及该师有征求烈士传记之善举,余不自量,率尔援笔以为之传。

陆军第六师独立旅第三团卫生队医官母舅倪琢如记

58. 刘烈士以德传略

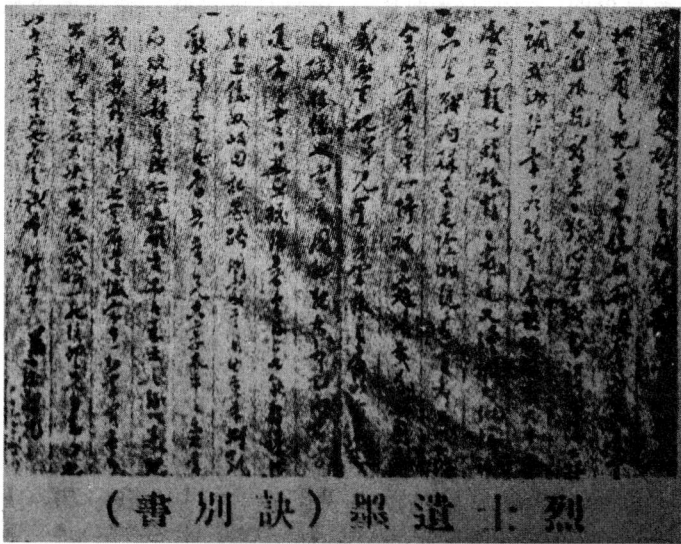

图 5-106　步兵五二七团通信连文书上士刘以德诀别书

(编者按:刘烈士,二十六岁,湖南攸县人,三月一日阵亡于王家巷。出发之时,贻书乃兄[原书特为制版附刊于左],慷慨激昂,誓死报国,洵足为革命青年模范矣!)

刘以德是一个管理文件的军士,他有慈爱的父母,美丽的娇妻,和天真活泼的小孩,他自有他极乐之园(家庭),但是忧国伤时的以德,却是别有怀抱! 因悲哀愤恨的情绪,使他不顾一切,投入戎行,报效党国。

党军北伐的时代,他毅然别了他的慈母、娇妻、小孩,加入了革命战线,可是奋勇战斗的结果,所流的热血,仅仅换得了和从前毫没两样的悲愤!

"我们的敌人,还是依然!……人生本是虚伪,与其虚伪的生存,不如作沙场的死鬼,与军阀及帝国主义者拼命!"每到谈话时,他常常发出悲痛的呼声。

当去年"九一八"东北事变的消息传来,他曾受了"不抵抗"的刺激而神经失了常态,忽而狂笑,忽而悲泣。

沪战开始了,八十八师请缨抗日了,他随着队伍,到了前线,他认为发泄悲愤的机会到了。

到前线后,曾在一个兵士的手里夺了一枝长枪,向着敌人的方向脱身冲去,经他的长官制止,没有到达那以生命博一时胜负的战地。但是在他的表情上常流露着不快的神色!他每见着太阳旗帜的飞机到来,必走到无人的野地,用他借着的长枪,拼命的射击。但是除了表他的热情以外,照例的没有效果可得的。当他归来时候,总是这样的高呼:"倭鬼的飞机被我打跑了!"

在三月一日下午一时的晨光,双方正在拼命的时候,倭鬼因攻击十数日的结果,只有死人、送命,所以这一天乃陆海空并进,向我猛攻。我方士兵深知此次战事关系国家民族的生存与光荣,不顾敌人联珠般的炮弹炸弹,急雨一般地飞打过来,舍命抵抗。在那个时候,庙行的四周,乌烟蔽日,喊杀连天,枪声,杀声,结成一片。但是我方虽拼命牺牲,无奈敌人之火力猛烈,一批一批的受伤者不住地向着后方抬去。他看得痴呆了,又在一个传令兵手里抢了一支枪,飞也似的向东跑去,高呼着"同志们,向前呵!用我们的头颅和身体,去抵抗倭奴的前进!……埋骨何须桑梓地,战壕是我们的好坟台……同志啊……快来……"

约莫半点钟的时光,消息传来:勇敢的刘君,已牺牲于炮弹下了,死了呵!这是何等伟大的死呵!他虽死了,他那高呼的声音,"同志们,向前呵!……快来……"还在我们的耳鼓边!

雪　山

一九三二,六,十九追记于江都

59.高烈士武传略

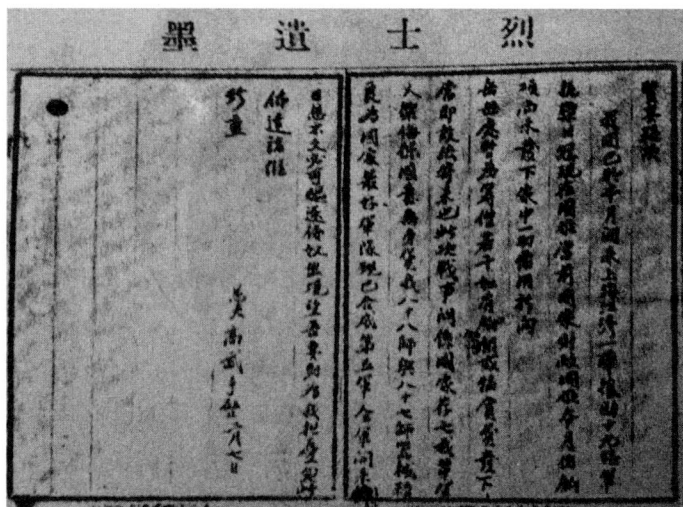

图 5-107　步兵五二七团通信连下士列兵高武遗书

　　烈士高武,安徽霍山人也。幼聪颖,受学于塾师,所作课艺,辄冠其曹,师友奇之,望以大成。困于环境,不能升学,遂家居自修,焚膏继晷,三年如一日,凡中小学课本,无不毕读,以是学艺大进,而效命国家社会之心亦于以益坚。会双亲病故,烈士尽礼尽哀,祭葬之事乃备。顾家道日落,无以自活;值革命军下长江,烈士闻风入伍。从征北伐,屡著奇功。本师抗日淞沪,烈士任五百二十七团通信军士,架线通信,昼夜未尝少懈。三月一日晨,日军包围我浏河后方,我军奉命背进,烈士于王家巷遇敌;奋勇搏战,以众寡悬殊殉难! 呜呼! 烈士其亦不愧为铁血青年矣!

车　薪

60. 朱烈士享云传略

图 5-108　步兵五二七团通信连下士列兵朱享云

烈士朱享云,五百二十七团通信兵也。三月一日我军为变更战略计,秘密引退第二道防线,烈士奉命重布通信网。于王家巷一带,遇敌人袭击,烈士即擎所荷步枪,伏坟垒射杀倭兵十数人,卒以众寡不敌殉身战地,可慨也!烈士徐州沛县人,家道小康。年甫十八,即弃家从军,尚未婚娶!今年仅二十,遽已为国牺牲。其英勇忠烈,不可以无传,爰志其涯略如此。

公孙胜记

61. 张烈士季标传略

图5-109　步兵五二八团三连上士半排长张季标

烈士张季标,湘之宝庆人。家小康,少时肄业中小学,成绩优美,师友咸器重之。每试辄列前茅,尝谓其友曰:"男儿生斯时也,当为国家民族争光,雪列强压迫轻视之奇耻。"遂决心投笔从戎。离家走数千里,入本师教导队学兵连受严格训练,期满派充下士班长。随军出发,讨逆□□诸役,无不勇往督率,历功擢上士半排长。暴日入寇,烈士愤慨填膺,以不能手刃国仇为憾!及奉命援沪,烈士每于战垒中以枪声作拍,高唱党歌。其慷慨之态度,有如此者!二月二十二日,该连扼守塘家宅前阵地,日寇乘势大举包围。烈士沉着指挥,奋勇肉搏,倭敌披靡,终未获逞!而烈士亦竟于是役中敌机炸弹,成仁殉国,年仅二十有五,惜哉!

丁 卒记

62.潘烈士汉南传略

图 5-110 步兵五二八团三连中士班长潘汉南

潘君汉南,年二十有八,湖南长沙人也。君久经戎行,端以沉毅练达,积渐擢升本师五二八团三连中士班长。平居与全班列兵视如手足,其为人勇于负责,恒劳以自任,危以自当。处事则忠于职守而勤于役务;处世则严于束己而厚于待人。遇督责,不怨艾。遇赞誉,不矜骄。是以詟服群伦,式范有众。若君者,诚军中不可多得之下级干材也!今次淞沪抗日战役,君亦随军御寇,不期于二月二十二日竟阵亡于唐东宅西野!呜呼,兴念故人,悲怀无次!忠魂远矣,唯诗以哭之云:

衰草凄然碧血枯，梦寻故旧国殇呼。

河山破碎增新感，远召忠魂荐束刍。

白健群敬述

63.黄烈士玉廷传略

图 5-111　步兵五二八团六连上士班长黄玉廷

黄烈士玉廷，粤产也。幼从父经商海外，目击帝国主义之压迫我华侨，遂愤而归国。远走京都，投身军旅。初入伍本师教导队，英挺卓荦，长官见而奇之，遂选入军士连受特别训练。期满后，成绩优异，派充班长，管教有方。历次从征皖北赣南，讨逆剿□诸役，屡著功绩，擢升上士班长。二月二十二日庙行抗日之役，倭寇连夜冲锋，该连伤亡过半。烈士肩中敌弹，血渍戎衣，犹忍痛指挥，不稍退却！卒至殉身国土，埋骨沙场。吁嗟！恸哉！烈士生于民国纪元前八年，卒年二十有九，其父兄经商海外，尚不知烈士久已挥戈殉义也！呜呼！封豕长蛇，荐食上国；匈奴未灭，壮士何以家为？如烈士者，可谓死得其所矣！

渔洋钓客记

64.吕烈士廉初传略

图 5-112 步兵五二八团六连中士班长吕廉初

　　烈士,吕姓,廉初其名,原籍广东罗定,世家子也。国民革命军统一南北,定都金陵后,随乃父游宦入京,学于首都。愤军阀余孽之祸国,忧革命事业之难成,屡欲投笔从戎而未果。后值警卫军成立,烈士遂毅然投效!尝休假出营,省视乃父于京寓,友朋诘之曰:"以君学问,尽可力图上进,以簪缨继美,何必投身军伍,衣一领戎衣,受万般拘束为哉?"烈士笑对曰:"方今革命未成,人民痛苦尚未解除万一,吾人忝受些须学问,若复惟一己私利是图,断断于显荣富贵,则救国救民之责,谁其任之?"友朋闻言,为之肃然起敬。后烈士派充班长,管教有方.弟兄咸深敬爱。本师奉命抗日,烈士闻之狂喜,遗书诀别乃父,矢志杀敌,存必死之决心!

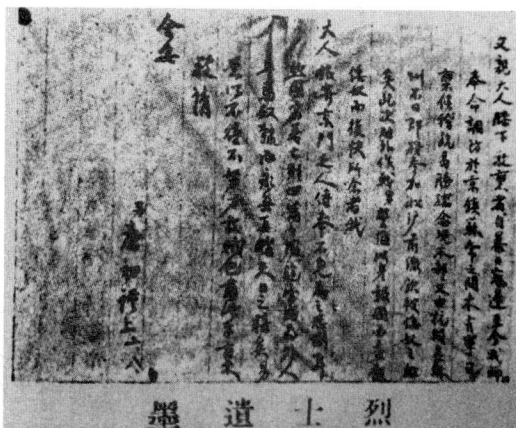

图 5-113 吕廉初遗书

自是与暴日抗战,奋勇争先,处枪林弹雨中,夷然无所畏却,尝以能射杀倭奴为快!二月十九至二十二日间,激战三昼夜,屡致肉搏。我江湾阵地,平衍无掩蔽,守御殊为非易;且敌众我寡,卒能以少胜多,使倭奴不获突破者,烈士之沉着奋勇,与有力焉!无何而烈士竟以重伤殉难,年仅二十有七,哀哉!呜呼,烈士以宦门子弟,弃学从军,抱救国救民之志,矢先忧后乐之诚,为国捐躯,成仁取义。世之纨绔公子,闻烈士之风,宜如何警然自惕而奋然兴起,以追踪继志也欤!是为传。

姬绍武

65.钟烈士炳南传略

图 5-114　步兵五二八团六连中士班长钟炳南

钟炳南烈士,粤南合浦人也。幼承庭训,长信三民,矢志尽忠,弃家入伍。时逢革命,远至金陵。黾勉勤劳,选授军学。继自军士教导队卒业,派充班长。随军剿□,屡著勋劳!长官以其英勇出群,晋升中士。一二八淞沪惨变,国军抗日,本师奉命参加前线御敌,烈士悲歌慷慨,奋不顾身。日寇冲近战壕,烈士静伏壕沟,沉着应战,不稍退避,屡歼来犯之倭寇,而无使一人生还!是以二月廿一日庙行之役,敌虽以第九师团之生力军,猛扑而来;与夫海空军之协力压迫,而终未得逞者,烈士之沉着抵抗,与有力焉!惜乎器械不敌,烈士终以身殉,惨哉!烈士英风浩气,滂薄千秋,虽死犹生,亦复何憾？惟是国难方殷,捍御正亟,追怀民族英雄,真令人有大风猛士之感慨也！用特叙其事略,以与后死者共勉焉！

郑立德记

66.吴烈士祥昌传略

图 5-115　步兵五二八团六连下士列兵吴祥昌

吴烈士祥昌,年二十九,广东惠州人。刚直纯正,缄默寡言。幼习商,颇有积蓄,常愤国家多难,不忍坐视,遂于民国十九年,弃家从军,效劳党国。操课之暇,研究党义,练习运动,不遗余力;且能遵守纪律,爱护同事,此诚社会之良民,军队之良兵也。无何而竟于本年二月二十二日抗日阵亡于塘家宅前,成仁取义,为国捐躯,烈士可谓死得其所矣！倘使烈士斤斤于货利之得失,而持筹计赢,纵令苟安岁月,而为大腹便便之富贾,亦不过草木同腐已耳！焉能轰轰烈烈,为国家民族争光,而表现其不死之精神哉？吾是以传之,藉志钦仰我民族英雄之意焉云尔！

游　勇记

67.周烈士义顺传略

图 5-116　步兵五二八团七连中士班长周义顺

　　烈士周义顺,年三十,籍隶湘之宝庆。家境清寒,性情刚直,聪颖好学,困于经济,高小卒业,即辍学家居。时值革命军北伐,下湘鄂,湖南□□窃发,烈士知改进社会,非促成三民主义之实现不为功,乃决志从戎,辗转至首都,入伍教导团,选入军士训练班练习新式兵操,成绩颇为优越,期满编组警卫旅,烈士任下士班长,对弟兄无不爱护体贴入微,相与如手足。旋随军剿□,每战奋勇争先,功劳卓著。嗣警旅扩编成军,长官嘉其功,擢升中士班长。此次沪战发生,我军奉命增援,烈士倍加奋勇,激励同志,共歼倭寇。虽敌弹如雨,亦努力迈进,不稍却顾,士兵咸为振奋。二月二十八日,庙行之役,我军众寡不敌,烈士遂以身殉,呜呼伤哉!

金　浴记

68.朱烈士根深传略

图 5-117 步兵五二八团八连下士班长朱根深

烈士朱根深,年二十四,江苏常熟人。本年二月十七日,我师布防江湾庙行之线,日寇增加生力军三数师团,大有倾国来犯之势。烈士任五二八团八连班长,当敌人正面之冲。二十一、二十二两日,猛烈交绥,几至肉搏,卒赖烈士之沉着应战,敌终莫逞!二月二十九日,敌更增生力军进攻,烈士以为争最后胜败,在此一举,遂奋不顾身,持枪相搏;左肩受创,犹力击倭酋,与之俱殪!呜呼!壮已!

杨子春

69.吕烈士学新传略

图 5-118 步兵五二八团十一连中士班长吕学新

烈士江西万安人,年十九岁,任班长职,性活泼如孩童,惟能服从命令,忠于职守,故为同伍所敬佩。一二八沪变起,本师参加抗日,烈士大喜,以得手刃倭寇为快。某晚烈士奉命率队夜袭,敌人猝不及防,死亡无算,烈士仍前进不已,卒中数弹。呜呼!烈士之志已偿,而烈士之躯则长卧沙场矣!

金　明记

70.陈烈士士舜传略

图 5-119　步兵五二八团十一连下士班长陈士舜

陈烈士士舜,二十五岁,浙江台州人。赋性聪颖,秉志迈常,年甫成童,即投笔从军,以忠实耐苦,奋勇勤劳,擢升班长。操课之余,常与同事讲述古忠臣义士尽忠报国故事,弟兄咸乐与相亲,精诚团结,有逾骨肉,此诚下级干部之良才也。九一八变起,烈士悲愤填膺,时以不能杀贼为憾!迨沪战发生,本师奉命增援,开拔之日,烈士欣喜欲狂,慷慨赴前线,作战时冒险冲锋,视敌弹如无物。同事见之,莫不奋激。终以目标太显,敌弹太密,支持亘两昼夜,列兵伤亡几尽,烈士亦弹中腿部,环顾壕中弟兄曰:"争最后胜利,为死难同事报仇雪恨,此责已在吾人之身。而我虽各负轻伤,万不能不忍痛支持,以待后援也!"由是同事益奋勉守御,我军阵地,卒未动摇。顾烈士终以敌军炮弹落下,命中要害,成仁殉国!

闻兼育记

71.施烈士祥林传略

图 5-120　步兵五二八团十二连中士班长施祥林

　　一·二八事变爆发，风鹤惊闻，全国爱国男儿，愤慨填膺，共赴国难。十九路军抵抗于其先，八十八师增援于其后，争国家之光荣，求民族之生存，慷慨赴沙场，前仆而后继。五二八团十二连班长施烈士祥林，富于作战经验之士也！临阵镇静沉着，弹无虚发。每当敌军冲锋之际，烈士以逸待劳，屡挫敌氛，致倭寇于无可如何也！二月二十二日，烈士扼守杨焕桥边，为敌飞机目标所及，投下重量炸弹数枚，烈士不幸正中炸弹，血肉横飞！呜呼惨矣！烈士上海人，时年二十五。谨传其行略，以垂千古。

王凤翔

72.范烈士长友传略

图 5-121　步兵五二八团十三连中士班长范长友

　　范君长友,淞沪抗日殉国之先烈也。初烈士于张作霖出关时,慕革命军蒋总司令扫除军阀,奠定国基,欲投身革命,以自效于党国;会总座北上,烈士遂毅然弃家,投侍卫队。后侍卫队改国府警卫旅,烈士以学术见长,选入军士教导连。卒业后派充班长,服务勤劳谨慎,长官同事,莫不器重之!迨警旅扩编成军,遂晋级中士班长。沪战发生后,本师奉命应援十九路军,烈士慷慨激昂,沉着应战,自二月二十日至二十二日,三昼夜间,倭寇冲锋而来,为烈士击毙者达百余人。是时敌弹雨下,阵线几至动摇,烈士激励同事,勇猛前进,当者辟易!正乘胜追击之际,忽为暴寇飞机炸弹所中,遂殉身于杨焕桥附近!烈士河北河间人,赋性耿介,无嗜好,每行军,辄高唱革命军歌以寄兴,所谓燕赵多感慨悲歌之士,是即其人欤!?烈士生于民国纪元前二年,阵亡时年仅二十有三,呜呼!惜哉!

郑蔼如记

四、烈士简历

　　除失踪和漏登的 339 位无名英雄外,八十八师师部将本师 1120 位一·二八淞沪抗战阵亡官兵的简历整理成册,这也是目前所能找到的最完整的记录。

根据这部简历册,可以归纳出三点。一是阵亡官兵的平均年龄:军官平均年龄 26 岁;士兵平均年龄 23 岁。其中,最大阵亡士兵年龄为 38 岁,最小阵亡士兵年龄仅为 16 岁。

二是阵亡官兵的籍贯:以浙江籍官兵为多,且大多数为浙东南沿海一带,如温州、宁波、诸暨、金华等地。其次阵亡官兵的籍贯多为湖南、江苏、安徽、河南、广东、广西等地。

三是阵亡人数最多的日期与地点:阵亡官兵最多的日期为 2 月 21、22 两日,地点集中在庙行及麦家宅阵地。

(1)国民革命军陆军第五军第八十八师一·二八淞沪抗战阵亡官佐简历表(合计 66 名),见表 5-1。

表 5-1　国民革命军陆军第五军第八十八师一·二八淞沪抗战阵亡官佐简历表①

编号	队别	级职	姓名	年龄	籍贯	出身	阵亡日期及地点
1	师司令部	上尉参谋	项方强(字五册)	25	浙江浦江	中央军校第五期	3 月 2 日罗店附近
2		准尉谍报员	吴继善	31	江苏嘉定		3 月 2 日浏河
3	工兵营	上校营长	唐循(字慎之)	30	湖南零陵	黄埔军校第二期	3 月 21 日唐东桥东北
4	工兵营第三连	上尉连长	施汝德	23	贵州瓮安	中央军校第六期	2 月 24 日阵伤于上海广慈医院亡故
5	第五二三团一营一连	中尉排长	连逸卿(伟卿)	26	广东潮阳	中央军校第七期	2 月 22 日前郭家宅
6	第五二三团一营二连	中尉排长	俞善为(字维仁)	28	浙江金华	二十六军军官团	2 月 29 日竹园墩
7	第五二三团一营三连	上尉代连长	雷翼龙(字腾飞)	29	四川璧山	中央军校第四期	3 月 1 日水车头
8	第五二三团一营三连	准尉代排长	金玉高	27	湖北	行伍	3 月 1 日竹园墩

① 阵亡将士简历表为八十八师师部所编,与之前的八十八师"特别党部"从阵亡将士的亲朋好友或战友中征集到的部分烈士传略,因来源不同,其中有个别信息,如职位、籍贯等与此处的阵亡将士简历表中的信息有出入。

续　表

编号	队　别	级　职	姓　名	年龄	籍　贯	出　身	阵亡日期及地点
9	第五二三团二营六连	上尉连长	许永贤（字思衡）	26	浙江诸暨	金陵军校第一期	2月22日小场庙
10	第五二三团二营六连	准尉半排长	胡凤翔		江苏丹徒		2月22日小场庙
11	第五二三团二营八连	准尉半排长	骆雁行（字显瑳）	25	浙江永康	行伍	2月22日小场庙
12	第五二三团二营九连	中尉排长	钟筱筠	24	江西清江	武汉分校第七期	2月22日小场庙
13	第五二三团二营十连	中尉排长	刘光鉴	27	湖南绥宁	中央军校第六期	2月22日后郭家宅
14	第五二三团二营十连	少尉排长	陈少秋	27	湖南宁乡	国府警卫团军士教导队	2月1日溺毙
15	第五二三团三营十二连	上尉连长	陈绍笙（字伯珍）	29	浙江青田	中央军校第六期	2月21日江湾附近
16	第五二三团三营十二连	上尉连长	任秀根	25	河南舞阳	中央军校第五期	3月1日江湾
17	第五二三团三营十二连	准尉代排长	金云初	22	浙江永康	行伍	2月21日严家宅
18	第五二三团三营十二连	准尉代排长	蒋炳龙	25	浙江枫泾	行伍	3月1日江湾
19	第五二四团第一营	少校营附	卢志豪	28	浙江永嘉	黄埔军校第三期	2月22日庙行
20	第五二四团一营二连	上尉连长	李德富（即黄文渊）	25	四川叙州	中央军校第四期	2月22日庙行
21	第五二四团一营三连	上尉连长	周传柄（字秉真）	28	湖南浏阳	中央军校第六期	3月1日陈家木桥
22	第五二四团二营营部	中尉副官	章煦东（皥如）	27	安徽东流	黄埔军校南昌分校	2月22日庙行
23	第五二四团二营八连	准尉代排长	陈镇南	32	浙江青田	浙军第二师军士连	2月22日庙行

续 表

编号	队 别	级职	姓名	年龄	籍贯	出 身	阵亡日期及地点
24	第五二四团三营十二连	上尉连长	唐邺（又 衡）	26	湖南常宁	中央军校第六期	2月22日庙行
25	第五二四团三营十二连	准尉特务长	谭维祯				2月22日庙行
26	第五二四团三营十三连	上尉连长	马璁（字安石）	23	湖南湘潭	中央军校第五期	2月22日庙行
27	第五二四团三营十三连	中尉排长	张熙	21	湖北靳水	武汉分校第七期	2月22日庙行
28	第五二四团三营十四连	中尉排长	高鹏翼（字国光）	21	湖北武昌	中央军校第七期	2月22日庙行
29	第五二七团第一营	少校营附	徐旭（字子岐）	37	浙江永康	浙江军学补习所	2月21日朱家宅
30	第五二七团一营一连	上尉连附	赵公毅	27	浙江诸暨	二十六军军官团	2月22日麦家宅前
31	第五二七团一营一连	中尉排长	李公尚（佐 卿）（字人亮）	32	浙江永康	中央军校第七期	2月22日麦家宅前
32	第五二七团一营一连	中尉排长	张展	28	浙江青田	中央军校第六期	2月22日麦家宅前
33	第五二七团一营一连	准尉半排长	陈桂鸿	24	湖南宜章	行伍	2月22日麦家宅前
34	第五二七团一营二连	中尉排长	朱焕然	26	湖北江陵	总部教导营	2月22日朱家宅
35	第五二七团一营二连	少尉排长	张斌	23	湖南醴陵	警卫团军士补习班	2月22日朱家宅
36	第五二七团一营二连	准尉半排长	陈益	25	湖南祁阳	警卫团军士补习班	2月22日朱家宅
37	第五二七团一营三连	中尉排长	商支宇	23	浙江嵊县	中央军校第七期	2月22日麦家宅
38	第五二七团一营四连	上尉连长	胡济川	24	浙江临海	闽漳干部学校	2月22日庙行

续　表

编号	队　　别	级职	姓　名	年龄	籍贯	出　身	阵亡日期及地点
39	第五二七团二营六连	中尉排长	黄茂松（字志群）	29	广东兴宁	中央军校第七期	2月22日庙行
40	第五二七团二营七连	上尉连附	钱瀛川	29	浙江慈溪	中央军校第六期	2月27日金家木桥
41	第五二七团二营八连	少尉排长	陈鼎勋	24	广东茂名	中央军校第七期	3月1日沈家沟
42	第五二七团三营营部	少校营长	陈振新（字文轩）	26	湖北应城	黄埔军校第三期	2月22日竹园墩
43	第五二七团三营十一连	上尉连长	傅允文（字斐然）	27	浙江义乌	浙江陆军第二师干部教导队	2月22日竹园墩
44	第五二七团三营十一连	中尉排长	刘伯轩（字秉正）	25	湖南宝庆	中央军校第七期	2月22日竹园墩
45	第五二七团三营十一连	少尉排长	曹荣	28	浙江金华	浙军第二师教导队	2月22日竹园墩
46	第五二七团三营十二连	上尉连附	许培华（元善）	30	江西宜黄	中央军校第五期	2月21日孟家宅
47	第五二七团三营十二连	中尉连附	郑在邦	26	浙江宁海	中央军校第七期	3月1日孟家宅
48	第五二七团三营十三连	准尉特务长	何养新	24	浙江新登	总部宪兵团军士连	2月22日沈家沟
49	第五二七团三营十四连	中尉排长	任益珍（席儒）	27	浙江永嘉	中央军校第七期	2月22日竹园墩
50	第五二七团三营十四连	中尉排长	张文良				3月1日
51	第五二八团一营二连	上尉连长	骆朝宗（字于海）	29	浙江义乌	中央军校第五期	2月22日塘家宅前
52	第五二八团一营二连	中尉排长	周桂标	29	湖南宁乡	湖南镇守使军士队	2月22日塘家宅前

编号	队　别	级　职	姓　名	年龄	籍　贯	出　身	阵亡日期及地点
53	第五二八团一营三连	少尉排长	王　良	20	浙江仙居	陆军教导队	2月25日红十字总医院亡故
54	第五二八团一营三连	准尉半排长	查　英（字学昌）	22	浙江海宁	国府警卫团教导队	2月22日塘家宅前
55	第五二八团一营四连	中尉排长	梁修身（字建刚）	25	湖南安化	中央军校第六期	2月22日谈家宅南端
56	第五二八团二营六连	中尉排长	卢世钟（鸿禧）	26	广东兴宁	中央军校第六期	2月22日庙行
57	第五二八团六连	少尉排长	王伦敦	26	四川成都	二十一军军官教育团	2月22日庙行
58	第五二八团三营营部	少尉营附	吕义灏	26	浙江东阳	黄埔军校第三期	2月22日庙行
59	第五二八团三营十一连	上尉连长	骆健郎	24	四川古蔺	中央军校研究班	2月22日杨焕桥前
60	第五二八团三营十一连	少尉排长	李　章	26	广东罗定	国府警卫团军士教导队	2月22日杨焕桥前
61	第五二八团三营十二连	上尉连长	万　羽	28	湖南武冈	中央军校第五期	2月22日杨焕桥前
62	第五二八团三营十二连	中尉排长	顾　炜	26	浙江诸暨	中央军校第七期	2月22日杨焕桥前
63	第五二八团三营十三连	中尉排长	张梦文	26	湖南东安	中央军校第六期	2月22日杨焕桥前
64	第五二八团三营十三连	中尉排长	胡家骅（字道生）	25	湖北荆门	中央军校第七期	2月22日杨焕桥前
65	第五二八团三营十三连	少尉排长	朱运芝	29	湖南宁乡	中央军校第六期	2月22日杨焕桥
66	第五二八团三营十四连	少尉排长	王志英	24	广东兴宁	中央军校第七期	2月22日庙行

(2)陆军第八十八师工兵第八十八营淞沪抗日阵亡烈士姓名简册(合计 8 名),见表 5-2。

表 5-2　陆军第八十八师工兵第八十八营淞沪抗日阵亡烈士姓名简册

编 号	部 别	级 职	姓 名	年龄	籍 贯	阵亡日期及地点
1	工兵营 第一连	上士 班长	陈德芳			2月25日 红十字总院
2	第一连	上士 班长	陈荣兴			2月28日 红十字廿二院
3	第一连	一等兵 工兵	陈善胜			
4	第一连	一等兵 工兵	胡选中	24	江苏邳县	2月23日 严家宅东北阵地
5	第一连	一等兵 工兵	刘继发	21	江苏铜山	2月23日 严家宅东北阵地
6	第一连	二等兵 工兵	沈恨尘	17	江苏无锡	3月2日 嘉定东门外
7	第二连	一等兵 工兵	章桂生	19	安徽泾县	2月22日 庙行
8	第二连	二等兵 工兵	李如发	22	安徽滁县	2月22日 庙行

(3)陆军第八十八师司令部卫生队淞沪抗日阵亡烈士姓名简册(合计 2 名),见表 5-3。

表 5-3　陆军第八十八师司令部卫生队淞沪抗日阵亡烈士姓名简册

编 号	部 别	级 职	姓 名	年龄	籍 贯	阵亡日期及地点
1	师卫生队 担架连	上等兵 担架兵	喻志高	28	湖南宁乡	2月26日 唐东宅西
2	师卫生队 担架连	上等兵 担架兵	陈福寿			

(4)陆军第八十八师步兵干部教育总队淞沪抗日阵亡烈士姓名简册(合计 15 名),见表 5-4。

表 5-4　陆军第八十八师步兵干部教育总队淞沪抗日阵亡烈士姓名简册

编　号	部　别	级　职	姓　名	年龄	籍　贯	阵亡日期及地点
1	干部教育总队部	一等兵给养兵	徐得荣	22	浙江绍兴	2月22日庙行
2	第一队	上等兵学兵	徐镜明	21	江西广丰	2月22日韩家桥附近
3	第一队	上等兵学兵	毛金山	22	江西广丰	2月22日韩家桥附近
4	第一队	上等兵学兵	过长濠	23	浙江嵊县	2月22日韩家桥附近
5	第一队	一等兵学兵	曹军标	34	浙江汤溪	2月22日韩家桥附近
6	第一队	一等兵学兵	章宝光	33	浙江汤溪	2月22日韩家桥附近
7	第一队	一等兵学兵	刘惠明	24	江西清江	2月22日韩家桥附近
8	第一队	一等兵学兵	王自明	29	江西永修	2月22日韩家桥附近
9	第一队	一等兵学兵	李文斌	21	浙江乐清	2月22日韩家桥附近
10	第二队	上等兵学兵	王正武	22	云南	2月22日韩家桥附近
11	第二队	上等兵学兵	张仁兴			2月22日韩家桥附近
12	第二队	一等兵学兵	胡绍祥	23	河南光山	2月22日韩家桥附近
13	第二队	一等兵学兵	徐祥光	21	江苏南通	2月22日韩家桥附近
14	第三队	上士班长	周东海	25	江西	2月22日韩家桥
15	第三队	上等兵学兵	张定凯	19	安徽	2月22日韩家桥

（5）陆军第八十八师步兵第二六二旅第五二三团淞沪抗日阵亡烈士姓名简册（合计327名），见表5-5。

表5-5　陆军第八十八师步兵第二六二旅第五二三团淞沪抗日阵亡烈士姓名简册

编　号	部　别	级　职	姓　名	年龄	籍　贯	阵亡日期及地点
1	第五二三团第一营营部	中士司号	罗炳华	22	广东惠阳	3月1日竹园墩
2	第五二三团第一营营部	上等兵给养兵	蔡桅意	28	江苏淮城	3月1日竹园墩
3	第一连	中士班长	魏　熊	25	浙江	2月22日前郭家宅
4	第一连	下士班长	陈国梁	24	湖南湘乡	2月22日前郭家宅
5	第一连	下士班长	应宝根	27	浙江宁波	2月21日前郭家宅
6	第一连	下士班长	雷正发			2月21日前郭家宅
7	第一连	下士班长	郑秀成	26	浙江建德	2月22日前郭家宅
8	第一连	下士班长	卢　文	18	浙江淳安	2月22日二十三图
9	第一连	下士班长	黄　舞	27	浙江金华	2月22日前郭家宅
10	第一连	下士班长	管樟顺	27	浙江衢州	2月21日前郭家宅
11	第一连	上等兵列兵	方金贵	20	安徽歙县	2月21日前郭家宅
12	第一连	上等兵列兵	张德三			
13	第一连	上等兵列兵	陈绍田	23	浙江桐乡	2月21日前郭家宅
14	第一连	上等兵列兵	金必荣	20	浙江金华	2月21日前郭家宅

编 号	部 别	级 职	姓 名	年龄	籍 贯	阵亡日期及地点
15	第一连	上等兵 列兵	姜贵清	24	浙江龙游	2月21日 前郭家宅
16	第一连	上等兵 列兵	第右宝	25	江西崇义	2月22日 前郭家宅
17	第一连	上等兵 列兵	薛金宝	23	浙江吴兴	2月22日 前郭家宅
18	第一连	上等兵 列兵	葛阿才	30	浙江临海	2月22日 前郭家宅
19	第一连	上等兵 担架兵	鲍棹隆	25	浙江开化	2月22日 前郭家宅
20	第一连	一等兵 列兵	王志林	20	浙江兰溪	2月21日 前郭家宅
21	第一连	一等兵 列兵	朱逢春	29	浙江义乌	2月21日 前郭家宅
22	第一连	一等兵 列兵	浦国基	23	江苏吴县	2月21日 前郭家宅
23	第一连	一等兵 列兵	汪绍荣	23	浙江永康	2月22日 前郭家宅
24	第一连	一等兵 列兵	戴登球	30	浙江汤溪	2月22日 前郭家宅
25	第一连	一等兵 列兵	杨 棋	29	浙江分水	2月22日 前郭家宅
26	第一连	一等兵 列兵	王世友	25	湖北	2月20日 前郭家宅
27	第一连	一等兵 列兵	王春梁			2月20日 前郭家宅
28	第一连	一等兵 列兵	田玉林	18	湖南长州	2月20日 前郭家宅
29	第一连	一等兵 列兵	朱福生	19	江苏武进	2月20日 前郭家宅

续　表

编　号	部　别	级　职	姓　名	年龄	籍　贯	阵亡日期及地点
30	第一连	一等兵 给养兵	陈鹏贵	27	浙江绍兴	2月22日 前郭家宅
31	第一连	二等兵 列兵	王桂林	18	浙江新昌	2月21日 前郭家宅
32	第一连	二等兵 列兵	曹阿城	21	浙江宁波	2月21日 前郭家宅
33	第一连	二等兵 列兵	黄　科	24	江苏镇江	2月22日 前郭家宅
34	第一连	二等兵 列兵	王芝华	20	河南洛阳	2月22日 前郭家宅
35	第一连	二等兵 列兵	李金明	20	江苏南通	2月22日 前郭家宅
36	第一连	二等兵 列兵	张开明	22	安徽合肥	2月22日 前郭家宅
37	第一连	二等兵 列兵	余银如	21	江苏上海	2月22日 前郭家宅
38	第二连	中士 班长	吴　斌	26	浙江象山	2月28日 竹园墩
39	第二连	中士 班长	李醒民	24	浙江吴兴	3月2日 竹园墩
40	第二连	下士 班长	徐志光	21	浙江杭县	3月2日 竹园墩
41	第二连	下士 班长	黄日升	28	福建汀州	2月22日 江湾严家宅
42	第二连	下士 班长	石玉富	24	浙江新昌	2月22日 江湾严家宅
43	第二连	下士 班长	王　真	18	浙江诸暨	2月21日 江湾严家宅
44	第二连	下士 班长	吴树棠	20	浙江永康	2月21日 江湾严家宅

编　号	部　别	级　职	姓　名	年龄	籍　贯	阵亡日期及地点
45	第二连	下士班长	冯亦山	22	浙江诸暨	2月21日江湾严家宅
46	第二连	下士班长	楼宗元	21	浙江金华	2月21日江湾严家宅
47	第二连	下士班长	徐明福	24	浙江黄岩	2月22日江湾严家宅
48	第二连	下士班长	周　根	22	浙江建德	2月22日江湾严家宅
49	第二连	下士班长	滕显文	20	浙江永嘉	2月22日江湾严家宅
50	第二连	下士班长	王德龙	22	浙江永嘉	2月22日江湾严家宅
51	第二连	下士司号	姜步庭	18	江西上饶	2月28日竹园墩
52	第二连	上等兵列兵	罗金生	23	浙江杭县	3月2日竹园墩
53	第二连	上等兵列兵	陈道桥	21	浙江衢县	3月2日竹园墩
54	第二连	上等兵列兵	俞叶华	30	浙江新登	2月29日竹园墩
55	第二连	上等兵列兵	仇文德	20	浙江镇海	2月29日竹园墩
56	第二连	上等兵列兵	袁清玉	21	浙江金华	2月30日竹园墩
57	第二连	上等兵列兵	姜仲五	26	河南洛阳	2月30日竹园墩
58	第二连	上等兵列兵	项义杰	21	河南开封	3月2日竹园墩
59	第二连	上等兵担架兵	张仁兴	26	浙江临海	2月22日江湾严家宅

续　表

编　号	部　别	级　职	姓　名	年龄	籍　贯	阵亡日期及地点
60	第二连	上等兵 传令兵	陈品三	19	浙江临海	3月2日 竹园墩
61	第二连	上等兵 给养兵	周鸿钧	30	湖南宝庆	2月28日 竹园墩
62	第二连	一等兵 列兵	叶永高	22	浙江宁波	2月28日 竹园墩
63	第二连	一等兵 列兵	唐文郁	20	湖北天门	2月21日 江湾严家宅
64	第二连	一等兵 列兵	张胜新	21	浙江东阳	3月2日 竹园墩
65	第二连	一等兵 列兵	锁文宪	20	浙江绍兴	3月2日 竹园墩
66	第二连	一等兵 列兵	王气开	20	安徽涡阳	3月2日 竹园墩
67	第二连	一等兵 列兵	顾汉林	22	浙江杭县	3月2日 竹园墩
68	第二连	二等兵 列兵	甘玉臣	27	湖北天门	2月21日 江湾严家宅
69	第二连	二等兵 列兵	董连生			3月5日 （葬塘湾义塚）
70	第二连	二等兵 列兵	孟传兴	23	江苏唐山	2月28日 竹园墩
71	第二连	二等兵 列兵	梁继书	20	江苏铜山	2月28日 竹园墩
72	第二连	二等兵 列兵	王标玉	23	湖北天门	2月29日 竹园墩
73	第二连	二等兵 列兵	江坤生	24	江苏铜山	2月29日 竹园墩
74	第二连	二等兵 列兵	金　钟	20	浙江衢县	3月2日 竹园墩

编 号	部 别	级 职	姓 名	年龄	籍 贯	阵亡日期及地点
75	第二连	二等兵 列兵	周得昌	24	浙江杭县	3月2日 竹园墩
76	第二连	二等兵 列兵	沈芝春	25	江苏江都	3月2日 竹园墩
77	第二连	二等兵 列兵	刘明树	27	安徽颖城	3月2日 竹园墩
78	第二连	二等兵 列兵	沈祖棠	22	浙江杭县	3月2日 竹园墩
79	第二连	二等兵 列兵	叶文明	24	浙江松阳	3月2日 竹园墩
80	第二连	二等兵 列兵	陈振卿	20	河南沈丘	3月2日 竹园墩
81	第二连	二等兵 列兵	刘传家	19	安徽繁昌	3月2日 竹园墩
82	第二连	二等兵 列兵	周金海	22	浙江杭县	3月2日 竹园墩
83	第三连	上士 文书	詹成发	30	浙江	3月1日 竹园墩
84	第三连	中士 班长	潘长兴			2月21日 前郭家宅
85	第三连	中士 班长	李信元	23	江苏	3月1日 竹园墩
86	第三连	下士 班长	凌键兴	28	江西赣县	2月21日 前郭家宅
87	第三连	下士 班长	钱章才	20	浙江龙游	2月22日 前郭家宅
88	第三连	下士 班长	王 云	24	浙江桐庐	2月22日 前郭家宅
89	第三连	下士 班长	张维顺	26	浙江	3月1日 竹园墩

续 表

编 号	部 别	级 职	姓 名	年龄	籍 贯	阵亡日期及地点
90	第三连	下士班长	杨星阶	26	湖北	3月1日 竹园墩
91	第三连	下士班长	王定照	30	安徽	3月1日 竹园墩
92	第三连	下士班长	汪怀根	16	江苏	3月1日 竹园墩
93	第三连	下士班长	童仁义	27	安徽	3月1日 竹园墩
94	第三连	下士班长	潘炳妙	24	浙江	3月1日 竹园墩
95	第三连	下士班长	郭 钧	22	江苏	3月1日 竹园墩
96	第三连	下士列兵	俞学本	25	江苏	3月1日 竹园墩
97	第三连	下士列兵	毛祥根	29	江苏	3月1日 竹园墩
98	第三连	下士列兵	查木林	27	江苏	3月1日 竹园墩
99	第三连	上等兵列兵	张 洪	22	浙江	3月1日 竹园墩
100	第三连	上等兵列兵	刘正发			2月29日 红十字总院
101	第三连	上等兵列兵	赵才金	25	湖北	3月1日 竹园墩
102	第三连	上等兵列兵	钱双保	20	浙江	3月1日 竹园墩
103	第三连	上等兵列兵	吕永恩	25	浙江	3月1日 竹园墩
104	第三连	上等兵列兵	王海成			3月1日 竹园墩

编　号	部　别	级　职	姓　名	年龄	籍贯	阵亡日期及地点
105	第三连	上等兵 列兵	胡子英	17	江苏	3月1日 竹园墩
106	第三连	上等兵 列兵	叶志安	26	安徽	3月1日 竹园墩
107	第三连	上等兵 列兵	邵培金	18	安徽	3月1日 竹园墩
108	第三连	上等兵 列兵	朱成福	19	江苏	3月1日 竹园墩
109	第三连	上等兵 列兵	冯得胜	22	山西	3月1日 竹园墩
110	第三连	上等兵 列兵	祝金泉	19	浙江衢县	2月21日 前郭家宅
111	第三连	上等兵 列兵	余志明	25	浙江遂安	2月21日 前郭家宅
112	第三连	上等兵 传令兵	陈玉丙	24	浙江	3月1日 竹园墩
113	第三连	上等兵 勤务兵	周增直	19	浙江	3月1日 竹园墩
114	第三连	上等兵 给养兵	陈式洋	29	浙江乐清	2月21日 前郭家宅
115	第三连	一等兵 列兵	张振武	20	河南洛阳	2月21日 前郭家宅
116	第三连	一等兵 列兵	徐福堂	20	河南	3月1日 竹园墩
117	第三连	一等兵 列兵	严金福	22	河南	3月1日 竹园墩
118	第三连	一等兵 列兵	焦发长	23	江苏	3月1日 竹园墩
119	第三连	一等兵 列兵	王祥志	26	江苏	3月1日 竹园墩

续　表

编　号	部　别	级　职	姓　名	年龄	籍　贯	阵亡日期及地点
120	第三连	一等兵 列兵	张玉坤	24	安徽	3月1日 竹园墩
121	第三连	一等兵 列兵	郭福生	27	江苏	3月1日 竹园墩
122	第三连	一等兵 列兵	张　琪	26	湖北	3月1日 竹园墩
123	第三连	一等兵 列兵	汪顺清	21	安徽	3月1日 竹园墩
124	第三连	一等兵 列兵	杨益林	23	江苏	3月1日 竹园墩
125	第三连	一等兵 给养兵	王春生	29	江苏	3月1日 竹园墩
126	第三连	一等兵 给养兵	吕宝廷	29	江苏	3月1日 竹园墩
127	第三连	二等兵 列兵	黄圣麟	29	江苏崇明	2月21日 前郭家宅
128	第三连	二等兵 列兵	张文财	23	浙江衢县	2月21日 前郭家宅
129	第三连	二等兵 列兵	李泽深	23	河北南苑	2月21日 前郭家宅
130	第三连	二等兵 列兵	陈岩浩	25	浙江绍兴	2月21日 前郭家宅
131	第三连	二等兵 列兵	吴华斌	27	浙江乐清	2月21日 前郭家宅
132	第四连	下士 查马军士	李　标	30	湖南祁阳	2月21日 前郭家宅
133	第四连	下士 班长	李　彪			2月21日 前郭家宅
134	第四连	下士 枪长	张学英	25	陕西	2月21日 前郭家宅

续 表

编 号	部 别	级 职	姓 名	年龄	籍 贯	阵亡日期及地点
135	第四连	上等兵 列兵	张炳华	23	江苏江宁	3月1日 金家木桥
136	第四连	上等兵 列兵	刘维清			
137	第四连	上等兵 列兵	徐凤山			
138	第四连	预备兵	蒋国斌	22	湖南湘阴	2月21日 前郭家宅
139	第四连	担架兵	钱兴发	21	浙江嵊县	2月23日 郭家宅
140	第四连	担架兵	黄汉清	23	江西萍乡	2月29日 金家木桥
141	第四连	担架兵	骆邦信	23	浙江诸暨	3月1日 金家木桥
142	第四连	担架兵	刘云俊	23	江苏铜山	3月1日 金家木桥
143	第四连	上等兵 传令兵	王志昌	26	浙江新昌	3月1日 金家木桥
144	第四连	一等兵 列兵	吴锡祥	20	江苏海门	2月21日 前郭家宅
145	第四连	一等兵 列兵	李炎盛	30	山东单县	3月1日 金家木桥
146	第四连	一等兵 列兵	张得栋	26	江苏吴县	3月1日 金家木桥
147	第四连	一等兵 列兵	汪炳兴	21	浙江宁海	3月1日 金家木桥
148	第四连	一等兵 列兵	张宝荣	18	安徽涡阳	2月29日 金家木桥
149	第四连	一等兵 列兵	王俊起	28	山东曹县	2月28日 金家木桥

编　号	部　别	级　职	姓　名	年龄	籍　贯	阵亡日期及地点
150	第四连	一等兵列兵	刘兴华	26	湖南永州	2月29日金家木桥
151	第四连	一等兵列兵	江恒寿	21	江苏东海	2月28日金家木桥
152	第四连	一等兵列兵	杨子龙	25	安徽芜湖	3月1日金家木桥
153	第四连	一等兵列兵	张志成	23	浙江绍兴	3月1日金家木桥
154	第四连	一等兵列兵	王光才	22	江苏镇江	3月1日金家木桥
155	第四连	一等兵列兵	刘金璋	24	河南南阳	2月29日金家木桥
156	第四连	一等兵列兵	沈宝生	22	浙江杭县	2月29日金家木桥
157	第五连	上等兵担架兵	王发奎	21	河南郑县	2月23日二十三图
158	第五连	一等兵炮兵	金九坡	25	浙江永嘉	2月22日江湾严家宅
159	第五连	一等兵炮兵	赵金得	20	河南郑县	2月22日江湾严家宅
160	第二营营部	上等兵传令兵	张禄金	24	湖南岳阳	2月22日江湾严家宅
161	第二营第六连	上等兵列兵	周阿玉	23	浙江宁海	2月21日江湾严家宅
162	第六连	上等兵列兵	李真弟	20	浙江遂安	2月21日江湾严家宅
163	第六连	上等兵列兵	胡子清	28	浙江宁海	2月22日江湾严家宅
164	第六连	上等兵列兵	章树风	27	浙江兰溪	2月22日江湾严家宅

续　表

编号	部别	级职	姓名	年龄	籍贯	阵亡日期及地点
165	第六连	上等兵 列兵	庄宗富	25	江苏无锡	3月1日 苏家园附近
166	第六连	上等兵 列兵	刘络高	21	安徽贵池	3月1日 苏家园附近
167	第六连	上等兵 列兵	潘云生	25	江苏常熟	2月23日 小场庙
168	第六连	一等兵 列兵	王学文	19	江苏丹阳	3月1日 苏家园附近
169	第六连	一等兵 列兵	隋万胜	21	浙江宁波	3月1日 苏家园附近
170	第六连	一等兵 列兵	王宗昌	19	浙江瑞安	2月22日 江湾严家宅
171	第六连	一等兵 列兵	王　宝	29	浙江仙居	2月21日 江湾严家宅
172	第六连	二等兵 列兵	顾青莲	28	江苏常州	2月21日 江湾严家宅
173	第六连	二等兵 列兵	谈麒麟	20	浙江宁波	2月22日 江湾严家宅
174	第六连	二等兵 列兵	冯柏荣	21	浙江江山	2月22日 江湾严家宅
175	第六连	二等兵 列兵	张国政	21	浙江东阳	2月22日 江湾严家宅
176	第六连	二等兵 列兵	吴心海	18	安徽亳县	3月1日 苏家园附近
177	第六连	二等兵 列兵	黄　华	19	浙江浦江	3月1日 苏家园附近
178	第六连	二等兵 列兵	王景文	24	湖南永州	3月1日 苏家园附近
179	第六连	二等兵 列兵	潘凤山	19	安徽合肥	3月1日 苏家园附近

续 表

编 号	部 别	级 职	姓 名	年龄	籍 贯	阵亡日期及地点
180	第六连	二等兵 列兵	王宝定			
181	第七连	中士 班长	阮其玉	29	浙江	3月19日 红十字第二院
182	第七连	中士 班长	乔俊卿	26	安徽蚌埠	3月1日 坍家桥
183	第七连	中士 班长	魏熙			3月1日 广慈医院
184	第七连	下士 班长	叶彩标	20	浙江开化	2月22日 丁家桥
185	第七连	下士 司号	王建三	29	浙江杭县	2月22日 丁家桥
186	第七连	上等兵 列兵	杨柏荣	20	湖南衡阳	2月22日 丁家桥
187	第七连	上等兵 列兵	杨洪礼	25	山东泰安	2月22日 丁家桥
188	第七连	上等兵 列兵	谢光法	31	浙江永嘉	2月22日 丁家桥
189	第七连	上等兵 列兵	蒋云标	29	浙江吴兴	2月21日 丁家桥
190	第七连	上等兵 列兵	张柏林	30	浙江开化	2月21日 丁家桥
191	第七连	上等兵 列兵	丁学成			2月21日 丁家桥
192	第七连	上等兵 列兵	陈亭清			2月21日 丁家桥
193	第七连	上等兵 列兵	纪廷龙	24	江西广丰	3月1日 广慈医院
194	第七连	上等兵 列兵	吴章龙	26	浙江杭县	3月1日 广慈医院

编 号	部 别	级 职	姓 名	年龄	籍 贯	阵亡日期及地点
195	第七连	上等兵列兵	洪月楼	27	安徽宿县	3月1日广慈医院
196	第七连	上等兵列兵	楼仙桃	24	江苏江都	3月1日广慈医院
197	第七连	上等兵列兵	膳兴春	20	江苏铜山	3月1日广慈医院
198	第七连	上等兵列兵	徐中文	22	贵州都匀	3月1日广慈医院
199	第七连	上等兵列兵	王光春	22	江苏丰县	3月1日坍家桥
200	第七连	一等兵列兵	王 弟	19	浙江义乌	3月1日坍家桥
201	第七连	一等兵列兵	郑德裕	20	江西上饶	3月1日坍家桥
202	第七连	一等兵列兵	罗 财	26	广西桂平	3月1日坍家桥
203	第七连	一等兵列兵	陈文良	27	湖北鄂城	3月1日坍家桥
204	第七连	一等兵列兵	吕 炎	21	江西广丰	2月21日丁家桥
205	第七连	一等兵列兵	张月亮	23	河南南阳	2月21日丁家桥
206	第七连	一等兵列兵	李大甲	23	江苏海门	2月22日丁家桥
207	第七连	二等兵列兵	陈 忠	27	浙江温岭	2月22日丁家桥
208	第七连	二等兵列兵	谢恭先	19	浙江奉化	2月22日丁家桥
209	第七连	二等兵列兵	丁鸿禧	28	山东登城	3月1日坍家桥

续　表

编　号	部　别	级　职	姓　名	年龄	籍　贯	阵亡日期及地点
210	第七连	二等兵列兵	陈学化	32	安徽寿县	3月1日坍家桥
211	第七连	二等兵列兵	张永祯	21	浙江浦江	3月1日坍家桥
212	第七连	二等兵列兵	刘玉清	22	湖南祁阳	3月1日坍家桥
213	第七连	二等兵列兵	李嵩本	19	浙江绍兴	3月1日坍家桥
214	第八连	上士半排长	陈舜	25	浙江临海	3月1日苏家园
215	第八连	中士班长	蒋文奎	30	浙江鄞县	2月22日小场庙
216	第八连	中士班长	姜克定	24	浙江江山	2月21日小场庙
217	第八连	中士班长	包庆郎	19	浙江临海	3月1日苏家园
218	第八连	下士班长	陈山玉	20	浙江临海	3月1日苏家园
219	第八连	下士班长	吴章得	24	浙江临海	3月1日苏家园
220	第八连	上等兵列兵	蒋志亭	20	浙江兰溪	3月1日苏家园
221	第八连	上等兵列兵	方春梅	21	浙江龙游	2月22日小场庙
222	第八连	一等兵列兵	吴友生	25	浙江临海	2月22日小场庙
223	第八连	一等兵列兵	董维雄	22	江苏盛泽	2月22日小场庙
224	第八连	一等兵列兵	刘长周	25	安徽桐城	2月21日小场庙

编　号	部　别	级　职	姓　名	年龄	籍　贯	阵亡日期及地点
225	第八连	一等兵 列兵	计荣生	21	江苏龙华	3月1日 苏家园
226	第八连	一等兵 列兵	董文正	18	浙江衢县	3月1日 苏家园
227	第八连	二等兵 列兵	王永生	16	江苏铜山	3月1日 苏家园
228	第八连	二等兵 列兵	高得胜	21	安徽亳县	3月1日 苏家园
229	第八连	二等兵 列兵	孙得喜	23	山东历城	3月1日 苏家园
230	第八连	二等兵 列兵	赵仿义	23	安徽芜湖	3月1日 苏家园
231	第八连	二等兵 列兵	刘金宏	24	安徽桐城	2月21日 小场庙
232	第八连	二等兵 列兵	王如金	25	江苏盐城	2月21日 小场庙
233	第八连	一等兵 担架兵	孟高飞	27	浙江分水	2月21日 小场庙
234	第九连	上士 军械军士	刘子良	30	江苏宿迁	2月21日 庙行镇
235	第九连	中士 枪长	纪孟秋	25	湖北罗田	2月21日 庙行镇
236	第九连	上等兵 列兵	李全声	24	江苏萧县	2月21日 庙行镇
237	第九连	上等兵 列兵	骆桂生	32	湖南长沙	3月1日 苏家园
238	第九连	上等兵 预备兵	何干	24	湖南道县	2月21日 庙行镇
239	第九连	上等兵 预备兵	徐宝新	21	浙江常山	2月21日 庙行镇

编　号	部　别	级　职	姓　名	年龄	籍　贯	阵亡日期及地点
240	第九连	上等兵 预备兵	李高升	23	湖南零陵	2月21日 庙行镇
241	第九连	上等兵 预备兵	蔡子清	26	浙江象山	2月21日 庙行镇
242	第九连	上等兵 预备兵	宁定国	31	浙江丽水	2月21日 庙行镇
243	第九连	一等兵 列兵	项裕祥	24	湖北麻城	2月21日 庙行镇
244	第九连	一等兵 列兵	边永祥	21	浙江诸暨	2月21日 庙行镇
245	第九连	一等兵 预备兵	吴怀才	21	浙江绍兴	2月21日 庙行镇
246	第九连	一等兵 预备兵	梁汉臣	28	河南罗山	2月22日 庙行镇
247	第九连	一等兵 预备兵	姚子馀	31	贵州天柱	2月22日 庙行镇
248	第九连	一等兵 预备兵	李绍标	27	江苏东海	2月22日 庙行镇
249	第九连	二等兵 列兵	夏国隆			2月22日 江湾
250	第九连	二等兵 列兵	吴家才	21	浙江绍兴	2月23日 庙行镇
251	第九连	二等兵 预备兵	江梅忠			2月22日 庙行镇
252	第十连	上等兵 炮兵	应永全	21	江苏上海	2月27日 谈家宅
253	第十连	上等兵 炮兵	蒋汝明	27	浙江	2月27日 谈家宅
254	第十连	上等兵 炮兵	范金荣	28	浙江临海	2月27日 谈家宅

续　表

编　号	部　别	级　职	姓　名	年龄	籍　贯	阵亡日期及地点
255	第十连	上等兵炮兵	卓大奶	20	浙江临海	2月27日谈家宅
256	第十连	上等兵炮兵	徐明发	23	浙江临海	2月27日谈家宅
257	第十连	上等兵炮兵	滕启才	25	浙江临海	2月26日谈家宅
258	第十连	一等兵炮兵	张启发	21	湖南	2月26日谈家宅
259	第十连	二等兵炮兵	张怀明	26	湖南	2月26日谈家宅
260	第三营营本部	上等兵传令兵	彭正洪	25	湖北黄梅	2月22日后郭家宅
261	第十一连	上士文书	曹幼君	26	江苏武进	2月22日后郭家宅
262	第十一连	中士班长	张荣兴	27	江苏徐州	2月22日后郭家宅
263	第十一连	下士班长	邵南	31	浙江汤溪	2月22日后郭家宅
264	第十一连	上等兵列兵	金得荣	21	江苏江都	2月22日后郭家宅
265	第十一连	上等兵列兵	吴荣标	20	浙江游龙	2月22日后郭家宅
266	第十一连	上等兵列兵	朱云	21	江西兴国	2月19日后郭家宅
267	第十一连	一等兵列兵	孙得海	30	山东兖县	2月22日后郭家宅
268	第十一连	一等兵列兵	沈永胜			2月22日后郭家宅
269	第十一连	一等兵列兵	舒忠山	29	湖北蒲圻	2月22日后郭家宅

续　表

编　号	部　别	级　职	姓　名	年龄	籍　贯	阵亡日期及地点
270	第十一连	一等兵 列兵	刘忠山	22	江苏昆山	2 月 22 日 后郭家宅
271	第十一连	一等兵 列兵	莫得标	20	浙江绍兴	2 月 22 日 后郭家宅
272	第十一连	一等兵 列兵	李马兵	20	上海浦东	2 月 22 日 后郭家宅
273	第十一连	一等兵 列兵	吴云鹏	21	江苏盐城	2 月 22 日 后郭家宅
274	第十一连	一等兵 列兵	陈七英	28	浙江临海	2 月 19 日 后郭家宅
275	第十一连	一等兵 列兵	王锡云	23	浙江绍兴	2 月 19 日 后郭家宅
276	第十一连	一等兵 列兵	马福宝	23	江苏吴县	2 月 19 日 后郭家宅
277	第十一连	一等兵 列兵	蒋东利	19	浙江临海	2 月 19 日 后郭家宅
278	第十一连	一等兵 给养兵	张根虎	24	江苏吴县	2 月 22 日 后郭家宅
279	第十一连	二等兵 列兵	李月海	27	浙江嘉兴	2 月 25 日 庙行镇
280	第十一连	二等兵 列兵	徐桂桃	21	浙江鄞县	2 月 25 日 后郭家宅
281	第十一连	二等兵 列兵	洪光显	21	浙江建德	2 月 25 日 后郭家宅
282	第十一连	二等兵 列兵	李仲得	21	江苏昆山	2 月 21 日 后郭家宅
283	第十一连	二等兵 列兵	姜超祥	20	江苏武进	2 月 21 日 后郭家宅
284	第十一连	二等兵 列兵	李得胜	17	江苏铜山	2 月 22 日 后郭家宅

编　号	部　别	级　职	姓　名	年龄	籍　贯	阵亡日期及地点
285	第十一连	二等兵列兵	沈佐芳	16	江苏无锡	2月22日后郭家宅
286	第十一连	二等兵列兵	赵文彬	21	浙江海盐	2月19日后郭家宅
287	第十一连	二等兵列兵	高智平	21	浙江海盐	2月19日后郭家宅
288	第十一连	二等兵列兵	胡春宝	23	安徽怀远	2月19日后郭家宅
289	第十一连	二等兵列兵	谢玉卓	21	安徽怀远	2月19日后郭家宅
290	第十二连	中士班长	陈得奎	28	浙江临海	2月22日江湾
291	第十二连	中士班长	陈得魁	23	浙江临海	2月21日江湾附近
292	第十二连	上等兵列兵	杨福庭	28	江苏丹徒	2月22日江湾附近
293	第十二连	上等兵列兵	龚子云	29	浙江丽水	2月22日江湾附近
294	第十二连	上等兵列兵	罗平	27	江北	3月2日江湾
295	第十二连	上等兵列兵	汪方兴	24	江北	3月2日江湾
296	第十二连	上等兵列兵	徐光田	34	浙江开化	3月2日江湾
297	第十二连	上等兵列兵	曹林华	24	浙江开化	3月2日江湾
298	第十二连	上等兵列兵	赵月	29	江西吉安	3月2日江湾
299	第十二连	上等兵给养兵	王福来	28	河南宁陵	2月22日江湾附近

编　号	部　别	级　职	姓　名	年龄	籍　贯	阵亡日期及地点
300	第十二连	一等兵 列兵	王明周	28	安徽滁县	2月25日 庙行镇
301	第十二连	一等兵 列兵	戴　斌	19	江苏	3月1日 江湾
302	第十二连	一等兵 列兵	张继海	26	江苏	3月1日 江湾
303	第十二连	一等兵 列兵	周德兴	19	浙江龙游	3月1日 江湾
304	第十二连	一等兵 列兵	李友生	31	浙江鄞县	3月1日 江湾
305	第十二连	一等兵 列兵	张北海	26	江西	3月1日 江湾
306	第十二连	一等兵 列兵	王先春	28	江北	3月1日 江湾
307	第十二连	一等兵 列兵	马启祥	22	江苏	3月1日 江湾
308	第十二连	一等兵 给养兵	陈尚芝	25	江苏吴江	2月22日 江湾
309	第十二连	一等兵 给养兵	朱昌富	24	江苏盐城	2月21日 江湾
310	第十二连	二等兵 列兵	谢福林	27	江西南康	2月22日 江湾
311	第十三连	中士 班长	邱泽甫	26	江苏吴县	2月23日 郭家宅
312	第十三连	上等兵 列兵	王道明	19	安徽滁县	2月22日 江湾
313	第十三连	一等兵 担架兵	易锡林	26	湖南湘乡	2月23日 郭家宅
314	第三营 第十四连	上等兵 预备兵	陈　洪	21	广西桂平	2月21日 朱家宅

编　号	部　别	级职	姓　名	年龄	籍　贯	阵亡日期及地点
315	第十四连	一等兵 列兵	王进学	20	江苏铜山	2月22日 朱家宅
316	第十四连	一等兵 预备兵	章万银	24	江苏如皋	2月21日 朱家宅
317	第十四连	二等兵 预备兵	吴玉林			2月22日 朱家宅
318	第十四连	二等兵 喂养兵	刘明伦	17	河南商邱	2月22日 朱家宅
319	榴弹炮连	上士 炮车长	周贵华	25	湖南湘乡	3月1日 金家木桥
320	榴弹炮连	中士 观测军士	纪玉田			2月22日 江湾附近
321	榴弹炮连	一等兵 弹药兵	陶逸民	22	浙江缙云	3月1日 金家木桥
322	榴弹炮连	二等兵 驭兵	陆鹤云	27	江苏吴江	3月1日 金家木桥
323	榴弹炮连	二等兵 担架兵	范国栋	29	浙江临海	2月23日 二十三图
324	榴弹炮连	二等兵 担架兵	朱正标	23	江苏铜山	2月23日 二十三图
325	通信连	上士 班长	熊科珍	20	湖南盐阳	2月22日 金家塘
326	通信连	上等兵 通信兵	陈芝庆	24	浙江嵊县	2月22日 金家塘
327	通信连	上等兵 通信兵	严勇南	27	浙江嵊县	2月22日 后郭家宅

(6)陆军第八十八师步兵第二六二旅第五二四团淞沪抗日阵亡烈士姓名简册(合计 203 人),见表 5-6。

表 5-6　陆军第八十八师步兵第二六二旅第五二四团淞沪抗日阵亡烈士姓名简册

编号	部别	级职	姓名	年龄	籍贯	阵亡日期及地点
1	第五二四团团本部	上士传令军士	郗长顺	30	山东	2月22日庙行
2	第五二四团团本部	一等兵勤务兵	郦??忠	22	浙江新登	2月29日金家木桥
3	第一营营本部	中士传令军士	唐殿章	21	湖南鲁郏	2月22日庙行
4	第一连	上等兵列兵	杨春枝	19	江苏东海	3月1日金家木桥
5	第二连	下士班长	邵德金	28	浙江汤溪	3月1日金家木桥
6	第二连	上等兵给养兵	顾桂卿	30	江苏太仓	3月1日金家木桥
7	第二连	二等兵列兵	吴新奎	23	江苏宜兴	3月1日金家木桥
8	第二连	二等兵列兵	汪云桂	24	湖南麻阳	3月1日金家木桥
9	第二连	二等兵列兵	邓升成	20	山东滕县	3月1日金家木桥
10	第二连	二等兵列兵	陈好清	26	河南项城	3月1日金家木桥
11	第二连	二等兵列兵	张月亮			3月1日金家木桥
12	第三连	中士班长	吴中祥	23	江苏上海	3月1日陈家桥
13	第三连	上等兵列兵	曾彪	25	湖南湘乡	3月1日陈家桥
14	第三连	一等兵列兵	卿炳煌	19	湖南武冈	3月1日陈家桥

续　表

编　号	部　别	级　职	姓　名	年龄	籍　贯	阵亡日期及地点
15	第三连	一等兵列兵	符孟获	25	浙江	2月23日红十字总医院
16	第四连	下士司号	王建三			
17	第四连	一等兵列兵	柏发茂	28	湖南零陵	3月2日金家木桥
18	第四连	二等兵预备兵	吕金华	18	浙江金华	3月1日金家木桥
19	第二营第六连	上士半排长	严云清	26	湖南	2月22日庙行
20	第六连	中士班长	徐步云	22	湖南江华	2月22日庙行
21	第六连	下士班长	李水生	23	江西万载	2月22日庙行
22	第六连	下士班长	胡时高	28	江西新喻	2月22日庙行
23	第六连	下士班长	蒋德来			2月22日庙行
24	第六连	下士司号	吴长德	22	湖南新化	2月22日庙行
25	第六连	上等兵列兵	杨于其	21	安徽巢县	2月21日庙行
26	第六连	上等兵列兵	傅廷柏	27	江苏高邮	2月21日庙行
27	第六连	上等兵列兵	陈鸣凤	28	湖南宁陵	2月22日庙行
28	第六连	上等兵列兵	徐得山	27	江西丰城	2月22日庙行
29	第六连	上等兵列兵	刘步清	27	江苏清江	2月22日庙行

编　号	部　别	级　职	姓　名	年龄	籍　贯	阵亡日期及地点
30	第六连	上等兵 列兵	赖玉成	30	江西赣县	2月21日 庙行
31	第六连	上等兵 列兵	罗得荣	27	浙江金华	2月21日 庙行
32	第六连	上等兵 列兵	陆炳林	22	浙江建德	2月22日 庙行
33	第六连	一等兵 列兵	邱恒增	21	江苏东海	2月22日 庙行
34	第六连	二等兵 列兵	刘广德	19	安徽亳县	2月22日 庙行
35	第六连	二等兵 列兵	陈洪善	18	安徽蚌埠	2月21日 庙行
36	第六连	二等兵 列兵	刘桂筱	23	江苏丹徒	2月21日 庙行
37	第六连	二等兵 列兵	范汉清	21	湖北黄陂	2月21日 庙行
38	第六连	二等兵 列兵	李玉成	23	河北东明	2月21日 庙行
39	第六连	二等兵 列兵	王宗岐	20	江苏萧县	2月21日 庙行
40	第七连	下士 预备班长	黄　美	22	湖南益阳	2月21日 庙行
41	第七连	一等兵 列兵	杨松林	23	江苏上海	2月21日 庙行
42	第七连	二等兵 列兵	刘得胜	25	湖南长沙	2月21日 庙行
43	第七连	上士 军需军士	尹蔚廷	24	湖南武冈	失踪
44	第二营 第八连	中士 班长	何桂林	30	湖南衡山	2月21日 庙行

编　号	部　别	级　职	姓　名	年龄	籍　贯	阵亡日期及地点
45	第八连	中士班长	张培恩	23	江苏丹徒	2月21日 庙行
46	第八连	下士班长	李复生	20	湖南湘乡	2月21日 庙行
47	第八连	上等兵号兵	王嘉亭	21	江苏铜山	2月21日 庙行
48	第八连	上等兵给养兵	崔效堂	32	安徽蒙城	2月21日 庙行
49	第八连	上等兵列兵	章昆	21	浙江绍兴	2月21日 庙行
50	第八连	上等兵列兵	宋春祥			2月21日 庙行
51	第八连	上等兵列兵	卜龙喜			2月21日 庙行
52	第八连	上等兵列兵	张　号	25	江苏兴化	2月21日 庙行
53	第八连	上等兵列兵	萧祖清	22	湖南宝庆	2月21日 庙行
54	第八连	上等兵列兵	张福堂	18	江苏丹徒	2月21日 庙行
55	第八连	上等兵列兵	陈筱来	23	安徽宿县	2月21日 庙行
56	第八连	上等兵列兵	刘福寿	34	江苏武进	2月22日 庙行
57	第八连	上等兵列兵	沈相平	24	浙江杭县	2月22日 庙行
58	第八连	上等兵列兵	金　俊	23	江苏南通	2月22日 庙行
59	第八连	上等兵列兵	余廷卿	18	湖南宝庆	2月22日 庙行

续　表

编　号	部　别	级　职	姓　名	年龄	籍　贯	阵亡日期及地点
60	第八连	上等兵列兵	李　云			
61	第八连	上等兵列兵	黄学初	20	湖南长沙	3月1日金家木桥
62	第八连	上等兵传令兵	陈克仁	18	浙江义乌	2月22日金家木桥
63	第八连	一等兵列兵	陈吉安	22	浙江新昌	2月22日庙行
64	第八连	一等兵列兵	陶志根	24	江苏武进	2月21日庙行
65	第八连	一等兵列兵	马光修	25	湖南	2月21日庙行
66	第八连	一等兵列兵	雷才义	28	安徽	2月22日庙行
67	第八连	一等兵列兵	倪荣福	22	浙江龙游	2月22日庙行
68	第八连	一等兵列兵	陶正清	20	江苏上海	2月22日庙行
69	第八连	一等兵列兵	雷心海	20	湖北	2月22日庙行
70	第八连	一等兵列兵	徐志占	19	浙江临海	2月22日庙行
71	第八连	一等兵列兵	刘富财	19	安徽	2月22日庙行
72	第八连	一等兵列兵	冯继贵	22	山东历城	2月22日失踪
73	第八连	二等兵列兵	汤小根	26	湖南来阳	2月22日失踪
74	第八连	二等兵列兵	胡国斌	24	湖南长沙	3月1日金家木桥

编　号	部　别	级　职	姓　名	年龄	籍　贯	阵亡日期及地点
75	第八连	二等兵 列兵	江玉卿	27	湖南	2月22日 庙行
76	第八连	二等兵 列兵	仆华清	28	湖南	2月20日 庙行
77	第八连	二等兵 列兵	彭玉洪	18	湖南益阳	2月20日 庙行
78	第八连	二等兵 列兵	吴大金	20	江西吉安	2月22日 庙行
79	第八连	二等兵 列兵	杨清杰	22	安徽涡阳	2月22日 庙行
80	第八连	二等兵 列兵	曾长林	25	湖南湘乡	2月20日 庙行
81	第八连	二等兵 列兵	徐　正	26	江苏丹徒	2月21日 庙行
82	第九连	中士 枪长	余必先	27	贵州三合	2月21日 庙行
83	第九连	中士 枪长	梁　耀	22	广西蒙山	2月21日 庙行
84	第九连	上等兵 枪兵	杨树田	22	河南	2月29日 金家木桥
85	第九连	上等兵 枪兵	王新安	22	河南汶阳	2月21日 庙行
86	第九连	上等兵 枪兵	罗克明	22	湖南岳阳	2月21日 庙行
87	第九连	上等兵 枪兵	喻俊超	19	湖南宁乡	2月21日 庙行
88	第九连	上等兵 枪兵	张海华	28	河南许昌	2月21日 庙行
89	第九连	上等兵 枪兵	杜永山	22	河南信阳	2月21日 庙行

编　号	部　别	级　职	姓　名	年龄	籍　贯	阵亡日期及地点
90	第九连	上等兵枪兵	张玉春	22	山东曹县	2月20日庙行
91	第九连	上等兵枪兵	屈芳玉	25	河南信阳	2月22日庙行
92	第九连	上等兵枪兵	刘光富	29	河南商邱	2月22日庙行
93	第九连	上等兵枪兵	吴维两			
94	第九连	一等兵枪兵	张保桂	28	浙江临海	2月22日庙行
95	第九连	一等兵枪兵	胡兆材	24	河南郑县	2月21日庙行
96	第九连	一等兵枪兵	楼　青	23	湖南长沙	2月21日庙行
97	第九连	一等兵枪兵	叶金生	20	浙江永嘉	2月21日庙行
98	第九连	一等兵枪兵	张记昌	20	浙江绍兴	2月21日庙行
99	第九连	一等兵枪兵	张义喜	24	江苏武进	2月21日庙行
100	第十连	上等兵炮兵	国栋林	22	河南漯河	2月21日庙行
101	第十连	上等兵炮兵	李泽林	24	湖南宁乡	2月21日庙行
102	第十连	一等兵炮兵	李通湖	20	江西赣县	2月21日庙行
103	第十连	一等兵炮兵	叶松生	19	湖北罗田	2月21日庙行
104	第十连	一等兵炮兵	丁奎胜	19	江苏铜山	2月22日庙行

编　号	部　别	级　职	姓　名	年龄	籍　贯	阵亡日期及地点
105	第十连	一等兵 炮兵	钟玉山	18	山东滋县	2月22日 庙行
106	第十连	二等兵 炮兵	王兆喜	24	安徽蒙城	2月22日 庙行
107	第十连	二等兵 炮兵	郭伯玉	22	湖南岳阳	2月22日 庙行
108	第十连	二等兵 炮兵	祝东贵	21	安徽寿县	2月22日 庙行
109	第十连	二等兵 炮兵	叶锦奎	27	浙江桐庐	3月1日 金家木桥
110	第十连	二等兵 炮兵	刘世德	28	江苏昆山	3月1日 金家木桥
111	第十连	二等兵 列兵	陈玉廷	24	四川重庆	2月22日 庙行
112	第十连	二等兵 列兵	王福祥	20	江苏江都	2月22日 庙行
113	第十连	二等兵 列兵	陈三宝	19	江苏上海	2月22日 庙行
114	第十连	二等兵 列兵	王自强			2月22日 庙行
115	第十连	二等兵 列兵	周炳生			2月22日 庙行
116	第十连	二等兵 列兵	张得胜			2月22日 庙行
117	第三营 第十一连	上等兵 列兵	沈桂祥	35	安徽滁县	2月22日 庙行
118	第十一连	一等兵 列兵	夏本初	31	安徽宿县	2月22日 庙行
119	第十一连	一等兵 列兵	王长年	30	浙江杭县	2月22日 周巷

编 号	部 别	级 职	姓 名	年龄	籍 贯	阵亡日期及地点
120	第十一连	一等兵列兵	吴金胜	33	河南商城	2月22日周巷
121	第十一连	一等兵列兵	方荣春	29	江苏淮阳	2月22日周巷
122	第十一连	一等兵列兵	李得炳	20	河南商城	2月22日周巷
123	第十二连	上士半排长	龚文雄	25	湖南岳阳	2月21日庙行
124	第十二连	上士班长	方求林	21	湖南平江	2月22日庙行
125	第十二连	中士班长	魏海清	28	湖南湘乡	2月22日庙行
126	第十二连	中士班长	谢玉林	23	湖南湘乡	2月22日庙行
127	第十二连	下士班长	秦立才	27	安徽凤阳	2月21日庙行
128	第十二连	上等兵列兵	胡海山	29	安徽合肥	2月21日庙行
129	第十二连	上等兵列兵	唐为志	25	安徽寿县	2月21日庙行
130	第十二连	上等兵列兵	蔡永才	24	江西	2月22日庙行
131	第十二连	上等兵列兵	谢桂云	26	湖南耒阳	2月22日庙行
132	第十二连	上等兵列兵	叶巨生			2月22日庙行
133	第十二连	一等兵传令兵	孙玉峰	19	山东	2月22日庙行
134	第十二连	一等兵列兵	俞竹林	22	湖南长沙	2月22日庙行

续　表

编　号	部　别	级　职	姓　名	年龄	籍　贯	阵亡日期及地点
135	第十二连	一等兵列兵	徐宝生	20	安徽怀远	2月21日庙行
136	第十二连	一等兵列兵	陆浩然	29	浙江绍兴	2月21日庙行
137	第十二连	一等兵列兵	李子明	31	广西麻平	2月22日庙行
138	第十二连	二等兵列兵	范庆田	20	江苏南通	2月22日庙行
139	第十二连	二等兵列兵	孙兆康	20	浙江萧山	2月22日庙行
140	第十三连	上士半排长	萧官光	24	江西吉安	2月21日庙行
141	第十三连	中士班长	寻记	22	湖南浏阳	2月22日庙行
142	第十三连	中士班长	朱世龙	20	湖南彀水	2月22日庙行
143	第十三连	中士班长	周长柏	24	湖南德安	2月22日庙行
144	第十三连	中士班长	彭顺	24	湖南衡山	2月21日庙行
145	第十三连	下士班长	贺春林	20	湖南郴州	2月21日庙行
146	第十三连	下士司号	张明清	19	贵州玉平	2月22日庙行
147	第十三连	上等兵司号	袁炳荣	20	江苏	3月10日红十字院
148	第十三连	上等兵列兵	丁继龙	21	湖南零陵	2月21日庙行
149	第十三连	上等兵列兵	宋世禄	21	湖南耒阳	2月22日庙行

续　表

编　号	部　别	级　职	姓　名	年龄	籍　贯	阵亡日期及地点
150	第十三连	上等兵 列兵	王春田	26	安徽蒙城	2月22日 庙行
151	第十三连	上等兵 列兵	毕有才	29	安徽合肥	2月22日 庙行
152	第十三连	上等兵 列兵	尹朝林	19	湖南耒阳	2月22日 庙行
153	第十三连	上等兵 列兵	涂来云	21	广东平远	2月22日 庙行
154	第十三连	上等兵 列兵	梁述卿	27	湖南辰州	2月22日 庙行
155	第十三连	上等兵 列兵	张同林	23	江苏泰兴	2月22日 庙行
156	第十三连	上等兵 列兵	李学良	28	安徽宿县	2月22日 庙行
157	第十三连	上等兵 列兵	高光林			2月22日 庙行
158	第十三连	上等兵 列兵	沈定章	25	浙江嘉兴	2月22日 庙行
159	第十三连	上等兵 列兵	蒋青山	26	湖南东安	2月22日 庙行
160	第十三连	上等兵 列兵	钱隆德			2月22日 庙行
161	第十三连	一等兵 列兵	陈　英	23	浙江海宁	2月22日 庙行
162	第十三连	一等兵 列兵	陈汉林	24	湖南宝庆	2月22日 庙行
163	第十三连	一等兵 列兵	刘雨华	19	安徽休宁	2月21日 庙行
164	第十三连	一等兵 列兵	吕春华	21	湖南湘乡	2月21日 庙行

编　号	部　别	级　职	姓　名	年龄	籍　贯	阵亡日期及地点
165	第十三连	一等兵 列兵	郭大生	25	湖南浏阳	2月21日 庙行
166	第十三连	一等兵 列兵	刘玉清	31	湖南宝庆	2月22日 庙行
167	第十三连	一等兵 列兵	何亮春	30	江西遂川	2月22日 庙行
168	第十三连	一等兵 列兵	覃在清	25	浙江永嘉	2月22日 庙行
169	第十三连	一等兵 列兵	巫仁兴	24	湖南安化	2月22日 庙行
170	第十三连	一等兵 列兵	夏　润	20	浙江余姚	2月22日 庙行
171	第十三连	一等兵 列兵	左广才	21	安徽宿县	2月22日 庙行
172	第十三连	一等兵 列兵	王贵庆	20	浙江永康	2月22日 庙行
173	第十三连	一等兵 列兵	朱　魁	20	湖南湘乡	2月22日 庙行
174	第十三连	一等兵 列兵	孔系惠	29	浙江永嘉	2月22日 庙行
175	第十三连	二等兵 列兵	葛子祥	22		2月22日 庙行
176	第十三连	二等兵 列兵	梁长生	19	江苏江宁	2月21日 庙行
177	第十三连	二等兵 列兵	杨炳生	24	湖南宝庆	2月21日 庙行
178	第十三连	二等兵 列兵	张通松	24	浙江余姚	2月22日 庙行
179	第十三连	二等兵 列兵	徐金云	24	安徽亳县	2月22日 庙行

编　号	部　别	级　职	姓　名	年龄	籍　贯	阵亡日期及地点
180	第十三连	二等兵 列兵	李本堂	24	安徽亳县	2月22日 庙行
181	第十三连	二等兵 列兵	王老四	22	浙江杭县	2月22日 庙行
182	第十三连	二等兵 列兵	刘得山	25	江苏泗水	2月22日 庙行
183	第十三连	二等兵 列兵	周学仓	18	浙江	2月22日 庙行
184	第十四连	下士 预备枪长	宋云林	27	湖南祁阳	2月22日 庙行
185	第十四连	下士 列兵	涂仁富	20	湖北京山	2月22日 庙行
186	第十四连	上等兵 列兵	王阿九	22	浙江鄞县	2月22日 庙行
187	第十四连	上等兵 列兵	李廷芳	27	江苏东台	2月22日 庙行
188	第十四连	上等兵 预备兵	汪起山	26	湖北鄂城	2月21日 庙行
189	第十四连	上等兵 预备兵	杜金山	19	河南商邱	2月21日 庙行
190	第十四连	上等兵 预备兵	冯开山	21	安徽阜阳	2月21日 庙行
191	第十四连	上等兵 预备兵	张定凯	18	安徽无为	2月22日 庙行
192	第十四连	一等兵 列兵	叶巨生	28	浙江天台	2月22日 庙行
193	第十四连	一等兵 列兵	陈明安		浙江鄞县	2月21日 庙行
194	第十四连	一等兵 列兵	黄少卿	26	安徽芜湖	2月22日 庙行

续　表

编　号	部　别	级　职	姓　名	年龄	籍　贯	阵亡日期及地点
195	第十四连	一等兵 列兵	吴云臣			2月22日 庙行
196	第十四连	一等兵 列兵	陈德荣	22	浙江永嘉	2月22日 庙行
197	第十四连	一等兵 列兵	顾宝福	28	浙江桐乡	2月22日 庙行
198	榴弹炮连	一等兵 炮兵	江良海	28	安徽	2月21日 庙行
199	通信连	中士 班长	周春光	27	湖北大冶	2月21日 庙行
200	通信连	中士 班长	朱玉球	22	浙江义乌	2月23日 庙行
201	通信连	上等兵 通信兵	于得宽	24	江苏沛县	2月23日 庙行
202	通信连	二等兵 通信兵	巢根林			2月21日 庙行
203	卫生队		杨在胜	22	安徽	2月27日 上海第八医院

　　(7)陆军第八十八师步兵第二六四旅第五二七团淞沪抗日阵亡烈士姓名简册(合计322人),见表5-7。

表5-7　陆军第八十八师步兵第二六四旅第五二七团淞沪抗日阵亡烈士姓名简册

编　号	部　别	级　职	姓　名	年龄	籍　贯	阵亡日期及地点
1	第二六四旅 旅司令部	中士 勤务兵	钱昌君	27	浙江嵊县	2月22日 竹园墩
2	第五二七团 团本部	上士 传令军士	赵玉民	31	河北北平	3月1日 唐东宅
3	第五二七团 团本部	上士 传令军士	胡正相			3月1日 唐东宅
4	第五二七团 团本部	上等兵 传令兵	周子良	21	浙江金华	2月21日 沈家沟

编　号	部　别	级　职	姓　名	年龄	籍　贯	阵亡日期及地点
5	第一营 第一连	上士 半排长	新　略	24	浙江诸暨	2月21日 麦家宅前
6	第一连	中士 班长	曹文斗	25	江西湖口	2月21日 麦家宅前
7	第一连	中士 班长	包顺星	21	浙江宁海	2月21日 麦家宅前
8	第一连	中士 班长	蒋伯云	22	浙江寿昌	2月21日 麦家宅前
9	第一连	中士 班长	周性贵	27	浙江江山	2月21日 麦家宅前
10	第一连	中士 班长	杨启志	26	浙江仙居	2月21日 麦家宅前
11	第一连	中士 班长	梁伯增	27	浙江新昌	2月21日 麦家宅前
12	第一连	下士 班长	刘金木	24	江西九江	2月22日 麦家宅前
13	第一连	下士 班长	易　祺	23	湖南长沙	2月22日 麦家宅前
14	第一连	下士 班长	王维良	22	安徽六合	2月22日 麦家宅前
15	第一连	下士 班长	俞相生	33	浙江新昌	2月22日 麦家宅前
16	第一连	下士 班长	林文祥	23	浙江黄岩	2月22日 麦家宅前
17	第一连	下士 班长	吕岳才	21	浙江新昌	2月22日 麦家宅前
18	第一连	上等兵 列兵	侯德来	22	湖北樊城	2月22日 麦家宅前
19	第一连	上等兵 列兵	蔡其元	22	浙江永嘉	2月22日 麦家宅前

编　号	部　别	级　职	姓　名	年龄	籍　贯	阵亡日期及地点
20	第一连	上等兵 列兵	梁义			2月22日 麦家宅前
21	第一连	上等兵 列兵	卢伟	21	浙江永嘉	2月22日 麦家宅前
22	第一连	上等兵 列兵	陈世宝	33	浙江丽水	2月22日 麦家宅前
23	第一连	上等兵 列兵	王国章	24	浙江嵊县	2月22日 麦家宅前
24	第一连	上等兵 列兵	贺水明	24	江西永兴	2月22日 麦家宅前
25	第一连	上等兵 列兵	杨如土	21	浙江临海	2月22日 麦家宅前
26	第一连	上等兵 列兵	江东发	21	浙江江山	2月22日 麦家宅前
27	第一连	上等兵 列兵	伊作余	20	浙江汤溪	2月22日 麦家宅前
28	第一连	上等兵 列兵	唐桂	22	浙江金华	2月22日 麦家宅前
29	第一连	上等兵 列兵	方逸民	25	上海	2月22日 麦家宅前
30	第一连	上等兵 列兵	徐栖岭	25	浙江	2月22日 麦家宅前
31	第一连	上等兵 列兵	余东有	26	浙江龙游	2月22日 麦家宅前
32	第一连	上等兵 列兵	詹莲	21	浙江松阳	2月22日 麦家宅前
33	第一连	上等兵 列兵	支风	26	浙江鄞县	2月22日 麦家宅前
34	第一连	上等兵 列兵	陈邦将	27	浙江临海	2月22日 麦家宅前

编　号	部　别	级　职	姓　名	年龄	籍　贯	阵亡日期及地点
35	第一连	上等兵 列兵	吴俊杰	27	浙江	2 月 22 日 麦家宅前
36	第一连	上等兵 列兵	屠财发	26	浙江鄞县	2 月 22 日 麦家宅前
37	第一连	一等兵 列兵	王金福	27	河北蓟县	2 月 22 日 麦家宅前
38	第一连	一等兵 列兵	刘桂才	27	湖南耒阳	2 月 22 日 麦家宅前
39	第一连	一等兵 列兵	朱绍胜	22	江苏铜山	2 月 22 日 麦家宅前
40	第一连	一等兵 列兵	吕兆文	27	浙江东阳	2 月 22 日 麦家宅前
41	第一连	一等兵 列兵	陈寿升	27	浙江瑞安	2 月 22 日 麦家宅前
42	第一连	一等兵 列兵	郑培坤	26	浙江龙游	2 月 22 日 麦家宅前
43	第一连	一等兵 列兵	戴银生	23	湖北宜都	2 月 22 日 麦家宅前
44	第一连	一等兵 列兵	王根兴	27	浙江奉化	2 月 22 日 麦家宅前
45	第一连	一等兵 列兵	王圣海	26	浙江临海	2 月 22 日 麦家宅前
46	第一连	一等兵 列兵	周绍胜	27	江苏铜山	2 月 22 日 麦家宅前
47	第一连	一等兵 列兵	蒋志文	26	浙江东阳	2 月 22 日 麦家宅前
48	第一连	一等兵 列兵	杨天诚	20	江西九江	2 月 22 日 麦家宅前
49	第一连	一等兵 列兵	毛宣惠	23	江西玉山	2 月 22 日 麦家宅前

编　号	部　别	级　职	姓　名	年龄	籍　贯	阵亡日期及地点
50	第一连	一等兵列兵	缪炳公	28	福建浦城	2月22日麦家宅前
51	第一连	一等兵列兵	王惠长	21	浙江永康	2月22日麦家宅前
52	第一连	一等兵列兵	陈纪葱	19	浙江温岭	2月22日麦家宅前
53	第一连	一等兵列兵	张　强	23	湖南长沙	2月22日麦家宅前
54	第一连	一等兵列兵	姜金英	25	福建浦城	2月22日麦家宅前
55	第一连	一等兵列兵	任纪生	24	江西丰城	2月22日麦家宅前
56	第一连	一等兵列兵	江林源	19	江西河口	2月22日麦家宅前
57	第一连	一等兵列兵	朱有信	23	浙江临海	2月22日麦家宅前
58	第一连	一等兵列兵	王再陆	18	江苏泰兴	2月22日麦家宅前
59	第一连	一等兵列兵	张友国	18	江苏泰兴	2月22日麦家宅前
60	第一连	一等兵列兵	吴自强	27	湖南湘阴	2月22日麦家宅前
61	第一连	二等兵列兵	杨遇春	23	湖南长沙	2月22日麦家宅前
62	第一连	二等兵列兵	楼进山	26	浙江永康	2月22日麦家宅前
63	第一连	二等兵列兵	黄庭选	28	安徽阜阳	2月22日麦家宅前
64	第一连	二等兵列兵	杨树清	28	贵州彭城	2月22日麦家宅前

编　号	部　别	级　职	姓　名	年龄	籍　贯	阵亡日期及地点
65	第一连	二等兵列兵	王阿龙	28	江苏铜山	2月22日麦家宅前
66	第一连	二等兵列兵	章万能	26	安徽宿迁	2月22日麦家宅前
67	第一连	二等兵列兵	张裕泰	23	山东潍县	2月22日麦家宅前
68	第一连	二等兵列兵	张浩然	25	江苏铜山	2月22日麦家宅前
69	第一连	二等兵列兵	王寿根	21	江苏溧阳	2月22日麦家宅前
70	第一连	二等兵列兵	刘金山	24	浙江衢县	2月22日麦家宅前
71	第一连	二等兵列兵	陈茂福	19	浙江永嘉	2月22日麦家宅前
72	第一连	二等兵列兵	刘三道	20	河南开封	2月22日麦家宅前
73	第一连	二等兵列兵	崔太山	18	江苏丹阳	2月22日麦家宅前
74	第一连	二等兵列兵	王文德	23	河南开封	2月22日麦家宅前
75	第一连	二等兵列兵	唐国兴	27	浙江兰溪	2月22日麦家宅前
76	第一连	二等兵列兵	梁仲明	21	广东番禺	2月22日麦家宅前
77	第一连	二等兵列兵	汪元摄	24	浙江遂安	2月22日麦家宅前
78	第一连	二等兵列兵	周经文	26	浙江仪徽	2月22日麦家宅前
79	第一连	二等兵列兵	孙绪成	19	浙江	2月22日麦家宅前

编号	部别	级职	姓名	年龄	籍贯	阵亡日期及地点
80	第一连	二等兵列兵	郭正山	24	河南洛邑	2月22日麦家宅前
81	第一连	二等兵列兵	杜盛昌	28	浙江诸暨	2月22日麦家宅前
82	第一连	二等兵列兵	周中信			2月22日麦家宅前
83	第一连	二等兵列兵	李金标			2月22日麦家宅前
84	第一连	二等兵列兵	杨镨烈			2月22日麦家宅前
85	第一连	二等兵列兵	李金宝			2月22日麦家宅前
86	第一连	二等兵列兵	王茂生			2月22日麦家宅前
87	第一连	二等兵列兵	钱毛蕙			2月22日麦家宅前
88	第一连	二等兵列兵	朱金仙			2月22日麦家宅前
89	第一连	二等兵列兵	王文元			2月22日麦家宅前
90	第一连	二等兵列兵	王耀庭	19	安徽	2月22日麦家宅前
91	第一连	二等兵列兵	杨有万			2月22日麦家宅前
92	第一连	二等兵列兵	吕桢			2月22日麦家宅前
93	第一连	二等兵列兵	潘应庭	20	江苏昆山	2月22日麦家宅前
94	第二连	中士班长	徐志星	28	浙江永嘉	2月22日麦家宅前

编 号	部 别	级 职	姓 名	年龄	籍 贯	阵亡日期及地点
95	第二连	中士班长	骆得标	30	浙江诸暨	2月22日麦家宅前
96	第二连	下士司号	张子云	21	山东武城	2月22日麦家宅前
97	第二连	下士司号	李显岱	30	浙江临海	2月22日麦家宅前
98	第二连	下士司号	王 彪	25	河北盐城	2月22日麦家宅前
99	第二连	上等兵列兵	李春发	25	浙江永康	2月22日麦家宅前
100	第二连	上等兵列兵	陈明理	23	浙江杭县	2月22日麦家宅前
101	第二连	上等兵列兵	郑阿顺	19	浙江永康	2月22日麦家宅前
102	第二连	上等兵列兵	徐家声	25		3月3日红十字第二院
103	第二连	上等兵列兵	丁运龙	24	安徽宿松	2月22日麦家宅前
104	第二连	上等兵列兵	李芳清	21	江西玉山	2月22日麦家宅前
105	第二连	上等兵列兵	赵怀林	22	江苏铜山	2月22日麦家宅前
106	第二连	上等兵列兵	史产根	24	浙江嵊县	2月22日麦家宅前
107	第二连	上等兵列兵	王子明	30	江苏盐城	2月22日麦家宅前
108	第二连	上等兵列兵	周兆梁	27	江苏丹徒	2月22日麦家宅前
109	第二连	上等兵列兵	王得彬	21	江苏宁兴	2月22日麦家宅前

编 号	部 别	级 职	姓 名	年龄	籍 贯	阵亡日期及地点
110	第二连	上等兵列兵	徐增龙	27	浙江江山	2月22日麦家宅前
111	第二连	上等兵列兵	刘文彬	28	河北大名	2月22日麦家宅前
112	第二连	一等兵列兵	刘本林	29	江苏铜山	2月22日麦家宅前
113	第二连	一等兵列兵	李玉堂	26	湖北孝感	2月22日麦家宅前
114	第二连	一等兵列兵	张阿新	21	浙江绍兴	2月22日麦家宅前
115	第二连	一等兵列兵	虞孝梯	17	安徽合肥	2月22日麦家宅前
116	第二连	一等兵列兵	胡道华	18	浙江永嘉	2月22日麦家宅前
117	第二连	一等兵列兵	张得标	23	浙江绍兴	2月22日麦家宅前
118	第二连	一等兵列兵	周 云	23	江西	2月22日麦家宅前
119	第二连	一等兵列兵	蔡信暖	20	浙江临海	2月22日麦家宅前
120	第二连	一等兵列兵	陈国屏	25	浙江永嘉	2月22日麦家宅前
121	第二连	一等兵列兵	陈国珍	20	江苏铜山	2月22日麦家宅前
122	第二连	一等兵列兵	胡长春	29	江西九江	2月22日麦家宅前
123	第二连	一等兵列兵	王衍庆	18	湖北黄陂	2月22日麦家宅前
124	第二连	一等兵列兵	谭少和	20	湖南湘乡	2月22日麦家宅前

编　号	部　别	级　职	姓　名	年龄	籍　贯	阵亡日期及地点
125	第二连	一等兵 列兵	杨景春	21	江苏铜山	2月22日 麦家宅前
126	第二连	一等兵 列兵	姜福生	26	山东	2月22日 麦家宅前
127	第二连	一等兵 列兵	宋子清	27	湖南	2月22日 麦家宅前
128	第二连	一等兵 列兵	张怀胜	27	安徽蚌埠	2月22日 麦家宅前
129	第二连	一等兵 列兵	郭云才	25	安徽怀远	2月22日 麦家宅前
130	第二连	一等兵 列兵	李小山	17	江苏铜山	2月22日 麦家宅前
131	第二连	一等兵 列兵	程福南	19	湖北夏口	2月22日 麦家宅前
132	第二连	一等兵 列兵	李永清	25	安徽怀远	2月22日 麦家宅前
133	第二连	一等兵 列兵	章志忠	25	浙江兰溪	2月22日 麦家宅前
134	第一营 第二连	二等兵 列兵	陈以宾	20	安徽合肥	2月22日 麦家前宅
135	第二连	二等兵 列兵	邵正秋	26	江苏武进	2月22日 麦家前宅
136	第二连	二等兵 列兵	王阿大	24	江苏江阴	2月22日 麦家前宅
137	第二连	二等兵 列兵	钟金林	20	江苏铜山	2月22日 麦家前宅
138	第二连	二等兵 列兵	林九香	19	福建	2月22日 麦家前宅
139	第二连	二等兵 列兵	孙留群	20	河南信阳	2月22日 麦家前宅

编号	部别	级职	姓名	年龄	籍贯	阵亡日期及地点
140	第二连	二等兵列兵	蔡春愧	26	安徽凤阳	2月22日麦家前宅
141	第二连	二等兵列兵	赵玉林	18	山东滕县	2月22日麦家前宅
142	第二连	二等兵列兵	张芝云			2月22日麦家前宅
143	第二连	二等兵列兵	周忠良			2月22日麦家前宅
144	第二连	二等兵列兵	陈国荣			2月22日麦家前宅
145	第二连	二等兵列兵	钱少锋			2月22日麦家前宅
146	第二连	二等兵列兵	李汉云			2月22日麦家前宅
147	第二连	二等兵列兵	谭新南			2月22日麦家前宅
148	第二连	二等兵列兵	单龙			2月22日麦家前宅
149	第二连	二等兵列兵	冷文邦			2月22日麦家前宅
150	第三连	中士班长	万德胜	23	浙江浦江	2月22日麦家前宅
151	第三连	下士班长	滕志云	25	浙江金华	2月22日麦家前宅
152	第三连	下士班长	蔡梅新	26	浙江黄岩	2月22日麦家前宅
153	第三连	上等兵列兵	张卫清	21	浙江萧山	2月22日麦家前宅
154	第三连	上等兵列兵	卢应根	28	湖南东安	2月22日麦家前宅

编 号	部 别	级 职	姓 名	年龄	籍 贯	阵亡日期及地点
155	第三连	上等兵 列兵	孔 坤	21	湖南浏阳	2月22日 麦家前宅
156	第三连	上等兵 列兵	李汉清	24	浙江温岭	2月22日 麦家前宅
157	第三连	上等兵 列兵	周小钱			3月6日 红十字总院
158	第三连	上等兵 列兵	吴永章	21	浙江衢县	2月22日 麦家宅
159	第三连	上等兵 列兵	杨 春	19	江苏江都	2月22日 麦家宅
160	第三连	上等兵 列兵	王秀福	20	浙江临海	2月22日 麦家宅
161	第三连	上等兵 列兵	王夏茂	19	浙江温岭	2月22日 麦家宅
162	第三连	上等兵 列兵	王如庆	22	浙江鄞县	2月22日 麦家宅
163	第三连	上等兵 列兵	张得清	20	浙江浦江	2月22日 麦家宅
164	第三连	上等兵 列兵	周德高	19	江西玉山	2月22日 麦家宅
165	第三连	上等兵 列兵	彭善贵	22	湖南永兴	2月22日 麦家宅
166	第三连	上等兵 列兵	陈国香	23	浙江	2月22日 麦家宅
167	第三连	上等兵 列兵	吴世许	16	浙江浦江	2月22日 麦家宅
168	第三连	上等兵 列兵	郑坚雄	18	浙江永嘉	2月22日 麦家宅
169	第三连	上等兵 列兵	谭立标	28	广东高利	2月22日 麦家宅

编 号	部 别	级 职	姓 名	年龄	籍 贯	阵亡日期及地点
170	第三连	上等兵 列兵	洪明德	21	浙江平阳	2月22日 麦家宅
171	第三连	上等兵 列兵	王树洪	26	江西庆丰	2月22日 麦家宅
172	第三连	上等兵 列兵	载宣利	23	安徽	2月22日 麦家宅
173	第三连	二等兵 列兵	马保成	32	浙江永嘉	2月22日 麦家宅
174	第三连	二等兵 列兵	徐周鲁	20	江苏无锡	2月22日 麦家宅
175	第三连	二等兵 列兵	李瑞生	21	浙江鄞县	2月22日 麦家宅
176	第三连	二等兵 列兵	陈加麟	24	河南开封	2月22日 麦家宅
177	第三连	二等兵 列兵	江 忠	28	安徽休宁	2月22日 麦家宅
178	第三连	二等兵 列兵	孙景和	18	江苏宿迁	2月22日 麦家宅
179	第三连	二等兵 列兵	张志祥	20	广东沙河	2月22日 麦家宅
180	第三连	二等兵 列兵	陈明青	27	浙江山阴	2月22日 麦家宅
181	第三连	二等兵 列兵	卢金昌	22	浙江东阳	2月22日 麦家宅
182	第三连	二等兵 列兵	叶质彬	25	浙江杭县	2月22日 麦家宅
183	第三连	二等兵 列兵	看得胜	22	浙江绍兴	2月22日 麦家宅
184	第三连	一等兵 担架兵	彭得清	25	江西南昌	2月22日 麦家宅

续　表

编　号	部　别	级　职	姓　名	年龄	籍　贯	阵亡日期及地点
185	第四连	中士 枪长	张连俊	26	山东历城	2月22日 麦家宅
186	第四连	上等兵 传令兵	莫新云	20	江西大廈	2月22日 麦家宅
187	第四连	上等兵 列兵	徐文章	23	浙江永康	2月22日 麦家宅
188	第四连	上等兵 列兵	金鉴斌	25	浙江临海	2月22日 麦家宅
189	第四连	上等兵 列兵	黄子良	20	浙江浦江	2月22日 麦家宅
190	第四连	上等兵 列兵	谢廷彬			2月22日 麦家宅
191	第四连	上等兵 列兵	谢用宏	19	浙江兰溪	2月22日 麦家宅
192	第四连	上等兵 列兵	周凤龙	18	江西广丰	2月22日 麦家宅
193	第四连	上等兵 列兵	丁秀标	21	浙江宁海	2月22日 麦家宅
194	第四连	上等兵 列兵	柏世华	20	安徽泾县	2月22日 庙行
195	第四连	上等兵 列兵	朱金魁	24	江苏南通	2月22日 庙行
196	第四连	上等兵 列兵	刘发善	22	江西玉山	2月22日 庙行
197	第四连	上等兵 列兵	黄子江	19	浙江浦江	2月22日 庙行
198	第四连	上等兵 列兵	葛亭贵	21	浙江镇海	2月22日 庙行
199	第四连	上等兵 列兵	周利生	21	江西玉山	2月22日 庙行

编 号	部 别	级 职	姓 名	年龄	籍 贯	阵亡日期及地点
200	第四连	一等兵 列兵	张上达	26	浙江东阳	2 月 22 日 庙行
201	第四连	一等兵 列兵	黄西全	28	安徽蒙城	2 月 22 日 庙行
202	第四连	一等兵 列兵	傅锦荣	18	浙江浦江	2 月 22 日 庙行
203	第四连	一等兵 列兵	沈本然	31	浙江鄞县	2 月 22 日 庙行
204	第四连	一等兵 列兵	李国法			2 月 22 日 庙行
205	第四连	一等兵 列兵	施顺富	19	浙江寿昌	2 月 22 日 庙行
206	第四连	一等兵 列兵	朱子容	24	浙江衢县	2 月 22 日 庙行
207	第四连	一等兵 列兵	张文德			2 月 22 日 庙行
208	第二营 第六连	下士 给养军士	祝占林	23	江西铅山	2 月 20 日 金家木桥
209	第六连	上等兵 列兵	厉阿炳	25	浙江鄞县	2 月 20 日 金家木桥
210	第六连	一等兵 列兵	李迪生	30	浙江绍兴	2 月 22 日 金家木桥
211	第六连	一等兵 给养兵	李才源	23	安徽合肥	2 月 22 日 金家木桥
212	第六连	一等兵 给养兵	刘照春	30	江苏铜山	2 月 22 日 金家木桥
213	第六连	一等兵 给养兵	高福才	26	浙江鄞县	2 月 22 日 金家木桥
214	第六连	二等兵 列兵	王阿定	22	河南归德	2 月 22 日 金家木桥

续　表

编　号	部　别	级　职	姓　名	年龄	籍　贯	阵亡日期及地点
215	第六连	二等兵 列兵	龚宰表	19	浙江嘉兴	2月22日 金家木桥
216	第六连	二等兵 列兵	王　标	23	浙江新昌	2月22日 金家木桥
217	第六连	二等兵 列兵	高　桂	24	南京	2月22日 金家木桥
218	第七连	中士 班长	岳阿亭	25	浙江镇海	2月22日 金家木桥
219	第七连	下士 班长	张纪元	28	浙江永康	2月22日 金家木桥
220	第七连	上等兵 列兵	江得胜	30	浙江吴兴	2月22日 金家木桥
221	第七连	上等兵 列兵	文玉祥	26	湖南宁乡	2月22日 金家木桥
222	第七连	上等兵 列兵	李仁龙			2月22日 金家木桥
223	第七连	一等兵 列兵	陶起瑞	16	江苏吴县	2月22日 大场
224	第七连	一等兵 列兵	刘明飞	28	浙江衢县	2月22日 金家木桥
225	第七连	一等兵 列兵	陈靖美			2月22日 金家木桥
226	第七连	一等兵 列兵	李洪生	24	上海	2月22日 金家木桥
227	第七连	二等兵 列兵	张华英	21	安徽阜阳	2月22日 金家木桥
228	第七连	二等兵 列兵	赵世良	17	安徽阜阳	2月22日 金家木桥
229	第八连	上等兵 列兵	胡正祥	22	四川	2月22日 竹园墩

续　表

编　号	部　别	级　职	姓　名	年龄	籍　贯	阵亡日期及地点
230	第八连	上等兵列兵	余　伟	22	江苏丹徒	2月22日 竹园墩
231	第八连	上等兵列兵	黄国良	19	浙江浦江	2月22日 竹园墩
232	第八连	二等兵列兵	张连才	27	安徽	2月22日 竹园墩
233	第八连	二等兵列兵	李君臣	25	河北保定	2月22日 竹园墩
234	第八连	二等兵列兵	滕均山	27	江西湖口	2月22日 竹园墩
235	第九连	上等兵列兵	胡立新	23	浙江东阳	
236	第九连	一等兵列兵	张工明	22	江苏铜山	2月22日 金家塘
237	第九连	二等兵列兵	张兴伦	25	山东东平	2月22日 金家塘
238	第十连	上等兵炮兵	黄明生	24	江西萍乡	
239	第十连	上等兵炮兵	王志烈	25	浙江诸暨	2月28日 塘东宅
240	第十连	上等兵炮兵	蔡森法	21	浙江诸暨	2月28日 塘东宅
241	第十连	二等兵炮兵	徐　奎	25	浙江	2月29日 塘东宅
242	第十连	二等兵炮兵	史永长	24	安徽	
243	第三营营本部	上等兵传令兵	吴祥生	24	江苏武进	2月22日 竹园墩
244	第十一连	上士半排长	韦支林	23	广西修仁	2月20日 竹园墩

续　表

编　号	部　别	级　职	姓　名	年龄	籍　贯	阵亡日期及地点
245	第十一连	下士班长	章继林	21	安徽歙县	2月22日竹园墩
246	第十一连	下士班长	蒋志文	27	浙江义乌	2月22日竹园墩
247	第十一连	下士班长	吴兴发			2月22日竹园墩
248	第十一连	下士班长	胡德良	29	浙江象山	2月22日竹园墩
249	第十一连	下士班长	李何黄	21	浙江永嘉	2月22日竹园墩
250	第十一连	下士班长	姜　省	21	浙江江山	2月22日竹园墩
251	第十一连	下士班长	燕家模	23	浙江於潜	2月22日竹园墩
252	第十一连	下士班长	管振清	18	安徽亳县	2月22日竹园墩
253	第十一连	下士班长	潘才水	25	浙江新昌	2月22日竹园墩
254	第十一连	一等兵列兵	纪怀清	24	浙江绍兴	2月22日竹园墩
255	第十一连	一等兵列兵	翟尚贤	19	安徽泗县	2月22日竹园墩
256	第十一连	一等兵列兵	周阿毛	29	浙江鄞县	2月22日竹园墩
257	第十一连	一等兵列兵	田吉生	25	江苏	2月22日竹园墩
258	第十一连	二等兵列兵	萧得标	27	江苏铜山	2月22日竹园墩
259	第十一连	二等兵列兵	卢万根	20	浙江缙云	2月22日竹园墩

编 号	部 别	级 职	姓 名	年龄	籍 贯	阵亡日期及地点
260	第十二连	上士 班长	董连发		南京	
261	第十二连	下士 班长	卢梓威	23	浙江黄岩	2月21日 孟家宅
262	第十二连	下士 班长	王兆民	23	浙江金华	2月21日 孟家宅
263	第十二连	下士 班长	倪炳生	23	浙江杭县	2月20日 孟家宅
264	第十二连	下士 班长	徐祖福	22	浙江永嘉	2月20日 孟家宅
265	第十二连	上等兵 列兵	叶良团	24	浙江鄞县	2月20日 孟家宅
266	第十二连	上等兵 列兵	陈金标	21	浙江临海	2月22日 孟家宅
267	第十二连	上等兵 列兵	丁化尧	22	浙江新昌	2月22日 孟家宅
268	第十二连	一等兵 列兵	康 成	28	山东东昌	2月22日 红庙
269	第十二连	一等兵 列兵	张阿根	27	江苏吴县	2月22日 红庙
270	第十二连	二等兵 列兵	马如夫	27	江苏宿迁	2月22日 孟家宅
271	第十三连	上士 半排长	王云龙	29	浙江新昌	2月22日 小孟家宅
272	第十三连	中士 班长	周景贤	20	江西万载	
273	第十三连	上等兵 列兵	王秀章		山东曹县	
274	第十三连	上等兵 列兵	黄世泉	29	江西玉山	3月1日 塘东宅

续 表

编 号	部 别	级 职	姓 名	年龄	籍 贯	阵亡日期及地点
275	第十三连	上等兵 列兵	郭海经	31	湖南宁乡	2月22日 小孟家宅
276	第十三连	一等兵 列兵	左叔良	16	江苏镇江	2月22日 小孟家宅
277	第十三连	一等兵 列兵	王右生			
278	第十三连	一等兵 给养兵	孙广先	30	山东曹县	
279	第十三连	二等兵 列兵	贺 钧	25	湖南醴陵	3月1日 塘东宅
280	第十三连	二等兵 列兵	程安春			
281	第十三连	二等兵 列兵	周理生	21	浙江诸暨	2月22日 小孟家宅
282	第十三连	二等兵 列兵	姜宗立	20	浙江	2月22日 小孟家宅
283	第十三连	二等兵 列兵	杜青山			2月22日 小孟家宅
284	第十三连	二等兵 列兵	张佐廷	21	浙江临海	2月22日 小孟家宅
285	第十四连	中士 枪长	蓝文昭	20	江苏句容	2月22日 竹园墩
286	第十四连	一等兵 列兵	王陆锡	25	江西	2月22日 竹园墩
287	第十四连	一等兵 列兵	吕健海			2月22日 竹园墩
288	第十四连	一等兵 列兵	赵兴泉	17	江苏铜山	2月22日 竹园墩
289	第十四连	二等兵 列兵	毛延年	22	河南信阳	2月22日 竹园墩

编 号	部 别	级 职	姓 名	年龄	籍 贯	阵亡日期及地点
290	第十四连	二等兵 列兵	朱星民	21	浙江绍兴	2月22日 竹园墩
291	第十四连	二等兵 列兵	杨福青	32	广东	上海广慈医院
292	第十四连	二等兵 列兵	留云标	25	浙江	红十字会 第二院
293	第十五连	上士 炮车长	石得胜	20	湖南沅陵	随十九路军 防空阵亡
294	第十五连	一等兵 炮兵	薛志清	22	河南安阳	随十九路军 防空阵亡
295	第十五连	一等兵 炮兵	郑先发	27	安徽	随十九路军 防空阵亡
296	第十五连	二等兵 炮兵	梁学钦	25	河南商邱	随十九路军 防空阵亡
297	第十五连	二等兵 炮兵	邵玉成	25	上海	随十九路军 防空阵亡
298	榴弹炮连	一等兵 驭兵	王德发	23	安徽灵璧	3月2日 嘉定东门外
299	通信连	上士 文书	刘以德	26	湖南攸县	3月1日 王家巷
300	通信连	中士 军需	罗 毅	25	湖南湘乡	3月1日 王家巷
301	通信连	下士 传令兵	曹得胜	18	江苏南通	3月1日 王家巷
302	通信连	下士 列兵	朱亨云	18	江苏沛县	3月1日 王家巷
303	通信连	下士 列兵	高 武	25	安徽霍山	3月1日 王家巷
304	通信连	上等兵 列兵	张成祥	24	江西广信	3月1日 王家巷

续 表

编 号	部 别	级 职	姓 名	年龄	籍 贯	阵亡日期及地点
305	通信连	上等兵 列兵	马长春	18	湖南湘乡	3月1日 王家巷
306	通信连	上等兵 列兵	蔡永青	22	湖南益阳	3月1日 王家巷
307	通信连	上等兵 列兵	徐成美	29	江西广平	3月1日 王家巷
308	通信连	上等兵 列兵	朱春林			2月21日 沈家沟
309	通信连	上等兵 列兵	刘 祥	28	湖南新化	2月29日 王家巷
310	通信连	上等兵 列兵	包时华	26	湖南唐县	3月1日 王家巷
311	通信连	一等兵 列兵	王日仁	19	浙江诸暨	3月1日 王家巷
312	通信连	一等兵 列兵	朱宝林	17	浙江常山	3月1日 王家巷
313	通信连	一等兵 列兵	李昌宗			3月1日 王家巷
314	通信连	一等兵 列兵	唐金来	21	江西高安	3月1日 王家巷
315	通信连	一等兵 列兵	莫 忠	24	广东灵山	3月1日 王家巷
316	通信连	一等兵 列兵	王 云	21	安徽凤阳	3月1日 王家巷
317	通信连	一等兵 列兵	周仁和	20	浙江平湖	3月1日 王家巷
318	卫生队	二等兵 担架兵	丁道斌			3月1日 金家木桥
319	卫生队	二等兵 担架兵	俞耀炳	20	浙江杭县	3月1日 金家木桥

续　表

编　号	部　　别	级　职	姓　名	年龄	籍　贯	阵亡日期及地点
320	卫生队	二等兵 担架兵	袁锡章			
321	卫生队	二等兵 担架兵	刘德胜			
322	卫生队	二等兵 担架兵	张宝祥			

（8）陆军第八十八师步兵第二六四旅第五二八团淞沪抗日阵亡烈士姓名简册（合计 177 人），见表 5-8。

表 5-8　陆军第八十八师步兵第二六四旅第五二八团淞沪抗日阵亡烈士姓名简册

编　号	部　　别	级　职	姓　名	年龄	籍　贯	阵亡日期及地点
1	第一营 第一连	中士 班长	刘福祥	35	河南光山	3月1日 韩家宅桥
2	第一连	上等兵 列兵	刘寿忠	19	浙江鄞县	3月1日 韩家宅桥
3	第一连	上等兵 列兵	徐兆谟	22	江苏清江	3月1日 韩家宅桥
4	第一连	上等兵 列兵	傅文卿	24	浙江鄞县	3月1日 韩家宅桥
5	第一连	上等兵 列兵	方玉麟	23	浙江杭县	3月1日 韩家宅桥
6	第一连	上等兵 列兵	周长林	25	安徽滁县	3月1日 韩家宅桥
7	第一连	上等兵 列兵	刘金堂			3月1日 韩家宅桥
8	第一连	上等兵 列兵	刘江声			3月1日 韩家桥
9	第一连	一等兵 列兵	廖连生	20	湖南浏阳	3月1日 韩家桥
10	第二连	上等兵 司号	刘金炳	21	山东济南	2月22日 塘东宅前

编　号	部　别	级　职	姓　名	年龄	籍　贯	阵亡日期及地点
11	第二连	上等兵 列兵	符金富	29	浙江江山	2月22日 塘东宅前
12	第二连	上等兵 列兵	吕中林	25	云南蒙自	2月22日 塘东宅前
13	第二连	上等兵 列兵	陈国瑞	23	浙江桐庐	2月22日 塘东宅前
14	第二连	一等兵 列兵	郭忠善	19	湖南	天主堂 第二十二院
15	第二连	一等兵 列兵	蔡永奎	20	江苏	3月13日 红十字总院
16	第二连	一等兵 列兵	陈邦荣			天主堂街 第二十二院
17	第二连	二等兵 列兵	范宗良	27	浙江绍兴	红十字总院
18	第二连	二等兵 列兵	赵生福	25	浙江天台	红十字总院
19	第二连	二等兵 列兵	王贤清	25	浙江长兴	2月22日 塘东宅前
20	第二连	二等兵 列兵	项魁			2月22日 塘东宅前
21	第二连	二等兵 列兵	蔡永奎	20	江苏青浦	2月22日 塘东宅前
22	第二连	二等兵 列兵	刘清法	21	江苏宿县	2月22日 塘东宅前
23	第二连	二等兵 列兵	马兆红	24	安徽滁县	2月29日 唐东宅
24	第二连	二等兵 给养兵	李洪斌	26	山东德州	2月29日 唐东宅
25	第三连	上士 半排长	张季标	25	湖南宝庆	2月22日 塘东宅前

续　表

编　号	部　别	级　职	姓　名	年龄	籍　贯	阵亡日期及地点
26	第三连	中士班长	潘汉南	28	湖南长沙	2月22日塘东宅西
27	第三连	一等兵列兵	吴广荣			2月22日塘东宅西
28	第三连	一等兵列兵	张得胜	27	河南商邱	2月22日塘东宅西
29	第三连	一等兵列兵	杨华			2月22日塘东宅西
30	第三连	二等兵列兵	白宗才	20	安徽亳州	3月1日李家库
31	第三连	二等兵列兵	高世合	20	河南	2月22日塘东宅前
32	第三连	二等兵列兵	刘昆仑	23	江苏铜山	2月22日塘东宅前
33	第三连	二等兵列兵	薛道义	24	江苏铜山	2月22日塘东宅前
34	第三连	二等兵列兵	陈守生	21	河南	2月22日塘东宅前
35	第三连	二等兵列兵	张存声	25	河南商邱	2月22日塘东宅前
36	第四连	一等兵列兵	陈义	24	浙江金华	2月22日谈家宅
37	第四连	一等兵列兵	杨铸	24	浙江浦江	2月22日谈家宅
38	第四连	二等兵列兵	李唐发	24	浙江缙云	2月22日谈家宅
39	第四连	二等兵列兵	伍文涛			2月22日谈家宅
40	第二营第六连	上士班长	黄玉廷	29	广东罗定	2月22日庙行

续 表

编 号	部 别	级 职	姓 名	年龄	籍 贯	阵亡日期及地点
41	第六连	中士班长	吕廉初	27	广东博罗	2月22日 庙行
42	第六连	中士班长	钟炳南	29	广东合浦	2月22日 庙行
43	第六连	下士列兵	吴祥昌			2月22日 庙行
44	第六连	上等兵列兵	黄洪标	26	浙江永嘉	2月22日 庙行
45	第六连	上等兵列兵	张志和	19	江苏铜山	2月22日 庙行
46	第六连	上等兵列兵	张阿苟	26	浙江鄞县	2月22日 庙行
47	第六连	上等兵列兵	潘 德	23	湖北汉口	2月22日 庙行
48	第六连	上等兵列兵	唐振华	25	广西桂林	2月22日 庙行
49	第六连	上等兵列兵	陈五三			2月28日 红十字第二十二院
50	第六连	上等兵列兵	张玉卿	21	湖南常德	2月22日 庙行
51	第六连	上等兵列兵	方荣庆	30	浙江临海	2月22日 庙行
52	第六连	上等兵列兵	赵仲达	27	上海	2月27日 唐东宅
53	第六连	一等兵列兵	吴英才	30	浙江临海	2月27日 唐东宅
54	第六连	一等兵列兵	冯长法	21	浙江临海	2月27日 唐东宅
55	第六连	一等兵列兵	李 鹏	22	安徽宜城	2月22日 庙行

续　表

编　号	部　别	级　职	姓　名	年龄	籍　贯	阵亡日期及地点
56	第六连	一等兵列兵	霍世九	22	广东顺德	2月22日庙行
57	第六连	一等兵列兵	贺寿南	36	湖南衡阳	2月22日庙行
58	第六连	一等兵列兵	李攸荪	29	江苏南通	2月22日庙行
59	第六连	一等兵列兵	崔谈明	27	湖北	2月22日庙行
60	第六连	一等兵列兵	赵家平	25	江苏东海	2月22日庙行
61	第六连	一等兵列兵	杨明清	20	湖南零陵	2月22日庙行
62	第六连	二等兵列兵	李兆江	26	安徽凤阳	2月28日塘东宅
63	第六连	二等兵列兵	周大山	18	江苏铜山	2月29日塘东宅
64	第六连	二等兵列兵	朱延章	26	山东滋阳	2月29日塘东宅
65	第六连	二等兵列兵	陈阿根	26	浙江鄞县	3月1日塘东宅
66	第六连	二等兵列兵	李永宽	19	安徽六合	2月22日庙行
67	第六连	二等兵列兵	朱金梁	21	浙江嘉兴	2月22日庙行
68	第六连	二等兵列兵	姬虽海	24	山东曹县	2月22日庙行
69	第六连	二等兵列兵	何再兴	28	江苏铜山	2月22日庙行
70	第六连	二等兵列兵	唐金保	26	江苏无锡	2月22日庙行

续　表

编　号	部　别	级　职	姓　名	年龄	籍　贯	阵亡日期及地点
71	第六连	二等兵列兵	姜阿利	21	浙江鄞县	2月22日庙行
72	第六连	二等兵列兵	叶道中	27	江苏昆山	2月22日庙行
73	第六连	二等兵列兵	王善裕	22	山东滋阳	2月22日庙行
74	第六连	二等兵列兵	岳忠明	23	安徽滁县	2月22日庙行
75	第六连	二等兵列兵	李生源	20	江苏丹阳	2月22日庙行
76	第六连	二等兵列兵	饶子清	23	浙江天台	2月22日庙行
77	第六连	二等兵列兵	张明信	21	安徽宿县	2月22日庙行
78	第六连	二等兵列兵	黄　中	20	四川万县	2月22日庙行
79	第六连	二等兵列兵	李彦生	23	江苏铜山	2月22日庙行
80	第六连	二等兵列兵	李士宽	20	安徽桐城	2月22日庙行
81	第六连	二等兵列兵	何兴平	20	安徽宿县	2月22日庙行
82	第六连	二等兵列兵	朱云斌	23	浙江永康	2月22日庙行
83	第六连	二等兵列兵	邱汝存	19	安徽太和	2月22日庙行
84	第六连	二等兵列兵	泰宏成	26	湖北应山	2月22日庙行
85	第六连	二等兵列兵	李斌文	21	江苏吴县	2月22日庙行

编　号	部　别	级　职	姓　名	年龄	籍　贯	阵亡日期及地点
86	第六连	二等兵列兵	蒋兆晏	27	安徽亳县	2月22日庙行
87	第六连	二等兵列兵	边学盛	25	江苏泗阳	2月22日庙行
88	第六连	二等兵列兵	胡星祥	26	浙江永康	2月22日庙行
89	第六连	二等兵列兵	张国俊	25	河南郑县	2月22日庙行
90	第六连	二等兵列兵	张顺然	25	河南郑县	2月22日庙行
91	第六连	一等兵传令兵	许英华	27	浙江金华	2月22日庙行
92	第六连	二等兵列兵	雷凤云	24	河南开封	2月22日庙行
93	第六连	二等兵列兵	胡少卿	25	湖北黄陂	2月22日庙行
94	第六连	二等兵列兵	姚名房	19	江苏铜山	2月22日庙行
95	第六连	二等兵列兵	王二旺	19	江苏铜山	2月22日庙行
96	第六连	二等兵列兵	邵玉堂	19	安徽宿县	2月22日庙行
97	第六连	二等兵列兵	白怀宾	19	安徽蒙城	2月22日庙行
98	第六连	二等兵列兵	胡凤田	24	安徽阜阳	2月22日庙行
99	第六连	二等兵列兵	汪金生			2月22日庙行
100	第六连	二等兵列兵	邵长喜	19	山东潍县	2月22日庙行

续　表

编　号	部　别	级　职	姓　名	年龄	籍　贯	阵亡日期及地点
101	第六连	二等兵 列兵	刘少卿	29	湖南宝庆	2月22日 庙行
102	第六连	二等兵 列兵	朱金标	23	江苏铜山	2月22日 庙行
103	第六连	二等兵 列兵	张文斌	19	安徽亳县	2月22日 庙行
104	第六连	二等兵 列兵	杨七金	31	浙江临海	2月22日 庙行
105	第七连	中士 班长	周义顺	30	湖南宝庆	2月22日 庙行
106	第七连	上士 班长	朱根深	24	江苏常熟	2月29日 塘东宅
107	第七连	上等兵 列兵	王正武	27	贵州普安	2月22日 庙行
108	第八连	二等兵 列兵	吴四海	21	安徽宿县	2月22日 庙行
109	第九连	下士 列兵	唐　恒	23	湖南祁阳	2月22日 周巷
110	第九连	上等兵 列兵	陈胜初	23	贵州遵义	2月22日 周巷
111	第九连	一等兵 列兵	吴子林	20	浙江吴兴	2月22日 周巷
112	第九连	一等兵 列兵	伍文明	23	湖南零陵	2月22日 周巷
113	第九连	一等兵 列兵	马凤举	28	河南淮阳	2月22日 庙行
114	第九连	一等兵 列兵	萧明扬	23	山东宁阳	2月22日 庙行
115	第九连	一等兵 列兵	高得奎	26	安徽太和	2月22日 庙行

编　号	部　别	级　职	姓　名	年龄	籍　贯	阵亡日期及地点
116	第九连	一等兵 列兵	李昌龙	29	安徽滁县	2月22日 周巷
117	第三营 第十一连	上士 炮车长	成槐州	21	湖南	2月26日 红十字总院
118	第十一连	中士 班长	召学新	19	江西万安	2月22日 杨焕桥
119	第十一连	下士 班长	何亮			杨焕桥
120	第十一连	下士 班长	叶巨生			
121	第十一连	下士 班长	陈士舜	25	浙江临海	
122	第十一连	下士 班长	谢桂云			
123	第十一连	上等兵 传令兵	吴显华			
124	第十一连	上等兵 传令兵	王连春	28	安徽	2月24日 上海医院
125	第十一连	上等兵 传令兵	江锡金	29	广东	2月23日 广慈医院
126	第十一连	上等兵 列兵	刘维清			
127	第十一连	上等兵 列兵	许存礼	20	山东肥城	杨焕桥
128	第十一连	一等兵 列兵	徐大乾	24	浙江鄞县	杨焕桥
129	第十一连	二等兵 炮兵	吕坤元			2月26日 红十字总院
130	第十一连	二等兵 炮兵	周君如			2月26日 红十字总院

续　表

编　号	部　别	级　职	姓　名	年龄	籍　贯	阵亡日期及地点
131	第十一连	二等兵 列兵	王会芝	28	安徽芜湖	2月22日 杨焕桥
132	第十一连	二等兵 列兵	周成福	20	浙江	2月22日 杨焕桥
133	第十一连	二等兵 列兵	高学正	27	河南	2月22日 杨焕桥
134	第十一连	二等兵 列兵	张洪宾	32	山东	红十字总院
135	第十二连	中士 班长	施祥林	25	上海	2月22日 杨焕桥
136	第十二连	中士 班长	袁松华	21	湖南武冈	2月22日 杨焕桥
137	第十二连	上等兵 列兵	李振标	27	安徽阜阳	2月22日 杨焕桥
138	第十二连	上等兵 列兵	张序钱	19	浙江浦江	2月22日 杨焕桥
139	第十二连	上等兵 列兵	黄　石	34	广东新兴	2月22日 杨焕桥
140	第十二连	上等兵 列兵	来德胜	20	安徽	2月24日 上海医院
141	第十二连	上等兵 列兵	王根兴	38	浙江	2月24日 红十字总院
142	第十二连	一等兵 列兵	刘敬光	22	湖南	3月5日 红十字总院
143	第十二连	一等兵 列兵	史永长	24	安徽	2月24日 广慈医院
144	第十二连	一等兵 列兵	张新甫	34	湖南零陵	2月22日 杨焕桥
145	第十二连	二等兵 列兵	胡国良	24	江西九江	2月22日 杨焕桥

续 表

编 号	部 别	级 职	姓 名	年龄	籍 贯	阵亡日期及地点
146	第十二连	二等兵 列兵	吴新智	23	江西丹徒	2月22日 杨焕桥
147	第十三连	中士 班长	范长友	24	河北河间	2月22日 杨焕桥附近
148	第十三连	中士 班长	程德祯	23	湖北蒲圻	2月22日 杨焕桥附近
149	第十三连	中士 班长	吴承晃	20	山东济宁	2月22日 杨焕桥附近
150	第十三连	下士 班长	牟栋权	20	四川合江	2月22日 杨焕桥附近
151	第十三连	下士 列兵	王永顺	24	浙江义乌	2月22日 杨焕桥附近
152	第十三连	下士 列兵	白仁华	18	河南开封	2月22日 杨焕桥附近
153	第十三连	下士 列兵	厉见友	18	江苏铜山	2月22日 杨焕桥附近
154	第十三连	下士 列兵	杨玉山	25	安徽合肥	2月22日 杨焕桥附近
155	第十三连	下士 列兵	陈阿友	19	浙江临海	2月22日 杨焕桥附近
156	第十三连	下士 列兵	盛国荣	25	浙江临海	2月22日 杨焕桥附近
157	第十三连	下士 列兵	潘宜君	25	江苏铜山	2月22日 杨焕桥附近
158	第十三连	下士 列兵	李瑞松	23	上海	2月22日 杨焕桥附近
159	第十三连	下士 列兵	陈文德	26	浙江永康	2月22日 杨焕桥附近
160	第十三连	下士 列兵	蔡桂生	25	湖南新化	2月22日 杨焕桥附近

编　号	部　　别	级　职	姓　名	年龄	籍　贯	阵亡日期及地点
161	第十三连	下士 列兵	王开江	22	河南考城	2月22日 杨焕桥附近
162	第十三连	下士 列兵	潘福根	21	浙江建德	2月22日 杨焕桥附近
163	第十三连	下士 列兵	吴照林	20	江苏邳县	2月22日 杨焕桥附近
164	第十三连	下士 班长	潘得田	25	浙江丽水	2月22日 杨焕桥附近
165	第十三连	下士 班长	赵相法	24	河南考城	2月22日 杨焕桥附近
166	第十三连	下士 班长	萧远江	25	湖南祁阳	2月22日 杨焕桥附近
167	第十三连	下士 班长	舒贵行			
168	第十四连	上等兵 列兵	余德龙	25	浙江开化	2月22日 庙行镇附近
169	第十四连	上等兵 列兵	汪国亮	24	浙江开化	2月22日 庙行镇附近
170	第十四连	上等兵 列兵	杨书南	25	安徽巢县	2月22日 庙行镇附近
171	第十四连	二等兵 列兵	王翌舟	20	江苏江都	2月22日 庙行镇附近
172	第十四连	二等兵 列兵	卢绍	26	广东南海	2月22日 庙行镇附近
173	第十四连	二等兵 列兵	关耀宗	28	浙江丽水	2月22日 庙行镇附近
174	第十四连	二等兵 列兵	李友贵	18	安徽当涂	2月22日 庙行镇附近
175	第十四连	二等兵 列兵	李楷			

编　号	部　别	级　职	姓　名	年龄	籍贯	阵亡日期及地点
176	第十四连	二等兵列兵	吴冠军			
177	第十四连	二等兵列兵	周　诚			

（9）陆军第八十八师淞沪抗日阵亡官兵统计比较，见图5-122。

陆军第八十八师

淞沪抗日阵亡官兵统计比较表

长　　浩

区分 部别	人员数			百分比
	官　佐	士　兵	共　计	
师司令部	2	0	2	0.18
工兵营	2	8	10	0.90
卫生队	0	2	2	0.18
干部教育总　队	0	15	15	1.34
五二三团	14	327	341	30.45
五二四团	10	203	213	19.02
二六四旅　部	0	1	1	0.09
五二七团	22	321	343	30.63
五二八团	16	177	193	17.21
总　计	66	1054	1120	100.00

存　　气

图 5-122　八十八师阵亡统计比较表

五、英名考证

2005年11月,杭州市人民政府在西溪路原址重新修整了国民革命军陆军第八十八师淞沪抗日阵亡将士纪念碑坊,并竖立一面大理石墙,上面刻录了阵亡将士的名字。

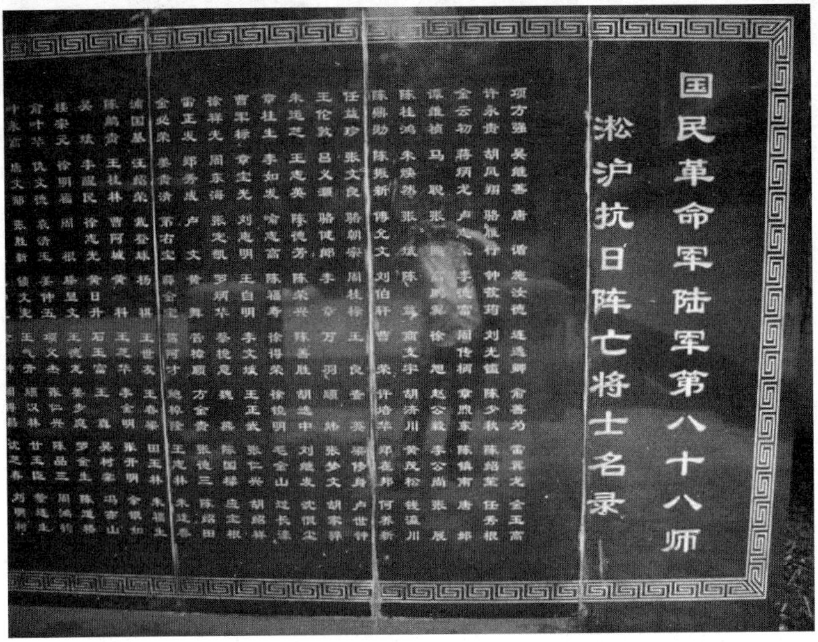

图 5-123　国民革命军陆军第八十八师淞沪抗日阵亡将士名录

为了对这些为国捐躯的英烈们负责,使其在后人瞻仰时更具权威性和严肃性,我对这篇名录进行了考证。考证的依据主要来自四个方面的资料:1932年由八十八师"特别党部"编写的《第八十八师一二八淞沪抗日阵亡烈士姓名简册》、1932年由第五军司令部编发的《第五军淞沪抗日画史》、1981年出版由俞济时将军编写的《一二八淞沪抗日战役经纬回忆》和2002年出版的《十九路军一·二八淞沪抗日七十周年纪念册》。

根据编写时间和隶属关系上判断,显然,1932年也就是一·二八淞沪抗战当年八十八师"特别党部"编写的《阵亡烈士名册》和第五军司令部的《第五军淞沪抗日画史》更具权威性和准确性。通过四种资料的参考比较,以及对照大理石碑上的名录,发现了其中的一些错误和不实之处。主要有两方面:一是石碑上共有 1119 人,而实际有姓名记录的是 1120 人,缺了 1人;二是有 20 个名字有错误或有待商榷。

表 5-9　国民革命军陆军第八十八师淞沪抗日阵亡将士名录勘误表

编号	石碑上位置	石碑上名字	来　源	正确名字	依　据
1	自右至左第 15 列上至下第 4 位	杨祺	未知	杨棋（五二三团一连）	《八十八师姓名册》《第五军淞沪抗日画史》《俞济时回忆录》《19 路军纪念册》
2	自右至左第 76 列上至下第 3 位	徐仁富	未知	涂仁富（五二四团十四连）	《八十八师姓名册》《第五军淞沪抗日画史》《俞济时回忆录》《19 路军纪念册》
3	自右至左第 129 列上至下第 8 位	张显然	未知	张顺然（五二八团六连）	《八十八师姓名册》《第五军淞沪抗日画史》《俞济时回忆录》《19 路军纪念册》
4	自右至左第 137 列上至下第 7 位	万见友	未知	厉见友（五二八团十三连）	《八十八师姓名册》《第五军淞沪抗日画史》《俞济时回忆录》《19 路军纪念册》
5	自右至左第 58 列上至下第 6 位	何桂森	未知	何桂林（五二四团八连）	《八十八师姓名册》《第五军淞沪抗日画史》《俞济时回忆录》
6	自右至左第 95 列上至下第 8 位	孙留君	未知	孙留群（五二七团二连）	《八十八师姓名册》《第五军淞沪抗日画史》《俞济时回忆录》
7	自右至左第 33 列上至下第 7 位	显青莲	《俞济时回忆录》	顾青莲（五二三团六连）	《八十八师姓名册》《第五军淞沪抗日画史》《19 路军纪念册》
8	自右至左第 38 列上至下第 1 位	李大中	《俞济时回忆录》	李大甲（五二三团七连）	《八十八师姓名册》《第五军淞沪抗日画史》《19 路军纪念册》
9	自右至左第 46 列上至下第 5 位	陈匕英	《俞济时回忆录》	陈七英（五二三团十一连）	《八十八师姓名册》《第五军淞沪抗日画史》《19 路军纪念册》
10	自右至左第 65 列上至下第 3 位	叶金山	《俞济时回忆录》	叶金生（五二四团九连）	《八十八师姓名册》《第五军淞沪抗日画史》《19 路军纪念册》

编号	石碑上位置	石碑上名字	来　源	正确名字	依　据
11	自右至左第80列上至下第2位	昌　祺	《俞济时回忆录》	易　祺（五二七团一连）	《八十八师姓名册》《第五军淞沪抗日画史》《19路军纪念册》
12	自右至左第105列上至下第7位	岳阿亨	《俞济时回忆录》	岳阿亭（五二七团七连）	《八十八师姓名册》《第五军淞沪抗日画史》《19路军纪念册》
13	自右至左第116列上至下第3位	朱亭云	《19路军纪念册》	朱亨云（五二七团通信连）	《八十八师姓名册》《第五军淞沪抗日画史》《俞济时回忆录》
14	自右至左第2列上至下第1位	许永贵	《俞济时回忆录》	许永贤（五二三团一连）	《八十八师姓名册》《19路军纪念册》
15	自右至左第27列上至下第2位	王志祥	《第五军淞沪抗日画史》《俞济时回忆录》《19路军纪念册》	王祥志（五二三团三连）	《八十八师姓名册》
16	自右至左第62列上至下第2位	冯续贵	《第五军淞沪抗日画史》《俞济时回忆录》《19路军纪念册》	冯继贵（五二四团八连）	《八十八师姓名册》
17	自右至左第112列上至下第3位	马如天	《第五军淞沪抗日画史》《俞济时回忆录》《19路军纪念册》	马如夫（五二七团十二连）	《八十八师姓名册》
18	自右至左第125列上至下第7位	郑寿南	《第五军淞沪抗日画史》《俞济时回忆录》《19路军纪念册》	贺寿南（五二八团六连）	《八十八师姓名册》
19	自右至左第137列上至下第5位	王顺永	《第五军淞沪抗日画史》《俞济时回忆录》《19路军纪念册》	王永顺（五二八团十三连）	《八十八师姓名册》
20	自右至左第133列上至下第4位	召学新	《第五军淞沪抗日画史》《八十八师姓名册》《俞济时回忆录》《19路军纪念册》	吕学新（五二八团十一连）	《八十八师烈士传记》

续　表

编号	石碑上位置	石碑上名字	来　源	正确名字	依　据
21	石碑上缺 1 名:郭忠善。部别:五二八团第一营第二连。级职:一等兵列兵。年龄:19 岁。籍贯:湖南。阵亡地点:天主堂第二十二院。依据:《八十八师姓名册》《第五军淞沪抗日画史》《俞济时回忆录》				

六、八十八师阵伤官兵

除了阵亡将士,八十八师在一·二八淞沪抗战中受伤军官 141 名、士兵 1657 名。这些英雄同样为了保卫家园、抵抗侵略,洒下了热血。

在伤员的照片上,有的裹着纱布,有的吊着绷带,还有的躺在床上不能动弹,但每个人都有着坚毅的眼神。那些重伤员很多都是年轻人,有的从照片上看,甚至还是个孩子,却留下了终身残疾,在那个年代凄惨地度过余生。还有些人伤愈后,回到部队继续参加几年后的淞沪会战及南京保卫战,且大都牺牲在战场上。

这些受伤官兵多为下级军官和普通士兵,对于他们,我们同样不能忘却,尽可能地将他们的名字和身影留存下来。

图 5-124　俞济时与八十八师在杭州疗伤的官兵

(一)八十八师营以上负伤军官照片（10名）

图 5-125　庙行麦家宅阵地负重伤的
二六四旅旅长钱伦体（少将）

图 5-126　庙行增援麦家宅中负伤的
二六四旅副旅长陈普民

图 5-127　庙行之战负伤的五二
三团团长冯圣法（上校）

图 5-128　庙行之战负伤的师特
务营营长楼月

图 5-129　庙行之战负伤的五二
三团第一营营长杨英介

图 5-130　庙行竹园墩阵地负伤的
五二七团第一营营长周嘉彬

图 5-131　庙行之战负伤的五二
八团第一营营长方引之

图 5-132　庙行之战负伤的五二
八团第三营营长关渊

图 5-133　庙行塘东宅阵地受伤的　　　图 5-134　庙行金家木桥阵地负伤的
　　　五二四团团附吴冲云　　　　　　　　五二七团第二营营长廖龄奇

（二）八十八师排以上负伤军官照片（70 名）

图 5-135　五二三团小炮　　　图 5-136　五二三团营附　　　图 5-137　五二三团十三
　　连连长张凯荣　　　　　　　袁振声　　　　　　　　连连长蒋和

（湖南湘乡人　28 岁）　　　（江西宜春人　32 岁）　　　（湖南新宁人　24 岁）

图5-138 五二三团十四连
连长欧阳平
（湖南安仁人 22岁）

图5-139 五二八团十三
连连长戴天猷
（湖南宝庆人 24岁）

图5-140 五二三团连长
王德润
（湖北黄冈人 30岁）

图5-141 教育总队中
队长邬吉翰

图5-142 五二七团十二连
连长刁远鹏
（广东兴宁人 27岁）

图5-143 五二三团十一连
连长梅作楫
（湖北黄梅人 23岁）

图 5-144 五二三团七连
连长梁筠
（江西泰和人 23 岁）

图 5-145 五二三团一连
排长潘炳南
（湖北鄂城人 26 岁）

图 5-146 五二七团四连
排长何畏
（湖南益阳人 24 岁）

图 5-147 五二八团一连
排长吴明全

图 5-148 五二三团十二连
排长李绍裘
（湖南宝庆人 27 岁）

图 5-149 五二三团三连
排长杨柏春
（湖南人 22 岁）

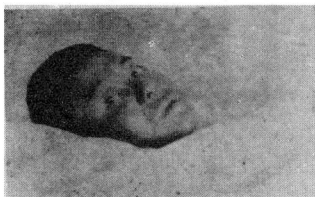

图 5-150　五二三团二连
排长周培铭
（湖北天门人　20岁）

图 5-151　五二八团
排长朱诛淇
（湖南湘乡人　21岁）

图 5-152　五二四团二连
排长刘季瑜
（湖南湘阴人　25岁）

图 5-153　五二八团八连半
排长刘世杰
（安徽宿州人　23岁）

图 5-154　五二七团八连半
排长姚鸿凯
（湖南长沙人　28岁）

图 5-155　五二四团二连
排长邓笃咸

图 5-156 输送队分
队长蒋怀权
（安徽人 24 岁）

图 5-157 五二八团二连
排长孔官保

图 5-158 五二七团九连
排长李祝秋

图 5-159 五二七团七连
排长姜知明

图 5-160 五二七团八连
排长贺永祥
（湖南修县人 21 岁）

图 5-161 五二三团八
连徐芳营
（广西桂林人 24 岁）

图 5-162　五二八团一连
排长杨齐武
（湖北云梦人　23 岁）

图 5-163　五二七团八
连排长覃文

图 5-164　五二七团
排长周礼堂
（湖北黄冈人　30 岁）

图 5-165　五二八团十二
连半排长蒋鹏翼

图 5-166　五二三团九连
排长向勋武
（江西萍乡人　29 岁）

图 5-167　五二三团十四
连连附叶挹芳
（浙江青田人　26 岁）

图 5-168　五二四团一连
半排长戴有义

图 5-169　五二三团十二
连连附陆保藩

图 5-170　五二八团十二连
半排长郑骞
（广东大浦人　25 岁）

图 5-171　五二三团十四
连排长刘镇华

图 5-172　五二三团十四
连排长李铭
（湖南岳州人　21 岁）

图 5-173　五二四团十四连
排长欧阳钧
（湖南武冈人　24 岁）

图 5-174　五二四团十
三连连附向
（湖南黔阳人　25 岁）

图 5-175　五二三团三连半
排长李述藩
（湖南宝庆人　28 岁）

图 5-176　五二七团十二连
排长袁清泉
（湖南宁乡人　25 岁）

图 5-177　五二三团二连半
排长杜其豪
（浙江东阳人　28 岁）

图 5-178　五二四团十二连
排长黄瑶琨
（湖南东安人　23 岁）

图5-179　五二二团九连
排长刘振华
（湖南益阳人　25 岁）

图 5-180　五二八团二连
排长湛廷辉
（河南信阳人　22 岁）

图 5-181　名未详

图 5-182　五二七团三连
连长童亚仆
（贵州水城人　24 岁）

图 5-183　五二七团十二连
排长叶烈南
（广东徐闻人　27 岁）

图 5-184　五二三团四连
排长吕普达
（江西修水人　20 岁）

图 5-185　五二四团十一连
排长吴其生

图 5-186　五二七团十四连
连附张醒吾
（湖北汉口人　24岁）

图 5-187　五二三团二
连连附黄铖
（江西赣县人　27岁）

图 5-188　五二三团十三连
排长章宪斌
（湖北嘉鱼人　23岁）

图 5-189　五二八团三连
连附高立言
（云南通海人　23岁）

图 5-190　五二四团六连
排长李冠潮
（广东詹县人　24岁）

图 5-191　五二七团十三连半
排长张锡康

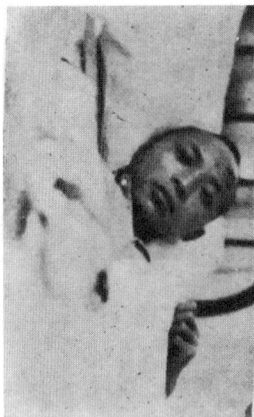

图 5-192　五二七团二连
连长杨熙宇
（四川南部人　24 岁）

图 5-193　五二三团二连
排长何佩铭

图 5-194　五二三团十二连半
排长李汉清

图 5-195　五二三团三连
排长张从周
（湖北大门人　30 岁）

图 5-196　五二七团六连
排长胡赞华
（浙江永嘉人　25 岁）

图 5-197　五二七团十四连代
连长余阑郊
（湖南岳州人　23 岁）

图 5-198　五二八团十一连
连附陈一轨
（福建龙溪人　25 岁）

图 5-199　五二三团七连
排长伍振华

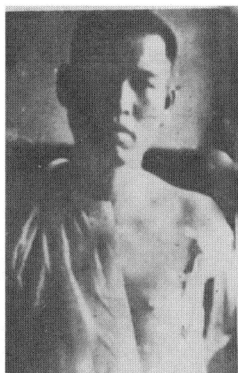

图 5-200　五二三团九连
排长张梓开
（湖南益阳人　23 岁）

图 5-201　五二七团七
连排长许昂

图 5-202　五二三团二连
排长徐中坚
（湖南邵阳人　25 岁）

图 5-203　五二三团十二连
连附徐启先
（浙江处州人　25 岁）

图 5-204　五二八团二连
半排长陈培元
（江苏嘉定人　24 岁）

（三）八十八师负伤士兵照片（208 名）

图 5-205　五二七团
二连列兵冉家声

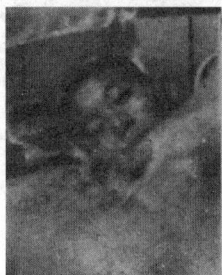

图 5-206　五二八团十
三连列兵陈金群

图5-207　五二七团
十三连列兵符云卿

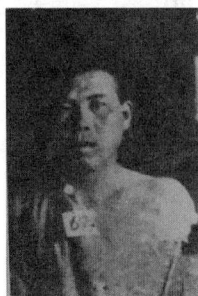

图 5-208　五二七团
一连列兵王富堂

图 5-209　五二三团
三连列兵洪金标

图 5-210　五二七团
八连列兵马荣贵

图 5-211　五二三团三连列兵王梓增

图 5-212　五二七团一连列兵张志良

图 5-213　五二八团二连列兵王志公

图 5-214　五二七团十二连列兵刘思祥

图 5-215　五二八团六连列兵董阿根

图 5-216　五二三团六连列兵任义林

图 5-217　五二七团二连列兵赵惠林

图 5-218　五二七团三连列兵应国良

图 5-219　五二三团二连列兵李清贤

图 5-220　五二四团七连列兵杨德标

图 5-221　五二三团二连列兵陈炳

图 5-222　五二八团一连传令兵游筱亭

图 5-223　五二八团六连列兵　朱金标

图 5-224　五二三团二连列兵　李再炳

图 5-225　五二七团六连列兵　常玉明

图 5-226　五二七团六连列兵　朱标

图 5-227　五二八团三连列兵　刘起发

图 5-228　五二七团十二连列兵　彭国洺

图 5-229　工兵营一连列兵　刘喜琴

图 5-230　五二三团一连列兵　徐德共

图 5-231　五二七团十二连列兵　刘竟山

图 5-232　五二三团七连列兵　沈锦福

图 5-233　五二七团二连列兵　冯寿林

图 5-234　五二三团十二连列兵　姜文秀

图 5-235　五二四
团六连列兵
杨协义

图 5-236　五二八
团八连列兵
陈志初

图 5-237　五二八
团一连列兵
朱景成

图 5-238　五二四
团四连列兵
陈长胜

图 5-239　五二四
团五连列兵
冯阿标

图 5-240　五二七
团通信连列兵
刘国泰

图 5-241　五二四
团十三连列兵
刘友生

图 5-242　五二四团
二连下士班长
陈阿林

图 5-243　五二七
团二连列兵
彭玉生

图 5-244　五二四
团二连列兵
陈新海

图 5-245　五二七
团八连列兵
赵明山

图 5-246　五二七
团六连列兵
贾抵六

图 5-247 五二三团三连列兵 赵秋江

图 5-248 五二八团三营营部传令兵 张保绪

图 5-249 五二四团七连列兵 吴志芳

图 5-250 五二八团一连列兵 汪连元

图 5-251 五二七团通信连给养兵 沈在宽

图 5-252 五二八团四连列兵 徐长杨

图 5-253 五二三团十一连列兵 王绍良

图 5-254 五二八团十五连炮兵列兵 梁雨田

图 5-255 五二七团十连列兵 赵思云

图 5-256 五二三团三连列兵 杨兴家

图 5-257 五二七团三连列兵 徐金生

图 5-258 五二七团十五连列兵 张金许

图 5-259　五二七团　　图 5-260　五二八团　　图 5-261　五二七团　　图 5-262　五二四团
九连列兵　　　　　十二连列兵　　　　通信连给养兵　　　十二连列兵
张保德　　　　　　徐中英　　　　　　徐清福　　　　　　冷发洪

图 5-263　五二三团　　图 5-264　五二三团　　图 5-265　五二三团　　图 5-266　五二七团
七连列兵　　　　　七连列兵　　　　　十二连列兵　　　　一连列兵
陈显华　　　　　　刘庆善　　　　　　胡雨林　　　　　　杨天成

图 5-267　五二四团　　图 5-268　五二四团　　图 5-269　五二四团　　图 5-270　教育总队
八连下士班长　　　八连中士班长　　　七连列兵　　　　　勤务兵
高岭　　　　　　　陈金玉　　　　　　章雄　　　　　　　夏党

图5-271　五二三团
十二连列兵
韦青天

图5-272　五二四团
十二连班长
黄魅

图5-273　五二三团
四连班长
季逢远

图5-274　五二三团
七连班长
郑于福

图5-275　五二三团
三连列兵
黄飞荣

图5-276　五二三团
七连列兵
梁才昌

图5-277　五二三团
一连列兵
韦子德

图5-278　五二三团
一连列兵
楼德庆

图5-279　五二七团
六连列兵
王援申

图5-280　五二八团
十三连列兵
黄媚

图5-281　五二三团
二连列兵
陈良有

图5-282　五二七团
八连列兵
邵长有

图 5-283　五二三团
十一连班长
梁鑑成

图 5-284　五二三团
一连列兵
高金惠

图 5-285　五二七团
十四连列兵
李南兴

图5-286　五二四
团十四连列兵
项殿臣

图 5-287　五二四团
二连司号
张寅秋

图 5-288　五二七团
二连列兵
金四明

图 5-289　五二四团
七连列兵
周东交

图5-290　五二四团
七连列兵
杨学贤

图 5-291　五二四团
八连列兵
周芝良

图 5-292　五二八团
一连列兵
孙山海

图 5-293　五二八团
十三连列兵
罗良希

图 5-294　五二四团
十三连列兵
王阿云

图 5-295　五二三团
七连列兵
徐国林

图5-296　五二七团
八连列兵
樊景汉

图 5-297　五二七团
十一连列兵
孟树泉

图 5-298　五二七团
一连列兵
应福桃

图 5-299　五二三团
三连列兵
张继文

图5-300　五二三团
二连列兵
张德奎

图 5-301　五二七团
八连列兵
程耀先

图 5-302　五二七团
十二连列兵
曹国生

图5-303　五二三团
一连列兵
吴银如

图 5-304　五二七团
十三连列兵
吴才照

图 5-305　五二四团
十三连列兵
诚方青

图 5-306　五二四团
六连列兵
曾炳

图 5-307 五二四团
十二连班长
罗顺卿

图 5-308 五二七团
六连列兵
黄振九

图 5-309 五二三团
一连列兵
木登球

图 5-310 五二三团
十二连列兵
陈玉山

图 5-311 五二四团
团部给养兵
祝鸿轩

图 5-312 五二四团
四连列兵
吕家田

图 5-313 五二八团
三连列兵
王一相

图 5-314 五二七团
六连列兵
夏仲士

图 5-315 五二八团
十一连列兵
葛盈山

图 5-316 五二四团
十四连列兵
吴越民

图 5-317 五二四团
十二连列兵
李攀

图 5-318 五二八团
三连列兵
杨殿廷

图 5-319　五二七团
二连列兵
黄锦林

图 5-320　五二三团
三连列兵
胡阿才

图 5-321　五二七团
八连列兵
吴文义

图 5-322　五二四团
十四连列兵
蔡金标

图 5-323　五二八团
十一连列兵
蔡正武

图 5-324　五二八团
三连列兵
刘富清

图 5-325　五二七团
三连列兵
任国家

图 5-326　五二七团
十三连列兵
卢绍元

图 5-327　五二八团
三连列兵
李金山

图 5-328　五二七团
十二连列兵
陈富全

图 5-329　五二七团
六连列兵
吕子林

图 5-330　五二七团
十四连列兵
吴松林

图 5-331　五二三团
一连列兵
张明新

图5-332　五二三团
八连班长
周祖祥

图 5-333　工兵一
连列兵
王振飞

图 5-334　五二四团
七连给养兵
王桂根

图 5-335　五二七团
十二连列兵
钱得光

图 5-336　五二四团
十二连列兵
刘正龙

图 5-337　五二七团
十二连班长
刘飞

图 5-338　五二八团
二连列兵
范树桢

图 5-339　五二八团
二连列兵
刘雄

图 5-340　五二三团
九连列兵
陈得胜

图 5-341　五二三团
三连列兵
周得胜

图 5-342　五二八团
十三连列兵
王斌

图 5-343　教育总队
三队班长
刘钧

图 5-344　五二三团
十二连列兵
王菊生

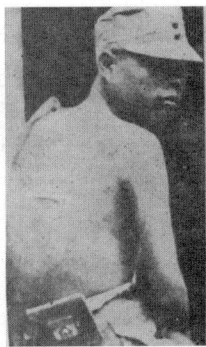

图 5-345　五二七团
七连列兵
邵水

图 5-346　五二四团
六连列兵
李英相

图 5-347　师部修械所工徒
金炳技

图 5-348　五二七团
二连列兵
陈和生

图 5-349　五二四团
十三连列兵
楼子华

图 5-350　五二三团
八连列兵
俞礼炎

图 5-351　五二八团
七连列兵
文玉青

图 5-352　五二四团
八连列兵
赵双喜

图 5-353　五二七团
十一连列兵
宋志祥

图 5-354　五二七团
十二连列兵
汤双年

图 5-355　五二三团
十一连列兵
傅祥明

图 5-356　五二七团
四连列兵
钱明权

图 5-357　五二三团
八连列兵
陶衍富

图 5-358　五二四团
三连列兵
焦赖根

图 5-359　五二七团
八连列兵
万秉德

图 5-360　五二七团
六连列兵
洪子祥

图 5-361　五二三团
八连列兵
孙凤兆

图 5-362　五二七团
十三连班长
杨大元

图 5-363　五二四团
八连列兵
赵万

图 5-364　五二三团
六连列兵
张云堂

图 5-365　五二七团
八连列兵
曾纪奎

图 5-366　五二七团
十二连列兵
谢文明

图 5-367　五二七团
七连列兵
胡子民

图 5-368　五二七团
六连列兵
汪刚直

图 5-369　五二七团
八连班长
高金榜

图 5-370　五二三团
八连列兵
林兴发

图 5-371　五二八团
八连列兵
杨俊武

图 5-372　五二七团
十二连列兵
陈福奎

图 5-373　工兵营
一连列兵
葛房福

图 5-374　五二七团
一连列兵
向前

图 5-375　五二七团
七连列兵
何仁苟

图 5-376　五二八团
八连列兵
丁学新

图5-377　五二七团
六连列兵
寿根臣

图5-378　五二三团
一连列兵
李镇兴

图5-379　五二八团
十三连列兵
郑孝林

图5-380　五二七团
十一连列兵
王家保

图5-381　五二四团
一连列兵
马裕林

图5-382　五二三团
十一连列兵
梁锡成

图5-383　五二八团
八连列兵
范乘元

图5-384　五二四团
机枪连列兵
吕荣华

图5-385　五二三团
九连列兵
杜长德

图5-386　五二七团
五连列兵
马骥德

图5-387　五二七团
八连列兵
王银春

图5-388　五二三团
八连列兵
李得奎

图 5-389　五二三团
三连列兵
典训

图 5-390　五二七团
十一连列兵
郑坤

图 5-391　五二三团
十二连列兵
龙得海

图 5-392　五二七团
十一连列兵
吕余庆

图 5-393　工兵营
一连列兵
吴兆祥

图 5-394　五二七团
十三连列兵
姚阿虎

图 5-395　五二七团
十三连列兵
钱钰

图 5-396　五二七团
八连列兵
陈建根

图 5-397　五二三团
七连列兵
石登银

图 5-398　五二四团
八连司号
彭定川

图 5-399　五二七团
四连列兵
刘文斌

图 5-400　五二七团
二连列兵
何得辉

图 5-401 五二七团
十三连列兵
张秀成

图5-402 五二七团
二连列兵
冯起胜

图 5-403 五二四团
十二连列兵
王定国

图 5-404 五二七团
三连列兵
王渭英

图 5-405 教育总队
第一队学兵
邬长松

图 5-406 五二八团
炮连列兵
高光天

图 5-407 五二八团
十四连列兵
曹俊楷

图 5-408 五二七团
十一连列兵
苏老六

图 5-409 五二七团
十一连列兵
徐金山

图 5-410 五二四团
十二连列兵
王运河

图 5-411 五二七团
八连上等兵
李丁化

　　庙行之战最为激烈之 2 月 22 日，在大小麦家宅阵线，敌众我寡，阵地几被敌突破，八十八师伤亡惨重。五二七团八连上等兵李丁化奋勇迎战，与日军肉搏，拼杀中被一日军小队长用指挥刀削去鼻尖，并砍伤右肩，但李丁化仍忍痛勇猛向前，用刺刀将日军小队长刺死。

　　以上这些照片和名字，只是八十八师一·二八淞沪抗战伤亡官兵中的一部分，之所以将这些照片、名字等信息从破旧的图册、尘封的档案中寻找出来，并尽可能地一一记录下来，是为了让后人能够记得，在 20 世纪 30 年代初的上海，发生过这样一场战事，有这样一支从杭州出发的部队，有这样一群年轻的战士，他们为了保卫这块土地，洒下了热血，献出了生命，不能就此让他们和他们的事迹在历史的尘埃中隐没。

参考文献

[1] 第五军抗日画史编委会.国民革命军第五军淞沪抗日画史[M].国民革命军第五军司令部印行,中华民国二十一年.

[2] 中国国民党陆军第八十八师特别党部.陆军第八十八师淞沪抗日阵亡烈士传记[M].中华民国二十一年.

[3] 中国国民党陆军第八十八师特别党部.陆军第八十八师淞沪抗日画册[M].中华民国二十一年.

[4] 赵寒星.第五军庙行镇战记[M].中华民国二十一年.

[5] 赵寒星.淞沪抗日战役第五军战斗要报[M].中华民国二十一年.

[6] 中国史事研究社.淞沪抗日画史[M].生活书店,中华民国二十一年.

[7] 朱伯康,华振中.民国丛书·十九路军抗日血战史料:第三编[M].神州国光社,中华民国二十二年四月初版.

[8] 西湖导游录[M].杭州:正中书局,中华民国二十六年.

[9] 浙江省通志馆编撰委员会.浙江省通志馆馆刊[J].1945年,1(2).

[10] 浙江省政府公报1946年7月—12月.

[11] 俞济时.中华民国二十一年"一二八"淞沪抗日战役经纬回忆[M]."国防部"史政编译局,中华民国七十年.

[12] 俞济时.八十虚度追忆[M]."国防部"史政编译局,中华民国七十二年.

[13] 张治中.张治中回忆录:上[M].北京:文史资料出版社,1985.

[14] 上海宝山区委员会文史资料委员会.宝山史话·纪念"一·二八"淞沪抗战60周年专辑[M].1991.

[15] 秦人,晓卜.东方帝国梦[M].北京:光明日报出版社,1994.

[16] 中国第二历史档案馆:中华民国史档案资料汇编.第五辑 南京:江苏古籍出版社,1994.

[17] 汪煜.俞济时在浙江[M]//浙江省政协文史资料委员会.浙江文史集粹:2.杭州:浙江人民出版社,1996.

[18] 黄绍竑.五十回忆[M].长沙:岳麓书社,1999.

[19] 王兴福.浙江太平天国史论考[M].杭州:浙江人民出版社,2002.

[20] 十九路军淞沪抗日将属广州联谊会.十九路军一・二八淞沪抗日七十周年纪念册[M].2002.

[21] 周天度,郑则民,齐福霖,等.从淞沪抗战到卢沟桥事变:上册[M]//李新.中华民国史.北京:中华书局,2002.

[22] 中国人民政治协商会议全国委员会文史资料委员会.文史资料存稿选编・军政人物[M].北京:中国文史出版社,2002.

[23] 王国平.西湖文献集成:11[M].杭州:杭州出版社,2004.

[24] 葛业文.淞沪抗战 喋血黄浦江[M].北京:团结出版社,2005.

[25] 雷献和.剑啸大上海[M].北京:中共中央党校出版社,2005.

[26] 李虹.西湖老照片[M].杭州:杭州出版社,2005.

[27] 潘强恩.中国现代史丛书:第九卷・淞沪抗战[M].呼和浩特:远方出版社,2006.

[28] 邓贤.黄河殇 1938 花园口[M].北京:人民文学出版社,2006.

[29] 杭州市档案馆.杭州古旧地图集[M].杭州:浙江古籍出版社,2006.

[30] 孙元良.亿万光年中的一瞬——孙元良回忆录[M].台北:台湾时英出版社,2008.

[31] 上海淞沪抗战纪念馆.口述淞沪抗战(二)[M].上海:上海人民出版社,2008.

[32] 沈秋农.常熟抗战史印[M].上海:上海社会科学院出版社,2010.

[33] 曹聚仁.我与我的世界:曹聚仁回忆录[M].北京:生活・读书・新知三联书店,2011.

[34] 上海淞沪抗战纪念馆.桂军与淞沪抗战[M].上海:上海人民出版社,2011.

[35] 陈廷一.宋氏三姐妹[M].北京:台海出版社,2014.

[36] 曹聚仁,舒宗侨.中国抗战画史:上[M].北京:中国文史出版社.

[37] 中国人民政治协商会议全国委员会文史资料研究委员会.文史资料选辑:第三十七辑[M].北京:中国文史出版社,1999.

[38] 李强,任震.民国文献资料丛编・抗战阵亡将士资料汇编:第十二册[M].北京:国家图书馆出版社,2012.

[39] 彭飞,孙学军.刘开渠雕塑成名作"一・二八淞沪抗日阵亡将士纪念碑"研究[J].美育学刊,2013(5).

后　记

这是在《读者》上读到的一篇文章,题目是"给'无名战士'的信":

为纪念"一战"爆发百年,英国发起了"给无名战士写一封信"的活动。

英国首相卡梅伦是最早寄出这封信的人之一。"你是一名战士,但你不仅是一名战士。你代表着无数为捍卫自由而战的英国人。你也代表着无数受惠于你这代人的出色服役和巨大牺牲而留在世上的人。"

9岁的佛里斯将"无名战士"想象成自己的父亲:"我希望你别受伤。我希望你能回来给我讲床头故事。"

而来自美国纽瓦克市的65岁老人则将他当成了自己的祖父:"你的儿子、我的父亲,如你所知在'二战'中服役。我也曾经在军队中服役,是一名英国皇家海军妇女服务队队员。幸运的是,我并没有被卷入战争。然而,我的儿子在服役时被派去了阿富汗战场。战争和杀戮依然在世界各地存在,而我们只能希望人们在某种程度上醒悟并停止杀戮。"

这一封封信,就像一座座小小的纪念碑,不仅铸进了关怀和感激,也铸进了反思和怀疑。人们将这封信写给那个一直保持着阅读姿势的青铜雕像,就像是写给了自己一样。

是的,人最宝贵的就是生命。每个人都不希望有战争,因为战争就意味着失去生命。在抗日战争战场上,我们这么多英勇的战士无怨无悔地献出年轻的生命,值得吗?不仅值得,而且不朽。道理很简单,就像有一大家子人,虽然穷,也很落后,有时还不太和睦,但总归是一家人祖祖辈辈生活在同一块土地上。突然有一天,一伙强盗一脚踢开门闯了进来,把好吃的、好用的及所有财宝都抢走,然后在你家里作威作福,称自己是上等人,原主人变成二等公民,还要拜他们的天皇,学他们的文字,做他们的奴仆,原主人能答应吗?当然不能,所以要反抗,所以有牺牲。因此,作为后人,我们都是这些先辈们因反抗侵略而做出牺牲的受惠者,因为他们,我们不用做二等公民,我们不用敬拜他人的天皇,更不用做别人的奴仆。只要自强和团结,别人就不敢来侵犯,即使来了,这些先辈也已经为我们做出了榜样。

当年战斗最惨烈的上海庙行地区,现在已变成热闹的商住区,丝毫没有硝烟弥漫的战场痕迹。

上海庙行

1999年1月28日,上海市文管会在原庙行镇东南,被日军毁坏的"无名英雄墓"遗址上建了一座"一二八无名英雄纪念碑",以示纪念。现该纪念碑在上海泗塘二中校园操场边。

笔者在"一二八无名英雄纪念碑"前

当年建造"无名英雄墓"时,还建了一条"一二八纪念路",至今仍在,这是上海市唯一一条以历史事件命名的道路。

笔者在上海市"一二八纪念路"

编著本书过程中得到了浙江大学何扬鸣教授的悉心指导和帮助,包括收集相关书籍资料与编写细节上的探讨论证。何教授独立思考、严谨求证、理性判断、周全细致的治学理念使笔者受益匪浅。

此外,还要感谢顾志兴先生、丁云川先生、张鹏程先生、周文毅先生以及卢志豪烈士侄子卢文奎先生、杭州市文物保护管理所杜正贤所长、杭州西湖博物馆潘沧桑馆长、浙江省档案馆阮发俊先生、杭州师范大学民国史研究中心陈兆肆老师的大力支持与帮助。

对本书史料考证过程中提供帮助的单位有浙江省档案馆、杭州市档案馆、浙江图书馆古籍部、浙江省政协文史资料委员会、杭州市园文局考古所、杭州西湖博物馆、浙江省黄埔军校同学会、杭州市西湖区友谊社区等,也一并表示感谢。

2015 年 10 月